山东大学经济学院学术文库

环境法与经济学

Environmental Law and Economics

（比）迈克尔 G. 福尔　著

丁言强　译

对外经济贸易大学出版社
中国·北京

图书在版编目（CIP）数据

环境法与经济学 /（比）迈克尔 G. 福尔著；丁言强译. —北京：对外经济贸易大学出版社，2021.12
（山东大学经济学院学术文库）
ISBN 978-7-5663-2360-6

Ⅰ. ①环… Ⅱ. ①迈…②丁… Ⅲ. ①环境法学–研究②经济学–研究 Ⅳ. ①D912.604②F0

中国版本图书馆 CIP 数据核字（2022）第 016610 号

版权登记号：01-2020-6947

环境法与经济学
Environmental Law and Economics

（比）迈克尔 G. 福尔 著 丁言强 译
责任编辑： 刘传志

出版发行：对外经济贸易大学出版社	邮政编码：100029
社　　址：北京市朝阳区惠新东街 10 号	邮购电话：010－64492338
网　　址：www.uibep.com	发行部电话：010－64492342
资源网址：www.uibepresources.com	E-mail：uibep@126.com

成品尺寸：170mm×240mm	印　　刷：北京九州迅驰传媒文化有限公司
印　　张：17.5	版　　次：2021 年 12 月北京第 1 版
字　　数：314 千字	印　　次：2021 年 12 月第 1 次印刷
ISBN 978-7-5663-2360-6	定　　价：58.00 元

感谢山东大学经济学院、山东大学浩然房地产研究基金对本书出版的资助！

序

本书是我编著的环境法与经济学课程大纲的中文翻译，由我的合作者丁言强教授精心翻译而成。

如本书目录所示，我们从经济角度分析了环境法的各个方面，包括环境责任准则、管制、基于市场的政策工具、环境保险和环境联邦主义。我们将经济分析应用于著名的环境法律概念，以此表明经济方法的巨大价值。

我们相信，经济方法对中国法律与政策也有巨大的价值，所以，我们希望中国读者也能从本书中受益。

迈克尔 G. 福尔　博士，教授

2022 年 4 月 12 日

前　言

1　目的

传统环境经济学[①]的研究内容之一是为保护环境而采取的经济政策对企业和家庭的实施效果，其理论基础是庇古[②]关于用税收和补贴纠正外部效应的观点。20 世纪 60 年代，社会成本—收益分析[③]开始应用于环境问题。这些观点以及世界环境与发展，构成了环境经济学教科书的主要内容。

自 20 世纪 70 年代初开始，出现了大量关于法律和管制经济学的研究，从相关各方达成和实施互利协议的成本角度对外部性问题进行分析，由此认为，如果无法通过协议消除外部性，就需要采取某种形式的政府干预。“新制度经济学”领域的最新研究对理解政策工具的经济和环境影响具有巨大作用，例如，对公共池塘资源问题进行分析，可知自然资源耗竭问题是由于缺乏可执行的产权而引起的。

但是，这些研究成果还没有完全纳入环境经济学。在环境经济学教科书中，有时候会提到产权、责任准则、安全管制和刑事制裁，但尚未对诸多法律和经济工具间的关系进行全面分析。现在，人们把庇古税看作是与押金、管制、责任和保险等相媲美的许多经济措施之一。

有许多非常优秀的环境法著作，这些著作通常主要是针对特定国家的环境法，但从中可以看出，比较环境法和国际环境法日益受到重视。比较环境法对

① 一般认为，环境经济学诞生于 20 世纪 50 年代初，以资源和环境问题的物质平衡和微观经济分析为主要内容，其标志是美国未来资源研究所（RFF）的建立，经典教材有《环境与资源经济学概论》（马中主编，高等教育出版社，1999 年 6 月），*Environmental and Natural Resource Economics*（Tom Tietenberg and Lynne Lewis，Pearson Education，Inc.，2012）。现代环境经济学则纳入了生态经济学和宏观问题的内容，典型教材有 *Environmental and Natural Resource Economics –A Contemporary Appraoch*（Jonathan M.Harris，Houghton Mifflin Company，2006）。——译者注

② 庇古（Arthur Cecil Pigou，1877 – 1959）在其 1920 年出版的《福利经济学》中，倡导对有正外部性的经济活动给予补贴，对有负外部性的经济活动进行征税，以纠正环境外部性导致的市场失灵。——译者注

③ 在环境方面，社会成本 – 收益分析也称为环境成本 – 收益分析，或者费用 – 效益分析、成本 – 效益分析，以区别于经济和管理中通常所称的成本 – 收益分析，前者需要更多地考虑未包括在市场价格之内的外部成本和收益，见本书第 2 章 2.1 节，马中著《环境与资源经济学概论》（高等教育出版社，1999 年 6 月第 1 版，第 83 页），张帆著《环境与自然资源经济学》（上海人民出版社，1998 年 3 月第 1 版，第 31 页）。——译者注

两个或多个国家的环境法律体系进行比较，而国际环境法则试图从各种法律体系中总结出共同的环境法基本原则。虽然环境法研究日益国际化，但多数研究仍然主要探讨环境问题的法律方面，尚缺乏深入的经济分析。

因而，本书的研究试图填补这一空白，通过重点研究环境法与经济学，把传统的法与经济学同环境经济学结合起来。另外，本书也试图把比较环境法和国际环境法结合起来，说明各种经济问题对法律实践的重要性。

2 读者定位

本书是为对环境政策感兴趣的社会科学的学者和学生而写的，对律师和经济学家应当特别有益。通过阅读本书，律师们会发现，环境法的经济分析有助于更好地理解已有法律准则的基本原理。另外，经济分析也是对现行立法进行检验的有用工具，不仅可以检验某些现有法律准则的效率，也可以用来检验立法行动的效果，这意味着，经济分析可以说明某些法律准则是否能够有效地达到其应当具有的结果。经济学家可能会认为那些特别针对法律读者而阐述的经济观点过于简单，但是，对环境经济学家来说，阅读关于责任准则和保险在控制环境风险中的重要性、安全管制与税收的异同以及环境保护刑事制裁经济学等内容，也是新颖而有趣的。

3 方法

本书运用的法经济分析方法，也称为“法与经济学”。自 20 世纪 70 年代初开始[①]，这种新的分析方法在美国迅速发展，在欧洲也得到了广泛关注，其显著标志是 1984 年在瑞典隆德成立了欧洲法与经济学学会。欧洲已有若干关于本学科的学术评论[②]，许多国家出版了若干丛书，包括法与经济学的综合手册，因而，我们没有必要讨论关于经济分析的有用性，特别是用以分析法律准则的经济效率标准等一般问题，也不必讨论经济观点与法律理论的差别，在这个方面，读者可以参考大量相关文献[③]。

事实上，本书中运用的法经济分析属于有时所称的“新法与经济学”[④]。旧法与经济学分析通常与税收、市场管制或竞争法有关，在这方面，律师们借助经济学家回答律师们过去提出的问题。新法与经济学符合经济学是

① 1973 年，理查德·波斯纳（Richard Posner）的名著《法经济分析》第 1 版出版。

② 更加具体的，《法与经济学国际评论》和《欧洲法与经济学杂志》。

③ 这些文献的总结和按主题分类，见 Bouckaert and De Geest（1992，2000），Newman（1998）。

④ 这个概念由理查德·波斯纳提出，维尔扬诺夫斯基（Veljanovski，1982）把它用作书名，说明“旧”和“新”法与经济学的区别。

行为科学的观点，除了纯然的市场导向的行为，经济学更加一般地分析人类行为[①]。

除了经济分析，在适当的情况下，本书也运用其他社会科学理论来说明法律准则的内容，特别是与公共选择和寻租有关的理论，二者试图把立法解释为强大利益集团的法律需求和追求财富最大化的政治家们的法律供给的产物。同样，在环境领域，把传统的法与经济学同利益集团理论结合起来是非常有用的，如果实证分析证明现存的法律制度与经济理论模型的预测不符，这种结合就能提供有用的见解。

就法律分析而言，我们将关注国际环境法原理和欧洲环境立法，此外，本书也提供一些欧盟成员在立法和判例法方面的实例。本书将法与经济学方法同欧洲环境法和比较环境法分析相结合，由于欧盟各成员的法律体系中的解决方案不可避免地会有所不同，我们这样做就具有很大的优势。法与经济学的长处是，可以在更重要的层次上对各种法律体系中的解决方案进行考察，而不必过于详细地讨论特定国家的法律状况。在阐述一般问题，例如何种法律工具可以用来控制环境风险，而各国对此有不同的解决方案时，法与经济学可以提供一种更加一般的方法，从而促进欧洲普通法的探讨和发现[②]。

我们首先考察经济分析提出的具体问题，而后转向特定法律体系中的法律解决方案，在可能的情况下，我们尝试对其中的某些明显差异提出一种经济学解释，从而，我们也将尝试运用马太（Mattei，1994）等人倡导的比较法与经济学方法[③]。

本书是为律师和经济学家以及其他对环境法和政策感兴趣的读者而写的，这就不可避免地会影响其法律和经济分析的深度。我们特意从整体上阐述法律中的解决方案，主要关注法律解决方案的实质，省略了对分析本身不重要，而只会使非法律读者感到困惑的法律细节。对法律细节感兴趣的读者，可以参考我们在注释和参考文献中提供的进一步阅读的文献资料。我们不仅尝试以经济学家们能够理解的方式对法律进行阐述，就经济分析而言，我们也进行了相同的的尝试，因而，我们以律师们容易理解的文字表述方式对经济原理进行阐述，通常不提供经济论断的数学证明。再一次，在这方面，对进一步的细节感兴趣的读者可以参考注释和参考文献中提供的进一步阅读的资料。

我们应当强调，原则上，本书试图阐明环境法的实证理论，我们并不企图

① 关于这一主题的经典著作是 Becker（1976），也可见 Van den Bergh and Heremans（1987：139－163）。

② 在这方面，见 De Witte and Forder（1992），更加具体的，关于环境法，见 Faure（1995a：215－218）。

③ Mattei（1994：3－10）.

把经济学当作法律准则制定的唯一价值，但是，我们将始终致力于主要讨论经济分析的政策含义，从而说明各种法律工具或解决方案的成本与收益。最终，立法者或法官需要决定选择何种解决方案，在这方面，除了经济效率以外，诸如公平等其他标准可能会起重要作用。在可能的情况下，我们也将指出各种可能的法律解决方案对分配的影响。当然，本书不能广泛地讨论经济分析和环境法的所有问题，例如，我们只简单地讨论了环境税或污染权模型，妨害行为法（nuisance law）也是如此[①]。

本书旨在说明法与经济学在环境法和政策思考中是有用的方法，在制定新法律制度时尤其有益，在发展中国家中通常就是这种情形。但是，在这些进程中，经济方法的运用并不能单独决定环境政策的质量和效果，本书的最后一章（第 9 章）对此进行了说明，该章总结了本书中讨论的若干重要问题，中心问题之一是如何理解尊重法律原则的有效果的环境法，并专门应用于发展中国家的情形。当然，这些问题超出了经济学的范围。

4 结构

本书的结构如下：

在前言之后，在第 1 章中，我们讨论环境法与经济学的一般问题，包括科斯定理及其相关问题，如首用原则对环境法的重要性。

第 2 章讨论成本—收益分析对环境问题的重要性，阐述对环境损害进行估价的经济方法，如支付意愿法、享乐定价法及相关问题，而后，本章讨论了成本—收益分析对环境标准制定的重要性。

第 3 章阐述侵权法的经典经济分析及其对环境法执行的重要性，在此基础上，第 4 章讨论安全管制的标准，在从公共利益角度对管制进行讨论之后，我们提供了一个公共选择分析，还讨论了侵权法和管制之间的相互依存关系。

第 5 章阐述了环境法执行的另外一种方法，即利用刑法的威慑效应。

第 6 章讨论保险及其对环境风险控制和损害赔偿的重要性，考察控制道德风险问题的经典工具以及风险细分的必要性，也更广泛地讨论了环境损害的赔偿问题，除了传统的责任保险，我们还讨论了环境损害的其他赔偿机制。

第 7 章考察环境联邦主义，总体上，本章关注的问题是如何找到对环境污染进行管制的最优政府层级。显然，在欧盟范围内，根据属地原则，这可以应用于如何确定欧盟与成员的分工问题。

第 8 章阐述若干著名的环境法与政策原则，如污染者付费原则和预防风险

---

① 在第 1 章中，将讨论妨害行为法与首用原则有关的若干方面。

原则，考察这些环境法原则与前面阐述的经济分析之间的关系。

最后，第 9 章讨论发展中国家中与法律的作用有关的特殊问题，概述了发展中国家如何运用各种政策工具来控制污染。我们相信，法经济分析对于研究发展中国家的法律制度是一种特别有用的工具。实际上，在发展中国家，环境法常常仍然处于发展的早期阶段，因而，经济分析可以成为说明在政策层面上如何运用各种法律工具来控制污染问题的有用工具。

目　录

第1章

污染与效率

1.1 污染外部性

1.1.1 企业和国家的外部效应

环境污染问题的产生是由于一些经济活动如药物生产，其本身是有益的，但会导致对第三方不利的负面影响，即所谓的外部性。因为造成污染的公司实质上不受其活动引起的这些负面作用的影响，这些负面影响的确是在企业活动自身之外。许多学者都认为环境污染是外部性的典型实例①，其经济分析的起点是，决策者如上例中的制药公司在做出产量决策和避免污染的投资决策如污水处理厂建设时，并不考虑其外部性。

不仅企业把环境污染主要看作外部性，实际上，国家也是这样。有许多例子可以说明，在有些情况下，各国明显地倾向于输出污染问题。一个例子是颁发许可证，允许造成河流的越境污染。只要看一下欧洲地图，查一下核电站的位置，就可以找到另一个例子。显然，多数国家倾向于把核电站建在离其边境较近的地方，与核电站所在国家的居民相比，核电站对其他国家的居民造成的危险更多。最后，我们还可以提到砍伐热带雨林的全球问题，对于需要出售木材获得收入的有关国家（部分发展中国家）来说，这显然是有利的，但对于大多数位于北方的工业化国家来说，则主要是不利的。这些例子说明，企业和国家都倾向于把污染视为在其自身决策过程之外，一般不会将其纳入决策过程中加以考虑。

1.1.2 环境法的目标

在没有相关法律的情况下，产生污染的工厂就没有动机在其决策过程中考

① 一般的，见 Van den Bergh（1988：234）。

虑其造成的污染。换句话说，在法律准则缺失的情况下，外部性就不会内部化，这就直接说明了环境法的目标：通过强制潜在的污染者在其决策过程中把其造成的污染考虑在内，使其外部性内部化[①]。如果法律能够实现这一点，污染就不会再外在于经济活动，而会被内部化，比如说，由于污染产生的后果，潜在的污染者会决定投资于污染削减技术。因此，全部环境法需要解决的问题是，如何提供激励，使污染造成的外部性内部化。有许多法律工具能够产生这种内部化，我们将在下面进行讨论。

同样，在国家之间的情形中，也常常运用法律工具使外部性内部化，这意味着，国际法律工具的目的是避免国家输出其污染的行为。在这方面，我们不仅可以依靠全部国际环境法[②]，而且可以利用国内法律来打击越境污染[③]。在欧共体层面上，国际文件还旨在向邻国的一般公众提供其他国家的潜在危险项目的信息，一个例子是欧洲经济共同体理事会 1985 年 6 月 27 日关于公共和私人项目环境影响评价的《85/337/EEC 指令》，也称为《环境影响评价指令》[④]。该指令的第 7 条规定，如果一个成员意识到某个项目可能会对另一成员的环境产生重大影响，打算在其领土上实施该项目的成员应当在把收集到的信息提供给其国民的同时转发给其他成员。

另外，这一指令已进行了修订[⑤]（欧共体修订《85/337/EEC 指令》的《97/11/EC 指令》[⑥]），以使之与《越境环境影响评价公约》（所谓的《Espoo 公约》[⑦]）一致。根据这一修订，打算在其领土上实施有关项目的成员应当跟邻国的公众和当局进行协商，使他们可以将其对项目的意见转达给项目所在的成员当局。具体地说，这意味着，例如，如果比利时决定把一座新核电站建在靠近荷兰和德国边界的地方，德国和荷兰居民享有协商权，其意见要转达给决定建设新核电站的比利时当局。除了这种信息权和对行政程序的干预，明显地，人们

① 见 Faure（1996：85－109）。

② 例如 Sands（1995）。

③ 见 Van Dunné（1991，1996）。

④ Council Directive 85/337/EEC of 27 June 1985 on the assessment of the effects of certain public and private projects on the environment，*Official Journal*，L 175，1985 年 7 月 5 日，第 40－48 页。——译者注

⑤ Directive 97/11/EC，*Official Journal*，L 73，1997 年 3 月 14 日，第 5－15 页。一个评论，见 Jans（2000：321－328）。

⑥《97/11/EC 指令》于 2012 年 2 月 16 日失效，代之以欧盟 2011 年 12 月 13 日《2011/92/EU 指令》：Directive 2011/92/EU of the European Parliament and of the Council of 13 December 2011 on the assessment of the effects of certain public and private projects on the environment，*Official Journal*，L 26，2012 年 1 月 28 日，第 1－21 页。——译者注

⑦ 联合国欧洲经济委员会《Espoo 公约》［越境环境影响评价（EIA）公约］1991 年制定，1997 年 9 月 10 日生效；2001 年第一次修订，2014 年 8 月 26 日生效，联合国成员都可加入；2004 年第二次修订，2017 年 10 月 23 日生效。http：//www.unece.org/，2020 年 5 月 3 日访问。——译者注

还可以进一步检查这种选址本身是否可以认为违反了国际环境法。这些例子说明，在国际层面上，法律工具也可以专门用来遏制国家输出其污染问题的可能倾向。

1.1.3　非法律工具的作用

显然，在提供对外部性内部化的激励方面，法律工具只是手段之一。通过对公司进行道德规劝，指出其对环境和后代人所负的责任，也可实现这种内部化。尽管经济学家对其效果存有某种程度的怀疑，这种方法最终可能会导致自愿遵守[①]。的确，出于伦理考虑而选择对减排技术进行昂贵投资的企业，与其选择不采用类似减排技术的竞争者相比，由于其产品更加昂贵，可能会因定价过高而失去市场。

但是，如果能给经营者以激励，使之采用创新性技术，从源头上防止或削减废弃物的产生，自愿遵守战略是有效果的。环境工程领域的学者们已强有力地证明，清洁生产技术的投资可以实现自我补偿[②]。在这种意义上，如果可以向企业家们证明，污染预防和成本降低可以并行不悖，这些信息战略当然会是有效果的。然而，即使运用这些自愿遵守战略，为了提供对寻找这些清洁生产技术的激励，法律工具也是必要的[③]。

本书的其余部分主要阐述可以用来使外部性内部化的各种法律工具。首先需要提出并回答的一个重要问题是，为了实现这种内部化，是否以及为什么需要法律制度的干预。

1.2　科斯定理

1.2.1　损害的相互性

传统上，经济学家们主张，诸如环境污染等外部性，可以通过对污染活动征税来实现最优内部化。由于这种观点以庇古的研究为基础，这种税收通常称为庇古税[④]。通过使边际税率等于有害活动造成的边际成本，产生污染的工厂

① 见 Oates and Baumol（1975：95－128）。但是，梅奈尔（Menell）指出了法律制度在控制环境风险中的内在不足，见 Menell（1991：93－113）。

② 例如 Freeman（1995）。

③ 下面将讨论这些自愿战略，更加具体地，在第 4 章中，我们将讨论环境合同。

④ Pigou（1951）.

将获得激励，以最优的方式削减污染[①]。但是，罗纳德·科斯（Ronald Coase）在其论文“社会成本问题”中反对这一观点[②]。科斯强调损害的相互性，即损害不只是由于工厂排放有害物质造成的，也是由于有受到有害排放伤害的邻居而产生的。

科斯强调，在这些情形下，产权的行使存在冲突。传统上，律师们片面地把这一情形看成是工厂排放有害物质，限制了受害者的权利。然而，人们同样可以认为，由于受害者居住在工厂的附近，限制了工厂从事其对社会有益活动的权利，因此，不应想当然地提出法律应当如何提供激励，迫使工厂减少排放的问题。首先应当提出的问题是，在若干当事人中哪一方（工厂或受害人）的产权应当受到限制，对这一问题的回答取决于各当事人中哪一方能够采取减轻或防止损害发生的预防措施。

1.2.2 冲突的产权：一个实例

假定一家工厂排放烟尘，对居住在其附近的三个受害人各造成了 200 欧元的损害，再假定烟尘排放只对这三个受害人造成损害，不对其他人造成损害[③]。进一步，假定受害人没有可行的方法来防止损害的发生，而工厂可以通过安装一个成本为 300 欧元的涤尘器来消除全部排放。在这个简单的例子中，需要回答的第一个问题是，最优结果是什么：安装涤尘器，还是不安装？由于仅仅投资 300 欧元，就可避免 600 欧元的总损失，最优解决方案显然是安装涤尘器。另一种可能的解决方案是受害人搬迁，但我们假定三个受害人的搬迁成本远高于一个涤尘器的开支 300 欧元。

接下来的问题是，最优解决方案是否会被采用，在这个例子中是涤尘器是否会被安装。科斯认为，如果交易成本为零，不管有效的法律准则的内容如何，总能实现资源的最优配置，这就是通常所称的科斯定理（Coase theorem）。在这个例子中，资源的最优配置显然是安装涤尘器。继续这个例子，我们容易证明，科斯定理适用于这种情况：不管法律准则的内容是什么，涤尘器确实会被安装。如果法律规定工厂有责任对受害者进行赔偿，安装涤尘器显然对工厂有利。通过安装成本仅为 300 欧元的涤尘器，工厂可以免于向受害者支付 600 欧元的赔偿。因此，根据这种现在称之为“污染者付费”的法律制度，可以产生最优的结果。

但是，如果工厂没有责任，而受害者要自担损失——一种“污染权”制度，

---

① 在下一章讨论环境污染“定价”时，我们还会简明地论述这一最优税率思想。

② Coase（1960：1-44）.

③ 因而，在这个例子中，显然，我们没有考虑排放也会对环境本身造成损害的事实。

同样可以产生最优结果。给定交易成本为零的假设，他们将联合起来与工厂进行协商，说服工厂安装涤尘器。由于损害造成的总成本远大于涤尘器的成本，向工厂支付涤尘器的价格后，受害者的处境仍有所改善。所以，在“污染者付费”和“污染权”两种法律准则下，都会产生有效率的结果。

1.2.3 科斯定理的若干局限

然而，这一结果需要进行若干评述。

首先，应当强调的是，我们并不清楚受害人为安装涤尘器向工厂支付的价格是多少。根据其议价能力，工厂很可能会索取比涤尘器的价格300欧元大的安装价格。最终，根据“污染权”准则，如果工厂是个强硬的议价者，受害者可能需要为安装涤尘器支付几乎高达599欧元的安装价格。

其次，如果有一方采取策略行为①，明显地，不会产生有效率的结果。

第三，受害者当然必须有可用资源来购买涤尘器。

第四，这里有一个至关重要的差别，科斯定理只发现了社会问题的效率结果，没有解决分配问题。的确，尽管在（有责任或无责任）两种情况下有效率的结果都成立，但在分配方面有差别，在第一种情况下是工厂购买涤尘器，在第二种情况下是受害者购买。所以，从受害者的角度来看，法律准则的内容是非常重要的。从政策角度来看，这可能就是为什么立法者时常进行干预，即使在科斯定理的条件满足时，也会令污染者负责的原因。

第五，科斯定理以零交易成本的假设为基础。尽管有许多法与经济学的学者和环境经济学家以科斯定理为起点，讨论环境法的作用，以及以法律工具控制环境污染的必要性②，其缺点显然是，科斯定理只有在零交易成本的世界里才起作用。在一些小范围的污染情形中，运用科斯定理当然可能是有用的。然而，在现实情形中，一家排放烟尘的工厂只影响三个受害者的例子几乎是不存在的。在大多数大规模的污染情形中，受害者的数量会太多，从而交易成本将非常高③。而且，交易成本的一个方面是信息。在前面的例子中，我们假定受害者和污染者都完全了解污染损害和有效率的防治措施，在许多情形下，这或

---

① 1960年，时任哈佛大学经济学教授、2005年诺贝尔经济学奖获得者托马斯·谢林（Thomas C.Schelling）在其《冲突战略》一书中定义了策略行为（Strategic Behavior）概念，在博弈双方既有争端又有共同利益的情形中，一方的最佳行动选择依赖于其对另一方行动选择的预期，策略行为是指一方通过改变对手关于本方行为如何与其行为相联系的预期，从而影响对手的行动选择的行为（*The Strategy of Conflict*，Cambridge，Massachusetts：Harvard University，1980，p.15）。——译者注

② Frey（1992），Baumol and Oates（1979），Oates（1983：362－375），Schulze and D'Arge（1974：763－772），Mishan（1971a）。

③ 关于科斯定理对环境问题的这些局限性，见Mishan（1971b），Kapp（1970）。

许并不是一个符合现实的假设。在交易成本确实很高的情形下，科斯式谈判不会发生，这样就需要法律制度的某种干预，以实现外部性的内部化。

第六，到目前为止，我们假定各种权利是清晰地界定的，谈判是在这种权利分配的基础上进行的。另外，我们还假定邻近的财产价值可以客观地进行评估，在现实中，很可能会有关于妨害行为重要性的主观评价，这些都会阻碍通过谈判达成有效率的解决方案，因此，也可认为是交易成本。

1.2.4 科斯定理的应用价值

批评者可能会认为，科斯定理的零交易成本假设在环境方面永远也不会实现，从而质疑关于科斯定理的讨论对环境法的有用性。尽管在许多产生污染的情形中交易成本确实很高，并不必然意味着科斯定理在这些情况下没有用。

第一，我们已经强调，可能会有许多小规模污染的情形，工厂产生的妨害影响局限在有限的附近范围内，在这种情况下，科斯式谈判或许是可能的。

第二，如果交易成本阻碍了通过协商达成有效率的解决方案，我们可以分析这些问题的性质是什么。例如，如果是因为缺乏关于损害的性质或可行的预防措施的信息，使交易没有发生，那么，管制就可以针对增加信息。如果通过法定的信息披露可以降低交易成本，科斯式协商就又是可能的。因此，科斯认为，高昂的交易成本并不必然导致制定安全标准的管制，政策制定者还可以选择便于进行协商的管制方案。这种解决方案显然是干预较少的，通过这些有效率的协议，而不是通过法定的管制，也更有可能产生有效率的结果。

第三，即使在法律制度的干预是不可避免的情况下，科斯定理依然是有用的，因为它可以提示立法者什么是有效率的解决方案。的确，立法者可以提出这样的问题，如果科斯式协商是可能的，各方会达成什么样的解决方案，而后，科斯式协商的这种推定结果可以作为立法干预的起点，从而，立法解决方案可以“仿效”市场。

1.2.5 国家间的科斯式谈判

另外，就环境污染而言，如科恩（Cohen）所指出的，在涉及到越境污染的国家间冲突的情形中，科斯式谈判看来也是可能的[①]。科恩认为，在越境污染的情形下，国家间的双边谈判是可能的，国家间可以达成科斯式解决方案，没有必要采用成本高昂的制度安排，如欧共体（EC）[②]。

① Cohen（1996：167－171）.

② 在后面讨论环境联邦主义时，将更加具体地运用这种推理方式，详细的讨论见第 7 章。

然而，在许多越境污染情形中，交易成本相对较高，比如说酸雨问题。事实上，越境外部性只涉及少数几个国家的情形是很少的，从而难以进行科斯式谈判。另外一个问题是，两个国家都可能会采取策略行为，从而阻碍科斯式解决方案。

不过，举例来说，就莱茵河而言，相关的各家企业已经达成自愿协议，同意自愿地削减排放。但是，在这种情形中，并不涉及国家间的谈判，而是直接与企业有关，尽管接壤国家间的公约为这种自愿协议提供了必要的法律框架①。

1.3　妨害行为

在环境法中，有两个问题与科斯提出的损害具有相互性的重要论点有关，（1）双方行为人都采取降低损害的防备措施是有效率的，法律应当为加害人和受害人提供采取这种最优防备措施的激励；（2）如果财产使用有冲突，有效率的解决方案显然并不总是加害人如工厂应当搬迁。这些问题在所谓的首用原则和妨害行为法中进行阐述。

值得强调的是，（科斯强调的）损害的这种相互性也存在于妨害行为中②。妨害行为法的法与经济学文献一般认为，双方行为人都应当面对其行动的社会成本：污染者必须为其造成的额外损害而付费，受害者不应因其本可以较低成本避免的过多损害而受到补偿③。所以，兰德斯（Landes）和波斯纳（Posner）认为，除非污染造成的损失超过削减污染的成本，法院不应颁布禁令以制止污染④。这一解决方案认识到损害的相互性。

1.4　首用原则

我们现在转向产权冲突的一个具体实例，在这个例子中，由于跨期的差异，各种权利主张相互冲突。

---

① 后面的第 4 章进一步讨论这些自愿协议。

② Epstein（1993：553－586）.

③ Dewees，Duff and Trebilcock（1996：267）.

④ Landes and Posner（1987：44）.

1.4.1 经济原理

首用原则也称为“来接受妨害抗辩”，与以下情形的讨论有关，例如，一家工厂本来位于一个较为空旷的地区，后来与“来接受妨害”并要求赔偿或者甚至工厂搬迁的邻居们发生冲突。法与经济学文献对这一问题进行了广泛的讨论①，魏特曼（Wittman）②等则进行了更加具体的分析。

这一文献的起点通常是，首先调查对“新来者”的损害是否可以由现有工厂采取预防措施来防止或减轻。如果是这种情形，且交易成本为零，那么，科斯认为，不论法律准则如何，有效率的预防设施都会被安装。如果交易成本太高，一种责任准则可以迫使现有企业采取预防措施。如果满足责任的条件，现有企业提出“来接受妨害抗辩”，通常不会取得成功。

这与这样一个事实有关，在判例法中，这些问题通常是从事后的角度进行处理的，即人们已经搬到工厂的附近，只能从事后的角度提出预防措施的额外投资是否能够有益地减轻损害的问题。因此，即使是受害者“来接受妨害”，责任法律也为投资于有效率的安全设备提供激励。但是，这种解决方案的问题在于，从事前的角度来看，它消除了对潜在受害者不到有污染活动的附近居住的激励③。当然，一般地，特别是在人口稠密的地区，居民们通常别无选择，只能住在工厂附近；另一方面，工厂有可能投资于预防机制，以减轻对第三方的损害。

显然，如果能够根据区域的具体特征，事前确定最适合于开展某种活动，产权行使的冲突大多可以避免。在许多这样的情形中，魏特曼认为，区域划分的目标就是要确定，比如说，考虑到有限的交通可能性和在生态敏感区可能会产生严重环境退化等因素，在一个有树林的美丽的山坡地形上，更适合于建住宅区，而不是重工业。理想地，区域划分应当事前确定某些区域的用途。

在没有事前决定某一可用区域的用途，采用成本有效的措施又无法进一步减轻对居民的损害时，事后通常特别容易产生问题。在这方面，例如，人们可以想到飞机场，虽然已经采取了所有有效的减弱噪声的措施，仍然可能对周围居民造成不便，这就产生了如何从事后的角度来解决这种产权使用的冲突问题。

在某些情况下，我们应当考察，妨害行为产生的成本是否已经包括在某种财产的价格中，在这种情形下，对外部性已经进行了补偿。假定建设了一个新

① 例如 Cooter and Ulen（2000：154－159）。

② 见 Wittman（1980：557－568），Epstein（1979（49）：72－73），Dewees（1992a：143），Merrill（1985：13－48）。

③ 所以，Wittman（1980：567－568）。

的火车站，其周围的土地以相对较低的价格出售，在这种情况下，可以认为，未来的所有者为其购买的土地所支付的相对较低的价格是对火车站将来产生的妨害的一种补偿，这就可以排除土地所有者随后向火车站要求补偿，不论对于现在以低价购买土地的所有者来说，还是对于后来购买该片土地而成为新主人的购买者来说，都是这样。

再者，他们应当已经了解到该片土地离火车站较近（这显然容易观察到），并认识到其所支付的较低价格已经补偿了将来火车站产生的妨害。所以，魏特曼正确地主张，在大多数这样的情形中，妨害的可预见性是一个重要的标准。如果（起初是无辜的）有害活动以完全不可预见的方式扩大（例如该区域的用途发生变化），附近的“受惊的”业主就有要求赔偿的更多可能性。

再说一遍，如果“受惊的所有者”因未预料到的和不可预见的企业扩大而引起的额外损害而获得赔偿的话，这种赔偿应当是最终赔偿。这意味着，他之所以得到补偿，也是因为其土地的价格会因该企业的扩大而下降。一个潜在的新购买者而后可以较低价格再次购买这块土地，但不能再次要求已经给过前面的购买者一次补偿的工厂对其进行补偿。

更为困难的情形是，产权使用的冲突不能通过对所造成的不合理妨害进行补偿而得到解决。在某些情形中，冲突可能会是非常严重的，只能通过所涉双方之一的搬迁来解决。如果所造成的损害程度远大于最低的搬迁成本，这种解决方案一般是可以达成的。因此，魏特曼认为，如果搬迁是有效率的解决方案，就必须确定，相对于所造成的外部性的重要性而言，谁的搬迁成本是最低的。例如，如果能够确定现有工厂的搬迁成本远低于其许多邻居的搬迁成本，即使他们是来接受妨害的，由于工厂的搬迁成本是最低的，其搬迁就仍然是有效率的解决方案。

显然，谁先来的问题在回答谁必须搬迁的问题时不起作用，但在回答谁必须支付搬迁费用的问题时可能起作用。如果新邻居是在可预见损害的情形下来接受妨害的，人们就可以认为，即使工厂（因为较低的搬迁成本）必须搬迁，错误地来接受妨害的居民们也可能应当支付工厂搬迁的（部分）费用。后者显然是非常重要的，可以从事前的角度给居民们提供正确激励，使他们在居住地决策中做出明智的选择。如果他们可预见地选择到一家工厂旁边居住，而后他们几乎不能主张工厂应当搬迁，更不能主张工厂应当自负成本进行搬迁。

1.4.2　实例

1.4.2.1　美国的案例

我们现在通过描述判例法如何看待“来接受妨害抗辩”，对法与经济学的这些原理进行检验，法与经济学文献中通常讨论的两个美国案例值得我们在这里提一下。

第一个案例是布默尔（Boomer）诉大西洋水泥公司案[①]，布默尔和朋友们是原告，起诉大西洋水泥公司。法庭辩论特别考虑了一个问题——就大西洋水泥公司对布默尔和朋友们所造成的妨害而言，何种补救方式（禁令或搬迁）是最为恰当的反应。在布默尔案的裁定中，多数人认为，原告应当因其产权受到侵犯而得到补偿。反对发布禁令（这会导致大西洋水泥公司关闭）的观点认为，大西洋水泥公司刚刚在本公司投资了 4 500 万美元，并且雇用了 300 人。这里隐含地提到的经济观点是，公司搬迁的花费可能会比受害者应得的补偿更高；而且，法院认为，应当判令支持所谓永久损害，赋予大西洋水泥公司侵犯其邻居产权的永久权利，这也可以用来对抗邻近土地的未来所有者。在一种不同意见中，詹森（Jasen）法官反对永久损害，认为这与允许"继续犯错"没有什么不同[②]。另外，詹森认为，支付永久损害费用将消除对该公司而后通过投资于补充性预防措施来进一步减轻损害的任何激励。但是，事实上，看来没有可以减轻损害的其他补充性预防措施。

另一个经常引用的案例是戴尔·韦伯开发公司（Del E.Webb Development Co.）诉案[③]，这是 20 世纪 50 年代发生在亚里桑那州凤凰城以西约 15 英里的马里科珀（Maricopa）县的一个案例。农民斯普尔（Spur）拥有一片适于养牛并且事实上养了牛的土地，项目开发商戴尔·韦伯（Del Webb）购买了 2 万英亩农田，打算开发成称为太阳城的住宅区。首批房屋建在斯普尔的养牛场以北 2.5 英里，最终建造了 500 套房屋，而且太阳城还在扩大，1967 年，戴尔·韦伯的项目离斯普尔的牧场只有 500 英尺远。此时，戴尔·韦伯发现，由于斯普尔的农业活动，他无法卖掉剩下的住宅用地。于是，戴尔·韦伯以气味和苍蝇对他造成了妨害为由起诉斯普尔。当时，斯普尔在其土地上养了 2 万到 3 万头牛[④]，太阳城的居民们自己没有状告斯普尔，只有项目开发商戴尔·韦伯提起了诉讼。

亚里桑那高等法院对本案进行了判决。法院判定，斯普尔的养殖活动似乎损害了许多居民，产生了所谓的"公共妨害"。法院认为，在这种情形下，颁

① Boomer v.Atlantic Cement Companies Inc.，26 *NY* 2d 219，309 *NYS* 2d 312，257 *NE* 2d 870（纽约上诉法院，1970 年），见 Cooter and Ulen（2000：155－157），Epstein，Gregory and Kalven（1984：618－624）。

② 如同对水泥公司说，"只要你付费，就可以继续伤害你的邻居"。

③ Spur Industries Inc.v.Del E.Webb Development Company，494 P.2d 701（亚里桑那高等法院，1972 年），见 Cooter and Ulen（2000，www.cooter－ulen.com/cases）。

④ 一个有趣的细节是，本判决提到，一头牛平均每天产生 35－40 磅粪肥，因此，3 万头牛每天共可产生 100 多万磅粪肥，可想而知，由此产生的气味会引来很多苍蝇。

布禁令以阻止有害活动，比只给予补偿更为适当。而后，法院讨论了“来接受妨害抗辩”，认为，如果项目开发商戴尔·韦伯是唯一的受害人的话，来接受妨害就会成为有效的抗辩。然而，（从事后的角度来看）显然，斯普尔养的牛对许多人造成了妨害。另一方面，斯普尔并没有错误地行动，因为他不能预见到在马里科珀县一座新城会实际上在其牛场附近崛起。但是，鉴于受害的许多居民的利益，法院判决，斯普尔必须搬迁其养牛活动。法院认为：“要求斯普尔搬迁，不是因为斯普尔有任何过错，而是出于法院对公众权益的适当而合法的考虑。”

但是，项目开发商戴尔·韦伯显然是造成要求斯普尔承担搬迁义务的原因，因为他确实是在一个农业区开始其开发活动，他完全可以预见到未来的房主们会因为附近有牛而受到妨害。所以，法院判决，戴尔·韦伯必须赔偿斯普尔的搬迁费用，“由于使人们遭受可预见的斯普尔的妨害，戴尔·韦伯必须补偿给斯普尔合理数量的搬迁或关闭费用。”

1.4.2.2 欧洲的实例

在其他法律体系中，不可避免地也有“首用”问题。在传统上人口稠密的国家如比利时和荷兰，关于首用的讨论相对很少，这主要是由于替代选址的可能性通常非常缺乏，通过区域划分和规划法律已经事前确定了在某一区域应当开展何种活动。我们可以找到一些案例，其中，“时间优先”似乎起了一定作用。荷兰最高法院曾审理过一起案件，在该案中，范·托尔（Van Tol）首先使用了一块地，而德·容（De Jong）在知情的情况下定居在范·托尔的这块地附近。德·容状告范·托尔，声称受到风吹来的种子的伤害。考虑到范·托尔首先使用该块土地，并且德·容的活动发生在农业区，其主张被驳回[①]。文献中还讨论了荷兰法律认可“先用原则”的其他实例[②]。

在比利时的法律中，我们也可以找到一些少见的讨论首用原则的案例。如果一家有名的比利时薯条店选址建在一个养猪场的隔壁，薯条店主而后就不应抱怨养猪场冒出的气味[③]。另一方面，比利时法律显然也认可，如果采取额外的预防措施能够减轻损害的话，首先使用并不是对有义务采取这些预防措施的抗辩，在受害者来接受妨害时，减轻妨害的义务也是存在的。在这方面，根特

---

① 荷兰最高法院，1991 年 5 月 3 日，*Rechtspraak van de Week*（司法周刊），1991 年，第 120 页。

② 例如，海牙上诉法院，1988 年 12 月 28 日，*Bedrijfsrecht*（公司法），1989 年，第 769 页，有范·威曼（P.C.E.Van Wijmen）所作的案件注释。关于这些案件的讨论，也可见 Van Acht（1993：225－226），Faure（1994a：164－167）。

③ 比利时贝弗伦地方治安法庭，1990 年 4 月 10 日，*Tijdschrift voor Vrederechters*（地方治安法官评论），1990 年，第 347 页。

上诉法院认为，新来者可能会期望一家工厂的许可持有人会采取必要措施，尽可能地防止损害的发生[①]。因此，如果采取额外措施能够减轻问题（如噪声），首先使用就不是对有义务采取这些预防措施的抗辩[②]。然而，如果通过进一步的预防措施不可能额外降低损害，新来者就不能主张关闭工厂[③]。事实说明，在这种特定情形中，相比而言，所造成的损害是有限的，更加高昂的企业搬迁成本或许才是案件判决的一个决定因素。

挪威环境法中也讨论了时间优先问题。在比利时和荷兰，这一问题显然更为突出，可能与挪威有可用作备选地点的空间有关，而比利时和荷兰基本上没有这种备用空间。安德雷·斯塔旺（Endre Stavang）讨论了值得我们提到的若干挪威案例[④]。在四个机场噪音案中，原告们是在机场建成后才来到机场的，在所有案件中，挪威最高法院都驳回了赔偿主张，显然明确地考虑了时间优先问题。在最早的两个案例中，挪威最高法院明确地驳回了赔偿要求，理由是原告们选择来到机场附近，从而最应当承担这种地点选择的不良后果的风险。在后来的另外两个案例中，挪威最高法院也明确地采用首用原则，认为机场是首用。

斯塔旺还讨论了若干其他案例。在一个称为昂顿·布鲁克（Hunton Bruk）的案例中，一家工厂在 1889 年来到一个区域，但在 1957 年开始采用新技术生产一种新产品，在工厂建成后但在新技术采用前来到该区域的四个房主提起了诉讼。工厂认为，它首先来到该区域，而新的生产方法是其活动的可预见的发展。但是，挪威最高法院认为该工厂应当负责。

1.4.3 经济分析

如果我们把魏特曼等人提出的经济标准应用于上面讨论的案例，就美国布默尔案而论，我们可以引用库特（Cooter）和尤伦（Ulen）的观点，他们认为，支付永久损害费用的引人注目之处是，产权的使用冲突得到一次性彻底解决。因支付了费用，外部性被彻底内部化[⑤]。但是，魏特曼对布默尔案有相当的批评，他认为，在本案中首用问题根本没有进行考察，尽管事实上是房主们先在

---

① 比利时根特上诉法院，1968 年 11 月 25 日，*Rechtskundig Weekblad*（司法周刊），1969 – 1970 年，第 429 页。

② 比利时安特卫普初审法院，1981 年 6 月 25 日，*Pasicrisie Belge*（比利时法典），1982 年，III，第 66 页；比利时根特初审法院，1981 年 3 月 12 日，*Rechtskundig Weekblad*（司法周刊），1982 – 1983 年，第 1327 页。

③ 比利时根特上诉法院，1988 年 2 月 17 日，*Rechtskundig Weekblad*（司法周刊），1988 – 1990 年，第 50 页。

④ 见其未发表的论文手稿（Stavang，1996），本论文在欧洲法与经济学学会第 13 次年会上作了发言。

⑤ Cooter and Ulen（2000：154 – 157）.

该区域，而妨害活动——本案中的水泥厂——是后来才来的[①]。

魏特曼进一步指出，法院试图进行的经济分析有许多缺陷。法院确实认为，300人的就业和4 500万美元的投资使水泥厂的搬迁费用高于房主们的搬迁成本。在水泥厂来到住宅区这样一种事后的情形中，这可能是真的。但是，这对将来需要从事前的角度做出类似决策的公司提供了错误的信号。

布默尔案的判决似乎是说，一旦一家公司进行了相当多的投资，并且员工们已到位，就不再需要搬迁了，只要支付永久损害费用就够了。魏特曼认为，法院应当从事前的角度进行调查，看水泥厂是否有选址的各种可能性，以及是否明智地把厂址选在了住宅区。而且，令人奇怪的是，在评估搬迁的必要性时，法院只考虑了水泥厂较高的搬迁成本，甚至没有计算布默尔和其他房主们（是他们首先住在那里）的潜在的搬迁成本[②]。由于法院在对本案进行判决时没有考虑全部相关成本，也根本没有讨论是房主们先住在那里，而后才是水泥厂因其潜在的错误的选址决定对房主们造成了妨害的问题，因此，从经济观点来看，很难说布默尔案的判决是否正确。

美国的另一个案例——戴尔·韦伯案则有所不同。在该案中，法庭讨论了首用问题。从经济角度来看待这一判决，我们可以说，对养牛户斯普尔来说，项目开发商戴尔·韦伯是否会来到这一特定区域，是完全不可预见的。但是，斯普尔提出的来接受妨害抗辩被驳回，并被判令搬迁，这是因为他的搬迁成本低于500个房主们的搬迁费用。从经济观点来看，这是合理的。但是，从事前的角度来看，由于项目开发商戴尔·韦伯错误地决定在靠近有3万头牛的农业区附近选址建房，判令项目开发商戴尔·韦伯必须补偿斯普尔，也是同样正确的。如果不是这样，就会给将来的项目开发商提供完全错误的激励。

所以，在这一特定案例中，由于搬迁费用最低的活动必须停止，而且，判令戴尔·韦伯支付斯普尔的搬迁费用，对将来的项目开发商仍然会有事前的正确激励，因此，从事后的角度来看，本案达成了有效率的解决方案[③]。这种解决方案也称为“购买的禁令”：新来者可以“购买”一个禁令，意味着，如果他愿意赔偿搬迁费用，就可以主张禁止产生妨害的活动[④]。

同样，荷兰、比利时和挪威的案例看来也符合前面阐述的经济准则。如果新来者故意来接受妨害，换句话说，如果损害是可预见的，就可以认可来接受

① Wittman（1980：558）.

② Wittman（1980：563）.

③ 所以，Wittman（1980：566）。

④ 关于这一准则，见 Calabresi and Melamed（1972：1115－1123），Ellickson（1973：738－748），Epstein，Gregory and Kalven（1984：628）。

妨害抗辩。但是，这并不免除现有工厂在可能的情况下对有效率的预防措施进行投资的义务。显然，在挪威机场案例中，可预见性也是一个标准。挪威最高法院驳回了在机场建成后才来到机场附近的原告们的补偿要求，这是可以理解的，由于他们能够以较低价格购买其房产，他们或许已经得到了补偿，这种较低价格已经是对将来机场噪声的事前补偿。只有在活动造成的损害不可预见地增加时，这种情况才发生改变。显然，在挪威的昂顿·布鲁克案中就是这种情形，生产活动开始于 1889 年，但在房主们来到该区域后的 1957 年才应用了一种产生损害的新技术。

第2章

环境污染定价与环境标准制定

根据第1章的讨论可知，如果没有法律准则，在交易费用过高的情况下，污染就不会被内部化，因而，需要某种政策工具来实现这种内部化。在阐述可以用于控制环境污染的各种法律工具之前，首先要回答的问题是，在实践中这种内部化意味着什么，产生污染的公司应该在多大程度上把污染考虑在内？换言之，应该采取何种措施来避免污染，以及是否应该不惜一切代价避免全部污染？与此相关的问题是如何为环境污染确定一个“价格”，的确，如果我们想计算污染防备措施的投资效益，就必须了解如何计算环境污染的损失。

因此，在本章中，我们首先简述应用于环境政策的成本—收益分析的基本原理，讨论对环境损害进行估价的经济方法，考察环境法如何应用成本—收益分析的这些原理（2.1节）。而后，我们将考察成本—收益分析这种经济思想如何转换成环境标准制定准则（2.2节）。实际上，在法律实践中，要求企业采取的预防努力主要是由标准决定的，由此产生的问题是，对于不同的情形，何种标准是最优的。另外，成本—收益分析的经济思想与法律标准之间的关系也需要阐述清楚，当然，关键的问题是，环境法律制度是否也为落实“不应不惜一切代价来削减污染”的经济思想提供了空间。最后，我们将看一看，环境污染“定价”这一经济思想通常如何转化为控制环境污染的工具选择（2.3节）。

2.1 成本—收益分析对环境政策的重要性

2.1.1 经济原理

2.1.1.1 环境成本—收益分析

关于应当如何确定污染的最优程度这一问题，经济学家们从不同角度进行了阐述，其起点通常是庇古的开创性工作，他提出对造成外部性的活动征税，税率等于该活动产生的边际社会损害。在这种庇古传统中，鲍莫尔（Baumol）和奥茨（Oates）提出用标准和价格来保护环境[①]，他们建议预先制定一套环境质量标准，并以征收从量税（unit tax）来达到这些标准，这种定价和标准制定技术将降低环境损害的程度。长期以来，鲍莫尔和奥茨的这种观点一直是环境经济分析的起点。根据这种观点，首先要制定环境质量标准，也就是确定某种环境组分需要达到的质量[②]，然后确定达到这种环境质量的最优税收。

然而，正如我们在本书中将要证明的，征税只是可以用来达到想要的环境质量的可行工具之一，而且，这种方法仅提供了部分答案。实际上，考虑到环境质量与其他价值间可能的冲突，应该如何确定最优环境质量仍然是一个问题。另外，在更加实际的层面上出现的问题是，在可以用来达到最优环境质量的不同减排技术之间，应当如何做出选择。

在环境经济学中，通常运用成本—收益分析来回答这些问题。例如，在环境政策中，成本—收益分析用以权衡环境质量和其他利益，以确定某种环境组分的最优环境质量。此外，在确定了最优环境质量标准之后，在需要选择用来达到环境质量的工艺或减排技术时，也要运用成本—收益分析。在环境经济学中，成本—收益分析具有长期的传统，因此，我们可以引用在环境政策中应用成本—收益分析的一般文献，简要总结成本—收益分析的主要原理，主要是为可能没有注意到这些文献的读者提供参考[③]。

奥茨指出，成本—收益研究包括若干必不可少的步骤[④]，第一步，是枚举出诸如河流清理活动中所固有的各种形式的收益和成本；第二步，是给各种形式的收益和成本赋予实际的货币价值；第三步，是为有望在未来年份里发生的收益和成本的评估选择一个贴现率；最后，第四步，是计算预期的全部未来收益流和成本流的贴现值。简言之，如果社会要从其稀缺资源中获得最大收益，就应把污染控制和环境保护之所得与其占用其他使用者的资源之所失进行比较，并根据获益者和受损者的偏好计算所得（收益）与所失（成本）的价值[⑤]。

除了环境经济学家对成本—收益分析的关注外，我们也应该指出，自 20 世纪 50 年代以来，在公共财政中一直倡导公共政策根据边际成本等于边际收

① Baumol and Oates（1971：42－54）.

② 下面将讨论各种可能的标准。

③ 一般的，关于成本—收益分析，见 Mishan（1974）和环境经济学，如 Ackerman，Rose－Ackerman，Sawyer and Henderson（1974）及其书评 Oates（1976：864－891）；也可见 Abelson（1979），Cocker and Richards（1992），Field（1994），Tolley，Graves and Blonquist（1981）.

④ Oates（1976）.

⑤ 见 Freeman（1997：187－207）。

益来控制外部性[1]。实际上，边际成本与边际收益的这种权衡意味着，进一步削减污染的边际成本要与进一步降低环境损害的边际收益进行比较。如果要在各种环境技术（生产工艺或减排技术）之间做出选择，而这些可用技术的成本不同，但都能在不同程度上降低损害，那么，显然，首先需要通过环境工程的研究来获取这些生产工艺和减排技术的成本和收益信息。如果有了这些技术的成本和额外降低环境损害的数据，那么，在这种理想情况下，人们将选择有效率的环境技术，即在进一步降低环境损害中边际成本等于边际收益的技术。由于浪费稀缺资源，对不会额外减少环境损害的昂贵的清洁技术进行投资是无效率的。比较边际成本与边际收益的权衡过程，既可以用来确定最优环境质量，也可以用来选择降低环境损害的最优方法[2]。

2.1.1.2　成本—收益分析的局限

显然，在关于环境成本—收益分析的这一简要阐述中，不可能对其经济理论进行深入讨论。在这一点上，重要的是记住，一般而言，经济学家们同意，环境政策应当以成本与收益的某种权衡为基础。同样地，应当强调的是，尽管这些原理是可以接受的，但对环境问题应用成本—收益分析也有相当多的批评。一个缺点是，成本—收益检验并不指明谁获得收益和谁承担成本[3]，换句话说，它不考虑分配问题。

另外，在环境问题上，更重要的问题是如何计算环境政策的收益。一个问题是，是只从人类中心主义的角度来计算收益，例如仅仅关注人类健康风险的降低，还是要从生态中心主义的角度来计算收益。另一个问题是，如果涉及到降低对整个生态系统的可能威胁，收益应当如何计算。这里的问题是，运用传统的依赖于市场标准的“支付意愿”检验对环境损害进行价值评估是否是充分的。当然，在这一简要阐述的篇幅内不可能详尽地讨论环境成本—收益分析的所有复杂问题。然而，在这个阶段应当做一些补充评述。

首先，应当注意到，在讨论边际成本—边际收益检验时，迄今为止，我们假定风险中性。一旦引入风险厌恶，增加削减污染的开支，消除受风险影响者的风险厌恶负效用，就是值得的。因此，在风险厌恶情况下，污染削减措施的最优数量可能更高。在某种程度上，这可以解释为什么对某些行业在安全技术

---

① 关于政策分析的文献，见 Friedmann（1984），Stokey and Zeckhauser（1978），一个概览，见 Rose－Ackerman（1992a：14－19）。

② 根据边际成本=边际收益检验，可以认为一种生产工艺（如一种清洁生产技术）或一项具体的削减技艺（如某种水处理厂）为最优工艺或技艺，但并不必然意味着法律要规定市场上的各企业都要采用这种工艺或技艺，下面我们将讨论这种权衡过程如何转换为法律标准。

③ Oates（1976：56）.

上的投资可能会要求达到乍一看在降低损害中无法获得更多收益的水平，对石化工业，所要求的安全投资就是这样情形，特别是对核工业，在公众意见中，核风险是非常敏感的。

但是，在许多情况下，例如核事故风险，对损失的发生概率和预期的损害程度进行准确估计，可能是非常困难的，这种不确定性可以说明所要求的高额安全投资对于进一步降低风险的额外收益来说也是值得的。这就为我们引出了第二种评述，即在许多情况下，进行准确的成本—收益分析当然是不可能的，如果是采用新技术或新产品，情况尤其如此。

但是，这并不是反对成本—收益分析或者禁止这些产品进入市场的理由。对于某些存在潜在危险的产品，要使用一种注册程序，对于存在潜在危险的技术，要运用许可制度。尽管信息可能会较差，但许可/注册当局可以根据预先试验等所表现出来的关于潜在风险的可用信息来制定标准。在法律制度中，在所谓的预防风险原则中，也要考虑某些工业活动可能产生的危险环境后果的不确定性，这将在第 8 章中进一步讨论。

2.1.1.3 环境价值评估的经济方法

与环境污染定价有关的一个重要问题是应当如何评估环境损害，这对成本—收益分析也是重要的，因为保护措施的收益也依赖于环境损害评估。在侵权案件中，环境损害估价对需要确定的应有的赔偿也是重要的。

环境经济学家们已经建立了多种环境价值评估方法。一种方法是所谓的享乐价格技术，其依据是与所考虑的环境公共物品的特征相关的私人物品与服务的市场交易数据，换言之，在享乐价格技术中，自然环境变化的价值是通过其在受影响物品的市场中造成的可观察的货币变化来分析的。例如，这种方法假定，房产价值反映了环境物品的质量变化，房产价格是周围环境如公园和森林的函数，以房产价格函数的估计为基础，可以对环境改善进行评价。霍奇（Hoch）和德雷克（Drake）[①]、哈里森（Harisson）和鲁宾费尔德（Rubinfeld）[②]以及尼尔逊（Nelson）[③]等都用过这种方法，对这种方法的评判性分析，见马乐（Maler）[④]。

另一种方法是采用调查问卷，还有一种方法是利用旅行费用研究来估算环境收益[⑤]，可以认为是享乐价格法的一种应用。以某种公共物品的假想的配置

---

① Hoch and Drake（1974：268 – 295）.

② Harrison and Rubinfeld（1978：81 – 102）.

③ Nelson（1978）.

④ Maler（1977：355 – 369）.

⑤ Krutilla（1967：777 – 786）.

方法为参照，要求人们直接说出其对环境改善的支付意愿，这称为意愿调查价值评估（contingent valuation），这种更加直接的方法以戴维斯（Davis）[①]、布拉德福特（Bradford）[②]和伯姆（Bohm）[③]等的研究为基础。对两种方法的比较，见波梅瑞恩（Pommerehne）[④]。在美国，有些环境法规要求运用意愿调查价值评估，所以有许多关于这种方法的讨论[⑤]。

2.1.2　环境法与政策中的成本—收益分析

在讨论环境政策的实施工具时，中心问题之一显然是，这些选取的工具是否能提供激励，（在政府和单个企业层次上）采取尽可能地符合上述边际收益和边际成本权衡原理的环境政策。在法律实践中，在社会从未要求不管成本多高都要预防环境污染的意义上，成本—收益分析当然有其用武之地，这是因为，在各个政策阶段，对于为防止污染所必须进行的投资，总是要考虑，在边际上，这些投资的花费可能远大于额外降低环境损害的收益。所以，由于零污染的要求可能会导致成本溢出，社会从未要求达到零污染的理想状态。

2.1.2.1　欧盟层面上的成本—收益分析

现在，成本—收益分析越来越多地用于各种政策中，不只是用在环境政策上。桑斯坦（Sunstein）特别重视成本—收益分析对美国式“管制国家”的影响[⑥]。就欧洲而言，奥古斯（Ogus）近来提出，一般而言，在政策设计中，政策制定者应当考虑成本—收益分析，就环境政策而言，也要考虑成本—收益分析[⑦]。

在各种情况下，对于各级政府而言，都要强调成本—收益分析对环境法与政策的重要性。就欧洲层面而言，我们应当指出，1987 年 7 月 1 日生效的《单一欧洲法案》对《欧洲经济共同体条约》（《EEC 条约》）进行了修订，第 3 部分新增“VII—环境”小节，本小节有唯一条款，即第 130r 条，规定了欧洲共同体（EC）环境政策目标与原则的一般条款，为欧洲共同体的环境行动奠定了明确的法律基础。

自从著名的《马斯特里赫特条约》（《欧盟条约》）1993 年 11 月 1 日生效以来，《EEC 条约》更名为《EC 条约》，关于环境的目标与原则已经发生了变

① Davis（1963：239－249）.

② Bradford（1970：775－791）.

③ Bohm（1971：55－66）.

④ Pommerehne（1988：363－400）.

⑤ 一个评论性分析，见 Hausman（1993）。

⑥ Sunstein（1995：3－129）.

⑦ Ogus（1995：325－338）.

化，除了预防原则、源头预防原则、污染者付费原则，环境政策的基本原则增加了三个新原则[①]，即预防风险原则、一体化原则和属地原则[②]。《欧盟条约》中有多处关注环境的条款，其地位上升到欧盟的宗旨与任务条款中。1997 年，《阿姆斯特丹条约》把《欧共体条约》第 130r 条重新编号为第 174 条，但环境原则的内容保持不变[③]。例如，《欧盟条约》对《欧洲共同体条约》第 1 部分——“原则”进行修改，第 2 条明确地把“尊重环境的可持续的、非通胀的增长”列为欧洲共同体的新任务；第 3（k）条规定，欧洲共同体的活动包括“环境领域的政策”[④]。

就成本—收益分析在欧盟环境政策中的应用而言，我们应当更加具体地提到《欧共体条约》第 174 条第 3 款（原来的第 130r 条第 3 款，在历次修订中，本条款均未变化）的规定。

“在制定其环境政策时，共同体应当考虑：

—可用的科学和技术数据；

—共同体各地区的环境状况；

—行动或缺乏行动的潜在收益与成本；

—共同体作为一个整体的经济与社会发展及其各区域的平衡发展”。

这里，非常明确的，在制定欧盟的环境政策时，欧盟委员会具有考虑其行动的潜在收益与成本的职责。

奥古斯（Ogus）分析了多个欧盟理事会指令，旨在找到其中的“最低安全与健康要求”的一致标准。虽然这些指令（《1989 年工作设备使用最低安全与健康要求指令》[⑤]《1990 年显示屏设备最低安全与健康要求指令》[⑥]和《1991 年鲜肉健康问题指令》[⑦]）只与环境政策稍有联系，他的分析对欧洲环境政策还是很重要的。他认为，在起草这些指令时，科学证据仅用来识别危险，但都未认真进行风险评估，估算危险发生的可能性；此外，关于执行这些指令的成

① “新”意味着，先前在各种环境行动计划中没有提出过，而是在《马斯特里赫特条约》中采取的。

② 下面的第 8 章将讨论这些原则的内容和经济含义。

③ 近来从法律角度对这些原则所做的评述，见 Jans（2000：3－43）。

④ 进一步的细节，见 Faure and Lefevere（1995c：93－107）。

⑤ Council Directive 89/655/EEC of 30 November 1989 concerning the minimum safety and health requirements for the use of work equipment by workers at work，*Official Journal*，L393，1989 年 12 月 30 日，第 13－17 页。现已失效。

⑥ Council Directive 90/270/EEC of 29 May 1990 on the minimum safety and health requirements for work with display screen equipment，*Official Journal*，L156，1990 年 6 月 21 日，第 14－18 页。

⑦ Council Directive 91/497/EEC of 29 July 1991 amending and consolidating Directive 64/433/EEC on health problems affecting intra－Community trade in fresh meat to extend it to the production and marketing of fresh meat，*Official Journal*，L268，1991 年 9 月 24 日，第 69－104 页。现已失效。

本影响的论点，在部长理事会的各工作组中份量甚微[①]。

奥古斯认为，这些例子可以表明，在很大程度上，欧盟管制的总体质量问题是由于欧盟的制度结构使特殊利益集团能比其他人对法律制定施加更大的影响而引起的[②]。奥古斯建议，对欧盟层面上的所有立法建议进行法定的经济评价，以提高欧盟管制的质量。以美国的管制当局必须提交立法建议的综合成本—收益分析为例，奥古斯建议修改现有的“影响登记卡”（Fiche d’impact）——欧盟委员会目前用它发出关于一项立法建议是否会对企业产生重大影响的信号，以包括更加详尽的美国式成本—收益分析。根据奥古斯的建议，欧盟委员会在出台立法建议之前，除了其他方面以外，应该回答公共行动是否具有可接受的成本—收益关系问题，并说明对就业与竞争力、成本与创新的预期影响[③]。而且，在欧盟层面上，成本—收益分析重要性的增加与明确将是抵消特殊利益集团策略行为的一种有力手段[④]。

这说明，尽管在一些欧盟文件中明确地提到成本—收益分析的必要性，如《欧共体条约》第 174 条第 3 款，奥古斯有力地证明，仍有很多有待改进之处，扩大成本—收益分析的应用还有很大空间，这可以在总体上提高包括环境在内的欧盟管制的质量。

2.1.2.2 土壤清理的经济分析

如今，土壤清理或许是环境法中争论最多的问题之一，这提出了一连串有趣的法律问题，本书将讨论其中的一些问题，例如过失或严格责任、追溯责任和因果不确定性等问题。与成本—收益分析的应用有关的一个有趣问题是，应当根据什么标准决定是否进行土壤污染的清理。

在多数欧洲国家中，土壤清理的决定（以及由此产生的清理成本的支付责任问题）是由行政当局做出的。在一些国家，如荷兰，自 20 世纪 70 年代后期以来，已经查明了这些“黑点”，广泛的清理行动已经发生或仍在执行过程中。在其他一些国家，如比利时，只是在 20 世纪 90 年代后期才发现了污染的地点。

从经济观点来看，我们能够理解，根据前面已经提到的边际成本与边际收益的权衡来做出清理决定，是非常重要的。在多数情况下，我们可以知道不同的清理方式的各种成本，另一方面，这些不同的清理技术的收益并不总是那么容易评估。收益计算中的一个困难是，在确定清理标准时，是否可以把土壤的

① Ogus（1995：331）.

② 在第 4 章中阐述安全管制时，将进一步讨论企业游说的影响。

③ 同样的，这一建议得到《莫利托报告》（Molitor Report）的支持，该报告给出了欧盟委员会任命的独立专家组的观点（《关于立法与行政精简的独立专家组报告》，1995）。

④ Ogus（1995：338）.

用途考虑在内。的确，一个地点是否应该清理以及清理到何种程度的问题，很可能依赖于该地点的未来用途。

例如，如果某地块的未来用途是建一家工厂，而健康风险被完全排除，人们可能不会坚持对这块污染土壤进行费用高昂的清理。给定这一未来用途，完全清理很可能是无效率的。另一方面，如果在不久的将来，这一特定地块要用来种植蔬菜，由污染引起的潜在健康损害很可能超过清理活动的边际成本①，从而进行完全清理就是有效率的。因此，从经济观点来看，在决定可能进行的清理时，把特定土壤的未来用途考虑在内，看来是合理的。

在这方面，考察行政当局根据何种标准作出清理决定，是很有意义的。例如，行政当局能决定某一污染地块将来只能用于某些工业目的，而不再用来种植蔬菜吗？一个相关的问题是，行政当局能否不管某特定土壤的将来用途如何，仅出于生态理由，而要求对某地点的土壤进行完全清理。

把未来用途考虑在内看来是有效率的，原因在于，在损害的可能程度与上面讨论的有效率的保护水平之间存在一种联系。潜在的损害越高，所需的保护就越多。准确地讲，损害的程度很可能取决于土壤的未来用途。因此，对清理成本和降低可能损害的收益进行权衡，看来是有用的，而后者也取决于一个地点的未来用途。

非常有趣的是，近来有关土壤清理的立法似乎接受了这个观点。例如，在荷兰，经典的“多功能标准”现在被放松了；在比利时佛兰德斯大区（现比利时北部的荷兰语区，该区的荷兰语又称为弗拉芒语，故该大区旧称“弗拉芒大区”——译者注），对于污染土壤的善意的所有者，即没有意识到某土壤已被污染的土壤的所有者，一部新的《土壤清理法令》为其提供了开脱的理由②。

2.2 环境标准制定

在环境法中，成本—收益分析的结果经常转化为法律标准，因此，我们现在讨论标准制定的法律过程，并与成本—收益分析进行比较。首先，我们将说明标准的概念在环境法和环境经济学中有不同的含义（2.2.1 节）；而后，我们证明，在法律实践中，环境政策以目标标准和排放标准的联合运用为基础（2.2.2 节），应该尽可能地避免采用规程标准（2.2.3 节）；接下来，我们根据成本—收

① 经济学家当然也认为，一个明显的替代选择是未来不再将该地块用于蔬菜种植。

② 根据 1995 年 2 月 22 日《土壤清理法令》（Soil Clean up Decree）第 31 条第 2 款，如果土壤的使用者是善意的，则没有清理过去污染的义务（见 Deketelaere M，1995：135－142）。

益分析阐述标准制定的法律原则（2.2.4 节），考察成本—收益分析如何适用于目标标准和排放标准的联合运用（2.2.5 节）；最后，我们要讨论的问题是标准制定是否应当考虑不同地方的具体情况（2.2.6 节）。

2.2.1　环境标准的法律和经济含义

一个需要进一步阐述的问题是上面讨论的成本—收益分析如何转变为法律准则，通常是转变为所谓的环境标准，我们已经给出了这方面的若干实例。为避免混淆，我们一开始就说明，我们需要区分各种不同的标准，看来是适当的。

经济学家们在一般性地使用标准[①]一词时，他们通常指的是法律术语中所称的目标标准或环境质量标准。这种质量标准界定了某种环境组分的最优质量，可以有不同的形式，例如，质量标准可以宽泛地规定应当如何以最优的生态方式改变某种特定的环境，或者只是规定溪水应当达到的具体化学指标。传统上，经济学家们认为，法律应当限定于制定这些指标[②]。

在律师们提及标准时，他们一般指的是通常由行政机关制定和采取的管制措施，规定造成外部性的工厂采取何种措施来预防损害。这些措施可以在一般准则中加以规定，也可在单个的许可中加以规定。在环境领域，它们常常采取排放标准的形式，规定向环境排放的特定物质的质量和数量。违反这些标准，通常就会受到行政和/或刑事制裁。由于在这种特定情形中，行为人不能自由选择其想采用的措施，来达到最优的环境质量，经济学家们常常把这种方法称为“命令—控制法”。

为了避免标准概念的混淆，我们现在把标准分为三类[③]：第一，目标标准（或环境质量标准）；第二，排放标准；第三，生产（或规程）标准。

2.2.2　目标标准和排放标准的联合运用

2.2.2.1　目标标准

环境政策通常开始于制定目标标准或环境质量标准，界定某种环境组分应当具备的质量。但是，如果只有目标标准的话，就会产生信息不对称问题。只有在环境损害与某种经济活动紧密相关时，质量标准才是充分的。在这种情况下，例如，行政机关可以确定一条小溪的质量目标，确保达到目标就是向小溪排放废水的工厂（仅一家）的责任。

---

① 如鲍莫尔和奥茨关于运用标准和价格保护环境的经典论文，见 Baumol and Oates（1971：42－54）。

② 而且，在这方面，经济学家们通常认为，达到这些目标的政策工具应当以激励为基础，见 Schultze（1977）。

③ 也可见 Richardson，Ogus and Burrows（1982：49－55）。

然而，在许多情形中，环境损害与经济活动并不密切相关，确定因果关系的代理成本（agency costs）[①]就会很高，例如，如果不是有一个，而是比较现实地有十个排放源向该河流排放废水，就是这种情况。这个例子典型地说明，尽管环境政策应当开始于在目标标准中确定环境组分的质量，还应当进一步制定排放标准，把如何达到质量标准考虑在内。因此，质量标准首先要交给负责制定排放标准的各个行政机关，在制定各排放源的排放标准时，它们必须考虑到质量标准，因而，质量标准和排放标准是密切相关的。

典型地，质量标准出现在20世纪70—80年代的环境立法中，部分地也是仅以排放标准为基础的政策失败的结果。这种传统的命令—控制法只关注各企业的个别排放，其缺点是行政机关无法预见到总体污染对特定环境组分的影响。而且，排放标准本身对减排技术创新和进一步降低环境损害几乎没有提供任何激励。所以，环境政策就转变为越来越多地运用环境质量标准，但在许多国家，这些目标（或环境质量）标准仍与排放标准一起使用。

2.2.2.2 排放标准

我们已经提到，在环境政策中经常采用的第二类标准是排放标准，也称为排放限值。这些标准仍然给潜在污染者留有某种自由的余地，因为它们通常（在一般准则或单个执照中）只规定向环境排放的物质的数量和质量。显然，这比仅有质量标准时的自由余地更少。质量标准完全由企业决定如何遵守确定的目标标准，而在采用排放标准时，排放的质量和数量受到管制。但是，排放标准比第三类标准即规程或生产标准有更多的自由余地，后者还规定工艺或减排技术，后面我们讨论这类标准。

在有环境立法的所有法律体系中几乎都有排放标准，大多数环境立法起源于把排放标准写进一般的“经营许可”中。自19世纪中叶以来，许多工厂都必须具有经营许可。传统上，这种许可被当局用作控制某工厂经营的工具。随着早期环境意识的觉醒，排放标准也纳入了这些一般许可中。排放标准发展的下一个阶段发生在各种法律体系开始实施所谓的部门立法之时，通常是在20世纪60年代和70年代，为了保护环境的某一具体组分，如地表水、地下水、空气或土壤，在这些一般法案中包含了向这些环境组分中排放物质的具体排放标准。

但是，通常，这一制度在各个法律体系中的运行是不同的。例如，保护地

① 根据詹森和梅克林1976年的定义，代理成本为以下成本之和：（1）委托人的监督和控制成本（Monitoring and Controlling Cost）；（2）代理人的保证成本（Bonding Cost）；（3）剩余损失（Residual loss）。见 Michael C. Jensen and William H. Meckling（1976）. Theory of the firm：Managerial behavior，agency costs and ownership structure. Journal of Financial Economics，Volume 3，Issue 4，October 1976：308。——译者注

表水的环境法案通常仅规定立法的中心目标（保护地表水）和行政条款，授权行政机关在各个许可中规定排放标准。在某些情况下，为了指导地方行政机关的标准制定行为，制定了全国层次上的行业通用排放标准。这样，对这些一般标准的偏离就需要有充分的理由。

因此，在很长时间里，大多数排放标准存在于特定工厂的个别许可中。因为这些许可的依据通常是针对需要保护的特殊环境组分（如空气或地表水）的法规，所以一个工厂就需要具有各种环境许可，各自针对一个方面的环境问题。而且，这些许可通常是由不同的行政机关发放的，因而常常没有相互协调。

所以，最近，人们可以看到这种演变的最后一步，事实上是回到了早期的通用许可。我们现在可以看到，或者是颁发许可的不同程序整合在一起或至少相互协调，或者是在某些情况下决策过程是完全整合的，这样，潜在的工厂许可持有人只须向一个行政机关提出申请，经公开协商后，该行政机关发放一个综合许可，规定向各环境组分的排放标准[①]。

现在，在许多法律体系中都有这种一体化污染控制体系的思想，欧盟理事会 1996 年 9 月 24 日关于一体化污染预防与控制的《96/61/EC 指令》[②]（即著名的《IPPC 指令》）在欧盟层面上倡导了这一思想[③]，该指令的第 7 条体现了这种一体化理念[④]，规定成员要采取必要措施，确保在涉及一个以上的职能当局时，颁发许可的条件和程序是完全协调的，以保证这一程序的所有职能当局都采取有效的一体化方法。

显然，大量文献都探讨了各种排放标准的效率，特别是对达到环境质量的传统的命令—控制法和更多的以激励为基础的制度进行了比较。奥茨（Oates）、波特内（Portney）和麦加兰（McGartland）[⑤]指出，基于激励的政策并不一定优于命令—控制法。如果命令—控制法的设计至少考虑了成本节约，以及在过度遏制可以产生其他补偿性效益时，就更是这种情况。如果经济分析在命令—控制标准制定中起重要作用的话，这种结果就是特别真实的。如果成本—收益分析在环境标准制定中确实得到了应用，许多无效率就会消失，可以产生能与基

---

① 第 8 章将讨论环境政策一体化思想和“一体化原则”的含义。

② 本指令于 2008 年 2 月 17 日失效，代之以欧洲议会和欧盟理事会 2008 年 1 月 15 日关于一体化污染预防与控制的《2008/1/EC 指令》，后者于 2014 年 1 月 6 日失效，代之以欧洲议会和欧盟理事会 2010 年 11 月 24 日关于工业排放（一体化污染预防与控制）的《2010/75/EU 指令》。——译者注

③ *Official Journal*，L 257，1996 年 10 月 10 日，第 26 – 40 页，https://eur-leur-lex.europa.eu./。2.2.4 节将就 BAT 原则讨论《IPPC 指令》。

④ 同样，下面对此进行更加详细的讨论，特别是第 8 章第 8.7 节。

⑤ Oates，Portney and McGartland（1989：1233 – 1242）.

于激励的政策相媲美的结果。斯蒂芬（Stephan）[①]的一篇论文中提供了另外一个例子，他也认为，① 排放标准有重要的分配效应；② 排放标准显著降低污水排放；③ 从长期来看，排放标准鼓励采用污染较轻的生产技术。

2.2.3 规程标准

规程或生产标准比排放标准向前迈进了重要一步，因为它们对执照持有人必须采用诸如何种生产技术（清洁生产）或减排技术（如某种类型的污水处理厂）进行事前管制。对于污染控制的行政机关来说，其优点显然是监管的信息成本极低，容易检查某工厂是否采用了规定的技术。

但是，从经济观点来看，其缺点也很多。规程标准可能很快就会过时；由于执照持有人需要做的全部就是遵守规定的规程，规程标准对技术创新没有提供激励；另外，规程标准可能具有重要的反竞争效应，事实上为所规定的技术的生产者提供了垄断地位[②]。所以，支持规程标准的理由一般来说是十分微弱的，除非我们可以说标准制定者在最佳保护技术或创新活动方面比企业具有更好的信息，但是，这种情况是不大可能出现的[③]。

2.2.4 成本—收益分析与标准制定的法律原则

2.2.4.1 这些原则是什么？

有一个问题是，本章前面讨论的成本—收益分析的经济思想如何用在立法者以外的层面上的环境政策中。根据所选择的达到想要的环境质量的法律工具，这种边际成本和边际收益的权衡或者是由行政机关（在标准制定过程中）进行，或者是由法官在需要确定被告（污染企业）是否尽到了应有谨慎责任的侵权案件中进行。在法律分析中，人们越来越多地关注如何确立环境标准制定的指导原则问题。这一问题看来是非常重要的，这些指导原则首先要告诉法官在他要判决的实际环境案件中利益权衡意味着什么；其次，在没有立法者的明确指令时，这些指导原则对于引导行政机关的标准制定行为也是重要的；最后，在没有确定的环境标准告知工厂的经营者应当选择何种工艺或减排技术时，这些一般原则可以为他们提供指导，这就使人们产生了对于标准制定的一般原则的兴趣[④]。

---

① Stephan（1988：401－422）.

② 更详细的讨论，见 Ogus（1994a：9－211，1994b：29），Stone（1980：36－43），Stewart（1981：1268－1273）。

③ Ogus（1994b：29）.

④ 标准制定的这些一般原则不应同环境法与政策的一般原则相混淆，后者如《欧共体条约》第 174 条中提到的污染者付费原则、源头预防原则和预防风险原则，第 8 章对它们进一步讨论。

英国的环境政策通常更多地依赖于一般原则，而不是固定的排放标准，欧洲大陆的环境政策来源于英国的这一传统。目前，欧洲大陆对标准制定的一般原则的有用性也有了更多的学术讨论。在学术文献中有以下标准制定原则或基本准则，其中有一些也体现在法律文件中：

BPM（Best Practical Means）：最佳实用方法；

ALARA（As Low As Reasonably Achievable）：可合理达到的最低值；

BPEO（Best Practical Environmental Option）：最佳实用环境选项；

BAT（Best Available Technique or Technology）：最佳可用技艺或技术；

BATNEEC（BAT Not Entailing Excessive Costs）：不需要过高成本的最佳可用技艺或技术[①]。

2.2.4.2 若干法律体系中的标准制定原则

（1）英国的最佳实用方法

标准制定的一般原则在盎格鲁—撒克逊（Anglo－Saxon）法律体系中得到发展，尤其是在英国。传统上，英国依赖于最佳实用方法（BPM）概念，以此为基础，限制向所有环境组分的排放。在《1906 年碱法案》[②]的不同版本中，在《1974 年工作健康和安全法案》[③]中，已经赋予了其法律基础。学者们认为，在所有环境领域，BPM 原则隐含地构成标准制定与执行的基础[④]。

就其准确的含义来说，BPM 概念从未被定义过，但是，在英国《1956 年清洁空气法案》中，“合理地可行”（reasonalby practicable）的概念被定义为“考虑到当地的条件和情况，财务影响和技术知识的现状”。对于各相关工业行业来说，各种 BPM 概念是帮助行政机关确定任何工厂的 BPM 的指导原则。因此，在实践中，是行政机关的自由裁量权，含蓄地说是由各个官员来确定 BPM。此外，有一个截然不同的问题是怎样保持这些 BPM 概念跟得上形势的发展[⑤]。

除了一系列针对排放源的措施外，各种 BPM 概念也包含“推定限值”（presumptive limits）形式的排放标准，是由污染的主检查官确定的非法定标准，是行业与检查官间协商的基础。如果达到了这些推定标准（例如排放限值），则可推定遵守了法规，并且采用了 BPM。如果一家企业未能在这些标准范围内

① 对这些原则的法律含义的讨论，见 Faure and Ruegg（1994：39－60），Ogus（1994：207）。

② 全称为《1906 年碱及其他工厂管制法案》（Alkali &c.Works Regulation Act 1906），其未经修订的原文第 7 节规定，为了预防有毒或有害气体的排放，或者使这些气体的排放无毒无害，就某些已注册的工业工艺而言，工厂的经营者要采用 BPM。英国 1863 年制定首部《碱厂法案》（Alkali Works Act of 1863），后经多次修订，《1906 年碱及其他工厂管制法案》是 1881 年和 1892 年《碱及其他工厂管制法案》的修订与合订版。

③ 全称为《1974 年工作及其他健康和安全法案》（Health and Safety at Work etc.Act 1974）。

④ 见 Ball and Bell（1991：212）。

⑤ 见 Frankel（1974：14）。

运行一项工艺，原则上就是对 BPM 标准的显而易见的违反，从而可以作为未采用 BPM 的推定证据。但是，根据定义，违反这种标准并不意味着 BPM 没有被采用，因此，各种 BPM 概念和推定限值没有约束性法律效力[①]。

没有太多的司法案例可以对行政机关规定的BPM的事实性内容进行检验。关于 BPM 或术语“可行的”（practicable）的现有案例是模棱两可的，并且只是负面地限制 BPM[②]，关于 BPM 的可能的积极内容，它们并不能真正地有助于给出一个好的看法。尤其是关于所谓的“财务影响”，即关于在什么情况下可以认为是成本过高的问题，判例法似乎并不存在。关于参考点是整个工业行业或者只是单个工厂的问题，法律原则在总体上似乎是模糊不清的。但是，“当地的条件和情况”在实践中被解释为企业的当地条件，特别是其财务状况，倒是合理的结论[③]。

英国的 BPM 经验十分清楚地说明，在使用模糊的和有弹性的概念时人们可能会遇到的问题。另一方面，也可以积极地利用这些概念的灵活性，例如，根据当地条件，恰如其分地，该严厉的就严厉，该宽松的就宽松，以便能够相对顺利地对变化的情况作出反应[④]。这恰恰是 BPM 概念背后的理念[⑤]，在现在采用的 BATNEEC 概念中也有这种理念。但是，看来英国政府的意见是，BATNEEC 概念中“不需要过高成本”的部分应当在更高层面上加以确定，控制污染的行政机关对所控制的企业应当更加严厉[⑥]，这意味着它们之间应当有更大的距离。

---

① Wood（1989：100），Hughes（1992：321）.

② 在 Scholefield v.Schunk 案中（*Justice of the Peace*，1855 年，第 19 卷，第 84 页），仅遵守正常的行业防范措施可能是不够的。在 LCC v.Great Eastern Rly 案中（*King's Bench*，1906 年，第 2 卷，第 312 页），从遵守适当的建筑标准和合理使用的角度定义了术语“只要是可行的”。在 Manchester Corpn.v.Farnworth 案中（*Appeal Cases*，1930 年，第 171 页），要求“采用最佳可用方法，达到控制目标的真实意图”。在 Adsett v.K and L，Steelfounnders and Engineers Ltd.案中（*All England Law Reports*，1953 年，第 2 卷，第 320 页；*Weekly Law Report*，1953 年，第 1 卷，第 773 页），术语“全部实用措施”定义为包括注意科学知识的盛行状态的义务。但是，在 West Bromwich Building Society v.Townsend 案中（*Industrial Court Reports*，1983 年，第 257 页），特别是在对排放的真实投诉都不能被证实时，考虑了陈旧设备的技术限制。根据尤格斯（Hughes，1992：321），工业空气污染检查官（后来的女王陛下的污染检查官）允许采用“临时最佳实用方法”，对要求已建成的工厂在其使用寿命期间不断地把排放控制升级到最新最高标准持慎重态度，只对最明目张胆且屡教不改的违法行为进行起诉。污染检查官宁愿依靠合作，而不是强迫。与特定行业一起努力，在数年的时期里，改进制造工艺，降低空气污染物排放（见 Wood，1989：99）。

③ 见 Wood（1989：102），Frankel（1974：5），“企业不应被逼停业”。

④ Ball and Bell（1991：78）.

⑤ 可以认为，实用性、灵活性和斟酌裁量是这一理念的关键词，见 Lomas（1990a：62）。

⑥ 在英国《1990 年环境保护法》（1990 EPA）生效前，至少就是这个讯息，见 ENDS－报告 178（Environmental Data Services Ltd.，1989 年 11 月，第 11 页）和 Lomas（1990b：118）。所以，就其对所控制企业的态度而言，似乎由“提供引导的朋友”转向“发出警告的警察”。

（2）荷兰的可合理达到的最低值

直到 20 世纪末，荷兰的立法者似乎不愿在成文法中界定或解释模糊的法律概念，比如 BPM，只有咨询记录和水污染及其预防事宜中才有这些概念[①]。在成文法中，只有可合理达到的最低值（ALARA）原则得到认可，荷兰关于辐射的立法以一项 EC 指令[②]为基础，其中有这个原则。

在荷兰《放射性核能法》[③]的法定工具中，隐含地定义了这一原则。该法的第 21 节规定，只要可以合理地做到，使用放射活性物质的任何人都有义务停止和防止辐射与污染，控制污染的后果，在无法避免辐射和污染的情况下，要采取预防措施，控制辐射和污染。因而，这一条款为使用放射活性物质的人员赋予一种谨慎义务。

但是，这一条款没有赋予行政机关一种法定责任，在决定发放执照和确定执照条件的内容时，把这一原则考虑在内。不过，在判例法中已确定，行政机关必须在其决定中表明这一 ALARA 原则得到了考虑[④]。

自 1993 年 1 月，在荷兰新的《环境管理法》中也规定了 ALARA 原则[⑤]，但表述稍有不同。在该法的第 8.11 节中，本原则定义为相关行政机关的一项直接谨慎责任，以确保“如果通过规定执照条件不能预防对环境的负面影响，必须规定执照条件对这些影响提供最大可能的保护，除非这种要求是不合理的”。

为了评价遵循 ALARA 原则所需要的最新适用状态，需要参照 BTM 和 BPM。根据在《环境管理法》通过之前的议会辩论中环境部长所作的最后评述[⑥]，他的意图是通过采用最佳技艺方法（BTM，Best Technical Method），把不同环境介质中的污染保持在尽可能低的水平。最佳实用方法（BPM）应当看作最低要求，

① BPM 被认为是一般环境政策的基础之一，见 Drupsteen（1991：21）。关于如何把最佳实用方法转换为执照条件，一些咨询报告为负责发放《水法》中规定的执照的权威当局（交通和通讯部长）提供了指导（所谓的 CUWVO－报告，即《水法》执行协调委员会报告）。这些文件没有法律效力，但是，根据判例法，可以得出这样的结论，这些报告具有标准化的效果（这些报告被当作起点；根据该委员会的指令设置的条件被认为是充分的）。例如，杜法尔（Duphar）案，1983 年 12 月 6 日第 20 号敕令（Royal Decree，nr.20）。

② 见 1980 年 7 月 15 日欧共体理事会《80/836/Euratom 指令》，*Official Journal*，L 246，1980 年 9 月 17 日，第 1－72 页。该指令于 2000 年 5 月 13 日失效，代之以欧盟理事会 1996 年 5 月 13 日《96/29/Euratom 指令》，后者于 2018 年 2 月 5 日失效，代之以 2013 年 12 月 5 日欧盟理事会《2013/59/Euratom 指令》。——译者注

③ Besluit Stralenbescherming Kernenergiewet.

④ 见荷兰行政法院院长（Vz.AG RvS），1989 年 3 月 17 日《环境与法评论》（*Tijdschrift voor Milieu en Recht*）第 88 期和 1991 年 3 月 27 日《行政法院案例》（*Administratiefrechtelijke Beslissingen*）第 537 期。

⑤ 该《环境管理法》（Wet Milieubeheer）是一部意在扩展成为综合环境法的法案，以包括全部环境问题（如执照发放、申诉、惩处的程序和环境质量标准等），并取代全部（或至少大部分）已有的环境法案，这些已有的环境法案都只涉及一种环境介质或只针对一种污染。关于该《环境管理法》，见 Michiels（1992）。

⑥ 荷兰众议院议会文件，1990－1991 年，21 087 卷，第 13 号，第 33－34 页。

只有在 BTM 标准被认为是“不合理”时，才使用 BPM 标准[①]。

在荷兰议会的一份指南文件中[②]，最佳实用方法（BPM）定义为用以阻止或防止污染的方法，把经济影响考虑在内（对于正常的盈利企业来说，成本必须是可接受的），产生最大可能的污染减排。可以看出，这里明确地提到经济的成本—收益检验。与此相反的是，最佳技艺方法（BTM）原则不考虑个别工厂的财务状况。只有在对整个行业来说成本过高时，BTM 的要求才有可能被认为是过高了。这一原则所要求的技艺是，对于较高的成本，要产生更大的污染减排，并且，在实践中，至少应用过一次。

明显的，荷兰《环境管理法》中规定的 ALARA 原则并不包括（工业）污染者在从事某些活动时阻止或预防污染的谨慎义务。因此，与在辐射立法中所起的作用相比，ALARA 原则在荷兰《环境管理法》中的作用似乎更加有限。

（3）英国和佛兰德斯的不需要过高成本的最佳可用技艺

关于不需要过高成本的最佳可用技艺（BATNEEC），英国似乎最有“经验”。在《1990 年环境保护法》（1990 EPA）中，就其第 I 部分所规定的新概念“一体化污染控制”（IPC）制度而言，BATNEEC 原则起着非常重要的作用[③]。全面阐述这一概念需要更多的篇幅（并使问题看起来过于复杂），我们只简要地说明该法第 I 部分中 BATNEEC 的含义[④]。

IPC 只适用于管制法规[⑤]中所谓的规定工艺，其运行需要授权。IPC 制度的要点是，在这一制度中，出发点是污染物对环境整体的影响，而非对污染物排入其中的某种环境介质的影响。因此，执行机关——女王陛下的污染检查官（HMIP，Her Majesty’s Inspectorate of Pollution）的任务是为每个工厂找到全面的“最佳实用环境选项”（BPEO）[⑥]。

---

① 根据提到的解释性评述，“除非……不合理的”一词的意思是，有关机构必须说明为什么在这一特定情形中提供了较少保护的条件一定是充分的，见荷兰众议院议会文件，1990－1991 年，21 087 卷，第 13 号，第 34 页。环境部长承认，在这里，成本是一个重要因素，但是，原则上，参考点应当是相关行业，而不是单个工厂。

② 环境卫生标准（Nota Milieuhygienische Normen），荷兰众议院议会文件，1976－1977 年，14 318 卷，第 1－2 号，第 7 页。

③ 一体化污染控制原则也体现在欧盟 1996 年《IPPC 指令》中，简要地讨论其英国起源是有趣的。

④ 详见 Sorrell（2001）。

⑤ 《1991 年环境保护（规定的工艺和物质）管制》（英国法定工具，1991 年第 472 号）。

⑥ 关于这一概念（和 IPC）的解释及其背后的理念，见皇家环境污染委员会（Royal Commission on Environmental Pollution）《第五报告》：“空气污染控制：一体化方法”（HMSO，1976 年，敕令书第 6371 号），《第十报告》：“消除污染——经验与展望”（HMSO，1984 年敕令书第 9149 号）和《第二十报告》：“最佳可行环境选项”（HMSO，1988 年敕令书第 310 号）。（HMSO 为皇室文书局的英文缩写，His/Her Majesty’s Stationery Office，http：//dict.cn/HMSO。——译者注）

通过对规定工艺的运行授权附加一些条件，除了其他方面，HMIP 可以确保，在实施一项规定工艺时，BATNEEC 被用来预防或减少规定的有害物质的排放，并使其排放无害化，并且，使排放到环境介质中可能会产生危害的任何其他物质无害化①。

除了对授权附加特定条件外，所有授权中都隐含着一个一般条件，即在实施授权适用的工艺时，就该工艺不受某种特定执照条件管制的任何方面来说，该项工艺的实施者必须遵守 BATNEEC 的要求②。因此，IPC 制度的基础是附加于授权的具体条件与这种“剩余责任”的结合③。在被指控没有遵守 BATNEEC 的这个一般要求时，被告要证明，与“事实上用来满足条件”的技术相比，没有更好的不需要过高成本的可用技术④。

除了授权条件的这两个目标外，在一种工艺有可能向多种环境介质排放物质时，BATNEEC 还有另外一个有趣的目标，这里，HMIP 必须确保，BATNEEC 用来使排放对整个环境可能造成的污染最小化，而对于可以排放的物质，要考虑可用的 BPEO⑤。这个目标背后的意义是要明确，虽然要求 HMIP 选择对环境整体的 BPEO，同时也要求尽可能降低向每一种环境介质的排放⑥。

1991 年，英国环境部发布了一份关于 IPC 的指南⑦，解释了术语 BATNEEC 的各个字母的含义。在英国，BATNEEC 中的“T”表示“技艺”（*Techniques*），而不是“技术”（Technology）。这个术语既包括技术，也包括工艺方法和经营因素，所以比欧共体（EC）的版本（《空气框架指令（AFD）》）有更大的范围⑧。此外，英国《1990 年环境保护法》的第 S.7（10）条指出，BATNEEC 还包括工艺中雇用的人员的数量、资质、培训和监督，以及工艺在其中实施的建筑物

---

①《1990 EPA》的第 S.7（1）和（2）（a）条。引人注目的是，BATNEEC 也应当适用于没有与规定工艺一起出现在名录中，但如果排放到任何环境介质中，也会造成损害的物质。

②《1990 EPA》的第 S.7（4）和（6）条。

③ 在彼时的《环境保护法》所附的英国环境部关于 IPC 的咨询文件中，这个一般执照条件就是这样称呼的。根据这一文件，这种结合可以产生清洁技术，这是由于以下事实，一方面，授权需要定期审查，另一方面，通过剩余责任可以产生对清洁经营方法的压力，从而自动调整到最新的发展（§44）。我们或许会怀疑，工厂是否确实会感到剩余责任是一种压力，从而不断更新技术。可以预期，企业只会在需要对执照条件进行审核时每四年一次感受到这个压力，见《1990 EPA》的第 S.6（6）条。

④ 见《1990 EPA》的第 S.25 条。

⑤ 见《1990 EPA》的第 S.7（7）条。

⑥ 这种结合并不是不证自明的。这是因为，为了尽可能地保护整个环境，可能需要只向一种环境介质排放较大量的某种物质，这样造成的总损害可能是最小的。由于上面提到的目标，在这种情况下，希望 HMIP 尽力尽可能使排放最小化，从而不会阻挠整个环境的 BPEO，见 Lomas（1990a：62）。

⑦《一体化污染控制：实用指南》（London：Her Majesty's Stationery Office（HMSO），1997）。

⑧见欧共体理事会 1984 年 6 月 28 日关于战胜工厂空气污染的《84/360/EEC 指令》，Official Journal，L 188，1984 年 7 月 16 日，第 20－25 页。

的设计、建造、布局和维护的参考指标。

“可用的”（A）必须理解为可以一般地获得的技艺，但不必是普遍使用中的技艺，也不能认为英国之外的供给来源是不可用的。“最佳的”（B）要理解为“最有效果的”，“最佳的”不是一个绝对的术语，可能有多种技艺可以认为是最佳可用的。

关于术语“不需要过高成本”（NEEC），该指南指出，“最佳可用技艺”（BAT）原则上适用于新工厂，除非适度原则（principles of proportionality）要求另外一项技艺。关于现有工厂，该指南指出，实质上是一个将旧工艺升级到新标准的时机选择问题。在这方面，从 1984 年起，欧共体《空气框架指令（AFD）》①的第 13 条在某种程度上对 HMIP 进行指导②。该条款要求全面考虑，逐步适应，“尤其是要考虑到有关类别的企业的经济情况。”③正如 BPM 概念一样，对于各有关工业行业，都有关于 BATNEEC 的可能内容的指导原则，即所谓 BAT 指南。

到 20 世纪末，关于 BATNEEC 在实践中的解释和执行的许多问题都悬而未决，因为英国《1990 年环境保护法》第 I 部分的生效时间还不够长，无法得出任何实质性的结论，所以，关于怎样执行 BATNEEC 的总体要求，参考点应当是整个工业行业而不是单个的工厂，以及应当在什么层面上考虑成本标准等问题④，仍然有待解决。

在 VLAREM II（《佛兰德斯环境法实施命令》）中⑤，BATNEEC 原则部分地与英国《1990 年环境保护法》第 7 节有类似的作用。VLAREM II 在第 S.7（1）条中规定了总则，工厂的经营者必须采用所有适当的手段，预防环境妨害和污染，包括不需要过高成本的最佳可用清洁技术，这项规定可以通过刑事控告或行政制裁来执行。第 S.7（2）条补充规定，在 VLAREM II 的条款和执照条件中规定的具体环境要求要符合 BATNEEC 原则⑥。因而，VLAREM II 的第 S.7（1）和（2）条共同作用的效果与英国《1990 年环境保护法》的第 S.7（4）和

---

① 见欧共体理事会 1984 年 6 月 28 日关于战胜工厂空气污染的《84/360/EEC 指令》，Official Journal，L 188，1984 年 7 月 16 日，第 20－25 页。

② 该指令于 2007 年 10 月 29 日失效，与《IPPC 指令》一样，先代之以欧洲议会和欧盟理事会 2008 年 1 月 15 日关于一体化污染预防与控制的《2008/1/EC 指令》，后者于 2014 年 1 月 6 日失效后，代之以欧盟理事会 2010 年 11 月 24 日关于工业排放（一体化污染预防与控制）的《2010/75/EU 指令》。——译者注

③ 对不同工艺的不同的时间表进行详尽考察超出了本章的范围。

④ 例如，在绝对货币额的层面上或者在额外净化努力的边际成本的层面上。

⑤ 对于 BATNEEC 在 VLAREM II 中作用的简要概述，见 Bocken and De Saegher（1993（2）：84－85）。

⑥ 佛兰德斯大区环境法修改大学间委员会（ICHMVG）提出了另一种可能性，即把 BATNEEC 要求限定在不受 VLAREM II 或执照管制的相关活动方面。由于政府在发放执照时必须以 BATNEEC 要求为指导，作为一种直接适用的准则，一般 BATNEEC 要求被认为是备选的：“对于未在执照中进行管制的所有事项，执照持有人必须采用 BATNEEC。”见 Bocken and De Saegher（1993（2）：94（ref.19））。

（6）条的共同作用看来是相同的。

除了 BATNEEC 的这种一般要求外，VLAREM II 还有若干条款，其中，BATNEEC 的要求被应用于具体的活动或工艺，这些条款是强制性的，不管在执照中是否进行了规定，都必须得到遵守[①]。

最后，BATNEEC 原则与佛兰德斯的侵权责任法有关。尽管只是在一个实施条例中做出了规定[②]，但仍有可能认可 BATNEEC 原则是《比利时民法典》中侵权条款的一般应尽注意标准（general due care norm）的体现[③]。在体现这一规范时，法官应遵循这一原则。但是，关于应当考虑何种（社会）利益，我们只能给出某种提示，这是由于该标准仍然是模糊的，导致许多问题悬而未决[④]。

（4）欧盟的不需要过高成本的最佳可用技术

我们已经指出，英国在一体化污染控制（IPC）的新概念中已经采用了不需要过高成本的最佳可用技艺（BATNEEC）概念。不需要过高成本的最佳可用技术（BATNEEC）概念在欧盟著名的《IPPC 指令》[⑤]中起着重要作用。在此之前，BATNEEC 概念早已为欧共体的若干个其他指令所采纳，如欧共体理事会 1976 年 5 月 4 日关于向共同体水环境排放危险物质造成污染的《76/464/EEC 指令》[⑥]的一些所谓派生指令（daughter－directives）[⑦]，以及关于新建的市政垃圾焚烧厂的污染预防和现有的市政垃圾焚烧厂的空气污染削减的《89/369/EEC

---

① 例如，关于空气污染，见第 S.78（1）条（工厂的设计、建设和使用必须采用符合 BATNEEC 要求的机械，把这些工厂排放的空气污染限定在一个最小量，或者，如果可能的话，甚至得到预防），或者，关于除了家庭以外的含有一种或多种危险物质的废水排放，见第 S.51（3）条（在不违背 VLAREM II 规定的排放标准限值的前提下，通过采用 BATNEEC，尽可能预防危险物质的排放）。

② 这意味着，它不能取代或修改民法典中的侵权条款。

③ 见《比利时民法典》的第 S.1382 条。关于侵权责任法中的应尽注意标准见本书第 3 章。

④ 关于英国的 BATNEEC，提到了同样的问题。一项技术在什么时候不符合或不再符合 BAT 要求，特别地，根据一般侵权条款（《比利时民法典》第 S.1382 条），在什么时候可以认为是成本过高的，对这个问题的回答，判例法是不一致的。法官们似乎要避免建立一个清晰的理论标准，而是要一事一议地解决问题。见 Bocken and De Saegher（1993（2）：85）。更加详尽的分析，见 Bocken（1978：42）。

⑤ 1996 年 9 月 24 日欧盟理事会关于一体化污染预防与控制的《96/61/EC 指令》，本指令于 2008 年 2 月 17 日失效，代之以 2008 年 1 月 15 日欧洲议会和欧盟理事会关于一体化污染预防与控制的《2008/1/EC 指令》，后者于 2014 年 1 月 6 日失效，代之以 2010 年 11 月 24 日欧洲议会和欧盟理事会关于工业排放（一体化污染预防与控制）的《2010/75/EU 指令》。——译者注

⑥ 2006 年 3 月 23 日失效，代之以欧洲议会和欧盟理事会 2006 年 2 月 15 日《2006/11/EC 指令》，后者于 2013 年 12 月 21 日失效，代之以欧洲议会和欧盟理事会 2000 年 10 月 23 日关于建立共同体水政策领域行动框架的《2000/60/EC 指令》。——译者注

⑦ 欧共体理事会 1983 年 9 月 26 日关于镉限值和质量目标的《83/513/EEC 指令》和 1984 年 10 月 9 日关于六氯环己烷（六六六）排放限值和质量目标的《84/491/EEC 指令》，二者同时于 2012 年 12 月 22 日失效，代之以欧洲议会和欧盟理事会 2008 年 12 月 26 日关于水政策领域环境质量标准的《2008/105/EC 指令》。

指令》和《89/429/EEC 指令》[①]。后来，BATNEEC 概念已从这些指令中删除，由《IPPC 指令》中新的第 2（11）条所定义的新概念 BAT 所取代。

那么，显然，现在的问题是，《IPPC 指令》中定义的这一 BAT 概念是否符合经济理论的边际成本—边际收益检验。如果是这种情况，就意味着在颁发许可过程中要明确地认可标准制定的经济原理。需要指出的是，《IPPC 指令》确实只提及 BAT 概念，没有涉及 NEEC（不需要过高成本）。虽然没有明确地提及标准制定的经济检验，人们可以认为边际成本—边际收益检验仍然至少是隐含在《IPPC 指令》的文本中。欧盟委员会 1993 年 9 月 14 日版《对“欧盟理事会关于一体化污染预防与控制的指令”的建议》（《IPPC 指令建议》）的解释备忘录指出，虽然没有明确地提及“不需要过高成本”，“但《IPPC 指令》中的 BAT 定义全面地考虑了为新建和现有装置发放许可和升级许可的成本问题。BAT 应当在工业行业的层面上加以考虑，应当权衡根据 BAT 制定标准的环境收益和工业行业实施 BAT 的成本（或收益）。”[②]

在《IPPC 指令建议》中，第 2（10）条对“最佳的”一词的定义里有成本—收益检验。“最佳的”意味着，“考虑到采取行动或缺少行动可能导致的潜在收益和成本，在实现对环境整体的高水平保护中最有效果”。《IPPC 指令建议》的解释备忘录明确指出，“‘最佳的’一词的定义强调了在选择 BAT 时要考虑潜在收益和成本。”[③]但是，在 1995 年 6 月的建议版本以及最后采用的文本中都删除了“最佳的”定义中提及的成本—收益检验。“最佳的”一词现在的意思是，“在实现对环境整体的普遍高水平保护中最有效果”。

在《IPPC 指令》的第 2（11）条中，“最佳可用技术”（BAT）的意思是：

“在各种活动及其操作方法发展中最有效果和先进的阶段，表明特定技术在原则上作为排放限值的基础的实际适当性，这些排放限值的设定是用来防止，以及在无法防止的情况下普遍降低排放和对环境整体的影响。”

在“可用的”一词的定义中提到了某种成本—收益检验：

“可用的”技术的意思是，考虑到各种成本和收益，不论该技术是否是在有关成员内使用或生产的，只要对经营者来说是合理地可接受的，在规模上可以在相关工业部门中实施的发展，以及这些发展在经济和技术上的可行条件。

---

① 更加详尽的讨论，见 Faure and efevere（1996：19）。欧共体理事会 1989 年 6 月 8 日《89/369/EEC 指令》和 1989 年 6 月 21 日《89/429/EEC 指令》同时于 2000 年 12 月 27 日废止，代之以欧洲议会和欧盟理事会 2000 年 12 月 4 日关于废弃物焚烧的《2000/76/EC 指令》，后者于 2014 年 1 月 6 日失效，代之以欧洲议会和欧盟理事会 2010 年 11 月 24 日关于工业排放（一体化污染预防与控制）的《2010/75/EU 指令》。——译者注

② EU Commission，COM（93）423 最终版本，第 5 页。

③ EU Commission，COM（93）423 最终版本，第 14 页。

这里明显地提到的事实是，在需要考虑技术的可用性时，应当考虑成本和收益。

总之，《IPPC 指令》是在“可用的”而不是“最佳的”定义中提到了成本—收益检验。福尔（Faure）和莱菲弗勒（Lefevere）曾提出，1993 年 9 月的《IPPC 指令建议》更为可取，因为成本与收益的比较并不能决定一项技术是否是“可用的”，而是决定其是否实际上是“最佳的”。他们认为，将成本—收益检验从“最佳的”转移到“可用的”，对于在什么层面上决定 BAT 的内容具有重要影响①。

2.2.4.3　标准制定原则和经济分析

尽管 BAT 概念中提到了经济的成本—收益检验，但这个概念的准确内容仍是相当模糊的，由此产生的问题是，从经济观点来看，BAT 概念和上面讨论的标准制定的其他一般原则的含义是什么。

首先，我们可以说，某些原则与实证法经济分析中提出的环境标准的经济评价方法显然是吻合的。英国 BPM 标准的经验说明，如同在经济模型中一样，类似的问题显然也被提出过，例如，在定义“可行的”一词时，必须要回答在什么情况下成本是过高的问题。尽管在 BPM 概念中，经济概念似乎仍然是十分模糊的，但在 BATNEEC 原则中经济原则就更加明显了。实际上，“不需要过高成本”的概念似乎指的是考虑到边际成本和边际收益的更为精致的递进的勒恩德·汉德（Learned Hand）标准。

因此，第一个初步的结论是，法律制度在运用环境标准制定的一般原则如 BPM 和 BATNEEC 时，似乎是应用了在经济上相关的概念。由于这些原则在法律制度中仍然是如此新颖的内容，现在还不知道这些原则的哪种法律解释会最终胜出，因此，在实践中，还不能说 BATNEEC 确实与经济的成本—收益检验相关。当然，只有在确实同时考虑了降低损害的边际收益与边际成本的情况下，我们才能有把握地得出在 BATNEEC 中遵循了标准制定的经济原理的结论。如果环境标准制定的实践仅仅考虑到绝对成本是否是合理的，而忽视了收益，这就与经济的成本—收益检验不一致了。因此，我们是否可以得出这些一般原则

---

① 下面的 2.2.6 节，在最优具体性问题中，将讨论这一点，见 Faure and Lefevere（1996：112－122）。递进的勒恩德. 汉德标准是过失（过错）评估的客观标准，是法与经济学文献对法律实践的重要贡献。1947 年，在美国政府诉卡罗尔拖船公司（United States v. Carrol Towing Co.，Circuit Court of Appeals，Second Circuit，1947，159 F. 2d. 169）案中，乐恩德.汉德法官的意见成为成本－收益分析应用于法律的第一例。用 P 表示损害概率，L 表示损害，B 表示谨慎的成本开支，汉德法官提出“过失责任取决于 B 是否小于 L 与 P 的乘积”的公式（B＜P＊L）。见 Eugenio Battesini. Incremental Learned Hand Standard，Degrees of Negligence and Allocation of Damages：a Comparative Tort Law and Economics Approach. Economic Analysis of Law Review，V. 11，no. 1，Jan－Apr，2020，pp.48－52。——译者注

符合或不符合经济检验的实证结论，取决于实际的标准制定实践。

其次，不可否认的是，尽管我们可以识别出在 BPM 和 BATNEEC 概念中提到了经济的成本—收益检验，但这些法律概念的准确内容还是相当模糊的。关于 BPM 中的“可行的”一词，还没有准确的判例法，而 BATNEEC 概念又是如此新颖，还不清楚法院和行政机关会如何解释“不需要过高成本”的概念。我们相信，在应用这些一般原则时可以运用经济评价方法。具体地说，在决定什么是“过高成本”时，BATNEEC 概念为明确地应用边际成本—边际收益检验提供了空间。由于 BATNEEC 涉及“过高成本”，在侵权法中用来决定最优谨慎程度的人所共知的边际成本—边际收益检验，现在可以明确地用于环境标准制定过程。因而，我们相信，仍有可能使这一法律概念更加具体。既然 BATNEEC 概念明确地允许应用经济模型，律师们应当了解这一经济文献。

当然，法与经济学不能提供所有问题的答案，若干问题仍有待解答，比如，BATNEEC 标准应当为整个工业行业，还是仅仅为单个企业而制定。另外，如果放松风险中性的初始假设，标准可能要设定在一个不同的（更高）水平上。潜在受害者的风险厌恶可能会导致更高的标准，这意味着边际成本不会很快地被认为是“过高的”。

关于 BATNEEC 概念的应用，尽管当然有许多问题有待考察，我们相信，经济学分析为 BATNEEC 的这些“过高成本”的评价提供了适当的工具。如果律师们用现有的经济学工具进行这样一项评价，与用其他模糊的法律概念如公平来分析“过高”一词相比，BATNEEC 的运用可以产生更有效率的环境标准。

再次，如果一个执照的条件过时了或者默许某种污染，环境标准的这些一般原则就具有极端的重要性。行政机关的标准制定过程的缺点是众所周知的：行政当局不能在一个许可中对所有可能的排放进行管制；技术可能会发生变化；而且，由于行政机关可能被“俘获”[①]，许可中的条件必然会太弱。通过运用这些一般原则，可以解决其中的一些问题。在执照的条件默认某种污染时，作为某种剩余责任，这些一般原则可能会约束工厂的经营者。也可以进一步认为，这些原则对制定环境许可条件的行政当局也具有约束力。最终，我们甚至可以考虑对违反 BPM 等标准的许可条件进行审查的可能性。总之，这些一般原则在使标准制定合理化过程中可能会起到重要作用。

最后，环境标准制定的这些一般原则可以在侵权案件中指导法官确定应尽谨慎责任标准，或者指导行政当局确定执照的条件。

---

① Faure，Oudijk and Koopmans（1992：121－129）.

2.2.5　排放标准、目标标准和成本—收益分析

我们现在撇开环境标准制定的法律原则和更加特别的 BATNEEC 概念[①]，考查关于 BAT 和成本—收益分析的讨论与前面讨论的排放标准和目标标准的差异是如何联系起来的。

由上可知，环境政策至少需要事先制定环境质量标准。仅有排放标准的政策，不考虑其应达到的环境质量，已经被证明是没有效果的。如果采用排放标准，理想地，首先要确定一个最优环境质量目标，而后确定各企业的排放标准，使来自各种排放的总污染不超过已确定的环境质量标准。因此，我们确实需要制定目标标准，界定需要达到的环境质量，并且，根据所选择的实施工具，可能还需要制定排放标准。

实际上，排放标准不仅可以采用“命令—控制”类型的管制标准（如执照条件），也可以通过对排放征税来实施，或者采用责任案件中的应尽谨慎标准的形式。但是，由于特定装置或活动与违反目标标准间的因果关系是难以证明的，单独作为环境政策工具，目标标准通常是不够的。

问题在于，前面讨论的成本—收益分析如何纳入这种标准制定制度。正如前面所指出的，在制定环境目标时，成本—收益分析首先要起作用。但是，在第二阶段制定排放标准时，成本—收益分析也要起作用。在管制者为了公共利益而制定排放标准的最优世界里，行政机关要考虑更加严格的环境标准的边际成本，并与额外降低环境损害的边际收益相权衡。

这种精致的权衡过程需要关于预期的环境损害和可防止这种损害的各种技术装置的边际成本（以及对应的排放标准）的准确信息。根据是市场上的双方，还是行政机关能够拥有最充分的信息，我们可以选择通过侵权法或管制来制定排放标准，在前一种情况下，排放标准对应于应尽谨慎程度，在后一种情况下，排放标准作为一个条件包含在行政许可中。

最后，我们应该强调，上面讨论的诸如 BAT 原则等环境标准制定的法律—经济原则如何可以纳入这个框架。如前面所讨论的，排放标准应该首先考虑要达到的环境质量。如果要达到的具体环境质量目标是明确的，BAT 能够提供达到质量目标的各种技术的成本和收益信息。正如我们前面所阐述的，BAT 原则可解释为对边际成本—边际收益的权衡。给定某种目标标准，BAT 中隐含的边际成本—边际收益检验能够提供关于何种技术（清洁生产或污染减排）是实现目标的最佳技术的信息，从而可以确定何种排放标准对应于达到特定目标标准

① 在 2.2.6 节中，我们将再次回到这个话题。

的最佳可用技术。

前面讨论的《IPPC 指令》在很大程度上[①]有这些观点。第 9（4）条规定，排放限值和当量参数应该以 BAT 为基础，没有规定使用任何技艺或特定技术。该指令的预备文件也阐明，排放限值应该考虑要达到的质量标准。所以，根据《IPPC 指令》，排放限值应该由 BAT 和要达到的环境质量来确定。

2.2.6 最优具体性、排放标准和最佳可用技术

2.2.6.1 最优具体性理论

直到现在，我们在讨论环境责任的目标时，都假定一种统一的法律制度可以适用于各种不同的情况。显然，危险废弃物等造成损害的风险很可能随着特定的水文地质条件等而变化，风险累积的倾向不可避免地随着当地的水文地质条件而变化，这就把我们带到了经济学家常常提出的论点：一般而言，环境标准不应是统一的，而应根据不同地区、当地需要和工业行业以及公众偏好而有所差异。

事实上，人们认为，在不同地区，居民们对环境质量与工业生产之间的适当权衡可能会有不同的偏好[②]。在有关最优具体性（optimal specificity）的经济学文献里也有支持差异化的论点。这一理论是在厄尔利希和波斯纳[③]的一篇论文中提出的，后来也出现在奥古斯[④]的作品中。在第 7 章中分析环境联邦主义时，我们将更详细地讨论最优具体性理论的重要性。在这一阶段，我们将简要地指出这一理论对标准制定问题的重要性。

2.2.6.2 土壤清理的最优具体性

我们已经指出，在环境责任中也有一些明显的差异化的可能性，尤其是就土壤清理决定而言，在这种情况下，对某个地点的未来用途进行评估，并根据该用途做出清理决定，相对而言是较为容易的，差异化的成本也可能不是太高。实际上，文献也表明，在针对某地具体情况的详尽差异化的收益与这种差异化所增加的信息、行政和执行成本之间，存在着一种权衡，问题是差异化的收益是否超过其成本[⑤]。

尽管在一些情形中，详尽差异化的信息和行政成本可能太高，但在许多其

① 一个例外是，《IPPC 指令》没有认识到这样的事实，即达到类似目标的排放限值可以有所不同。在 2.2.6 节中，我们将讨论这个问题。

② Ogus（1994b：23－37）.

③ Ehrlich and Posner（1974：257－286）.

④ Ogus（1981：210－225，1994a：9－211，1994b：23－37）.

⑤ Posner（1998：587－597）.

他情形中，可以较低成本相对容易地了解某地的具体条件，一个地点的未来用途就是一个很好的例子。由此得出的结论是，在评估环境法的有效性时，也应当考察是否适用了法律准则、标准与责任指标的某种差异化。只要这种进一步差异化的收益超过其成本，这种差异化就明显地是有效率的。

2.2.6.3　排放标准与质量标准

统一与差异的选择在另外一个领域中也可起作用，这就是制定环境标准的法律准则的最优政府层级。在欧共体的情形中，不可避免地要产生的问题是，环境标准应如何管制。在回答这一问题时，我们应该考虑现在已是欧盟未来行动的指导原则：属地原则。该原则说的是，“只有并且只要成员不能充分地达到拟议行动的目标，并且，由于拟议行动的规模或影响，共同体能够更好地实现这些目标”，共同体才要采取行动。

对属地原则进行经济学分析是十分有趣的，这将在第 8 章中进行。然而，现在我们就可以说明的是，这里讨论的最优具体性理论对于欧盟的标准制定问题显然也有影响。

人们可以支持统一的质量标准[①]，主张欧洲应该保证其所有居民享有基本的环境质量。达到这一目标的法律工具是制定质量标准，在欧盟各地，各环境组分（例如地下水）在原则上都要符合这些质量标准。但是，由于各地情况不同，为达到类似环境质量的排放限值也可能不同。原则上，只要进一步差异化的好处超过了高度细化的标准制定过程所导致的行政和信息成本，就应当实施排放标准的差异化。

最优具体性要求不仅意味着排放限值会有所变化，显然 BAT 也会发生变化。实际上，边际成本—边际收益的比较不可避免地取决于当地条件。只是因为当地环境条件完全不同，一项技术在成员 A 可能是“最好的”，在成员 B 或许根本就不是“最好的”。

关于 BAT 对排放限值的确切作用，福尔和莱菲弗勒认为，前面讨论的《IPPC 指令》并没有完全明确[②]。一方面，《IPPC 指令》指出，BAT 和质量标准都可决定排放限值[③]，而许可中的排放限值应当以 BAT 为基础[④]；但是，另一方面，该指令似乎认可排放限值的差异化，但不认可 BAT 的差异化。

如果我们读一下 1993 年 9 月版《IPPC 指令建议》之前的讨论地理多样性

---

① 尽管不是依据经济学理论，如上所述，见第 7 章。

② 对这一点的进一步讨论，见 Faure and Lefevere（1996：112－122）。

③ EU Commission，COM（93）423 最终版本，第 5 页。

④ 见《IPPC 指令》的第 9（4）条。

影响的解释备忘录，那么，这种理论混淆就是十分明显的[①]。该备忘录指出，本指令“在当地环境质量较好，且排放不会引起不可接受的环境影响的某些地区，包含一种对‘最佳可用技术’标准的放松。”显然，该建议采纳了 BAT，并将其视为总是相同的标准，不论地区差异如何。

如果人们认为排放标准应该以达到环境质量标准的方式来制定，那么，不同的当地情况可能会导致不同的排放限值。如果这意味着确实有差异化的排放限值，就不是对 BAT 标准的偏离。实际上，如果 BAT 考虑了边际成本—边际收益的权衡，那么，正如我们上面所讨论的，这意味着，对于某特定地区（例如，污染少且环境质量好），一项成本不太昂贵的技术就是 BAT。欧盟委员会认为，《IPPC 指令》规定了全面的信息交换和 BAT 在整个欧共体中对新装置的适用，从这一点来看，该指令中的混淆也是明显的[②]。欧盟委员会显然再次认为，BAT 是不考虑当地条件而规定类似标准的普遍概念。如果人们读一下欧盟委员会关于“可用的”概念的评述，这一点也是显而易见的，在此，“可用的”是指在世界各地都可用的技术[③]。

如果人们认可，给定当地的具体条件，为了达到相同的环境质量，排放限值应该是有差别的，那么，对于指导这些排放限值的 BAT 来说也是如此。所以，考虑到经济分析中的最优具体性观点，在应用 BAT 时，人们可以要求区别对待，允许进行当地的成本—收益分析，确定在特定的当地条件下可以认为哪种技术是“最佳的”。

2.3 经济工具

2.3.1 工具选择

在结束本章关于环境污染定价和环境标准制定的讨论之前，让我们探讨一下通过何种法律或政策工具能够实现这种“定价”，这是一个关于最优工具的重要问题，旨在为潜在污染者提供预防环境损害的激励。的确，成本—收益分析与环境标准制定问题揭示了何种污染程度应当内部化，却没有说明应当采用何种工具来实施这些最优标准。

---

① EU Commission，COM（93）423 最终版本，第 22 页。

② EU Commission，COM（93）423 最终版本，第 14 页。

③ EU Commission，COM（93）423 最终版本，第 14 页。

传统上，人们探讨的可行工具大致有三种。首先，对污染征税，即采用一种收费制度，给潜在污染者提供降低环境损害的激励；其次，采用责任制度，潜在污染者会因预见到必须为其造成的环境损害而赔偿受害者，从而受到威慑；第三，在法规中以及更具体地在环境许可中事前规定污染标准（主要是排放标准）。目前，除了这些工具外，一整套新的政策工具已经开发出来，经济学家们越来越多地倡导采用市场导向的政策工具，如排放交易和可交易许可制度。此外，自愿遵守机制如环境协议等也受到人们的广泛关注。

显然，在本书的篇幅内不可能讨论这一整套可行的环境政策工具，我们在第 3 章和第 4 章中将特别关注责任准则和管制[①]。在本节中，我们将简要讨论有关两种政策工具的文献，传统上，这两种政策工具在经济学家中非常流行，或许是因为它们最好地代表了环境污染“定价”思想，它们是可交易许可（2.3.2 节）和税收（2.3.3 节）。作为管制的替代选择，第 4 章进一步讨论以自愿遵守为目标的工具，例如公约。

2.3.2　可交易许可

我们现在要考虑两种具体的经济工具，即可交易许可和环境税。鉴于它们在文献中以及越来越多地在环境政策中受到关注，这两种经济工具值得进一步阐述。戴尔斯（Dales）的原创性工作是大多数可交易许可制度文献的起点[②]。

戴尔斯提出，可交易许可市场由政府来组织，政府确定某一时期的可交易的污染权，政府充当交易中介，并对这一体系进行监管。在戴尔斯的建议基础上，其他作者提出了关于污染权市场形式的更加具体的建议。蒙哥马利（Montgomery）[③]提出，污染权还应指明一种特定化合物的哪部分浓度可以从一种特定排放源排到一种特定环境组分中。阿克曼（Ackerman）等[④]、罗斯－阿克曼（Rose－Ackerman）[⑤]、诺尔（Noll）[⑥]和泰坦伯格（Tietenberg）[⑦]提出了关于实施这一模式的进一步的建议。哈恩（Hahn）和赫斯特（Hester）[⑧]指出了在污染权市场框架中监管与执行的重要性。

---

① 关于这些工具的极好概述，见 Gunningham and Grabosky（1998）。

② Dales（1968）.

③ Montgomery（1972：395－418）.

④ Ackerman，Rose－Ackerman，Sawyer and Henderson（1974）.

⑤ Rose－Ackerman（1977：383－406）.

⑥ Noll（1978：116－128）.

⑦ Tietenberg（1985）.

⑧ Hahn and Hester（1989：109－153）.

除了这些阐述了污染权市场的理论价值和可行法律框架的论文外，许多后续论文分析了这些思想在环境政策中是如何实施的。尽管这方面的大多数成功案例都来源于美国，欧洲在（某些形式的）可交易污染权方面也有（少量）经验。例如，在荷兰，彼特斯（Peeters）①在其博士论文中讨论了荷兰允许粪肥生产权交易的粪肥立法。

就美国而言，有关可转让许可的实证材料是非常多的。任选一例，我们可以提到奥茨（Oates）的工作②，他讨论了空气污染物的排放交易制度，并报告说，在某些地区，排放交易取得了实实在在的进展。以同样的热情，他报告了威斯康星州可转让排放许可制度的成功，并指出，甚至若干欧洲国家也正在密切地注意美国在可转让排放权方面的经验③。

他的热情得到了其他文献的支持。哈恩和赫斯特认为④，美国《清洁空气法案》的交易计划节约了可观的成本，尽管比预期的要少。然而，他们也认为，很难证明重大的环境改善是这些市场政策的结果。事实上，在某些情形中，售出的污染权过去未被其所有者充分利用，因此，交易可能增加了排放⑤。

2.3.3 环境税

最后，我们可以简要地提及一些关于环境税的文献中的研究结果，这只是出于行文完整的目的，环境经济学的传统著作对污染税进行了更加详尽的讨论。在一般性地讨论经济工具时，我们前面提到，自庇古的早期工作以来，污染税的理由已经得到阐明。这里，我们关注的重点不是从经济学的观点对税收的重要性进行辩护的已知文献，而是对实证结果进行的更加有趣的考察。就主张环境政策应以税收制度为基础的理论性文献而论，我们可以参阅上面提到的论文。近来，鲍鲁斯（Paulus）考察了生态税收的可行性和如何从生态角度重构整个税收体系，把庇古传统的环境税经典经济文献向前推进了一步⑥。

就税收的实证材料而言，极为明显的是，更多证据似乎来自欧洲，而非美国，这与可交易污染许可的情况正好相反，可交易污染许可在美国经验中明显地比欧洲更为流行。德威斯（Dewccs）、杜芙（Duff）和特莱比尔考克（Trebilcock）

---

① Peeters（1992）.

② Oates（1986：251－267）.

③ 也可见 Oates and Collinge（1982：346－354），Oates，Crupnik and Van de Verg（1983：233－247），Oates and McGartland（1985a：207－228），Oates and McGartland（1985b：668－675）。

④ Hahn and Hester（1989：109－153）.

⑤ 也可见 Dewees，Duff and Trebilcock（1996：267）。

⑥ Paulus（1995）.

指出[①]，收费很少是“以教科书的形式”来采用的。另外，哈恩认为[②]，排放费大多被用作公共服务的创收手段，而不是像经济学家们建议的那样用作环境政策工具。奥茨在其为经济合作与发展组织（OECD）起草的一份报告里也讨论了为什么美国相对来说很少采用税收的原因[③]。的确，有关环境税收和收费有效性的经验证据大部分都来自欧洲。

德威斯、杜芙和特莱比尔考克认为[④]，在荷兰，在 1969 年到 1975 年间，占全部水污染 90%的 14 个行业的水污染下降了 50%，到 1980 年又下降了 20%，其中一半的减排是由于污水收费而产生的。类似的成功故事也来自原联邦德国（西德）[⑤]，由于污水收费，污水处理显著增加，使得大多数企业遵守了现行的排放标准。但是，由于德国（像大多数欧洲国家一样）仍然把污水收费与排放标准相结合，很难认为污水处理计划的巨大投资主要由于收费制度，而不是由于违反排放标准时行政和/或刑事制裁的威胁。有关德国污水收费成功的这些结果与弗雷（Frey）的报告一致，弗雷认为，环境税使向水系和空气的污染排放都显著降低[⑥]。

最后，我们可以提到邦加厄茨（Bongaerts）和克雷默（Kraemer）[⑦]比较法国、荷兰和联邦德国水污染收费的研究，该研究得出了相同的结论，即污水收费对水污染削减设备的投资提供了强大激励，但不可能分清收费和排放标准各自单独的效应，后者的效应在德国尤为强劲，因为对于达到污水排放标准的排放者，收费是减半的。

---

① Dewees，Duff and Trebilcock（1996）.

② Hahn（1989c：95－114）.

③ Oates（1994）.

④ Dewees，Duff and Trebilcock（1996）.

⑤ Brown and Johnson（1984：929 ff）.

⑥ Frey（1992）.

⑦ Bongaerts and Kraemer（1987：12－19）.

第3章

责 任 准 则

在讨论了如何运用成本—收益分析来明确环境污染如何内部化之后，我们现在转向若干法律工具，考察它们在应用于环境污染时会出现什么问题，我们更加详尽地阐述的第一个法律工具是责任准则。

我们首先讨论侵权法的经济原理（3.1 节），然后将这些原理应用于环境损害（3.2 节）。一些问题值得特别注意，如因果关系（3.3 节）和环境责任是否应当有限额（3.4 节）或限于某个特定的经营者（3.5 节）。最后，我们将考察新的责任准则是否应当可追溯地适用于在长久的过去造成的环境问题(3.6 节)。

3.1 侵权法的经济原理

3.1.1 侵权法的目标

一般意义上的法经济分析和更加具体的侵权法经济分析开始于这样一种信念：法律准则和更加特别的责任裁定将为潜在的事故各方提供采取谨慎行为的激励[①]。因此，经济学家们倾向于强调侵权法的威慑作用。另一方面，律师们有时也会提到这种威慑作用，但倾向于更加重视侵权法的赔偿目的。法与经济学的文献中也讨论了这种“受害人保护”论[②]，但是，在这方面，常常强调受害人保护的最佳方式是首先要避免其成为受害人。当然，没有人会否认事故预防也是受害人保护的一种方式。由于着重点上的差别，这两种观点也分别称为事前的角度和事后的角度。在有受害者需要赔偿时，律师们倾向于

---

① 关于作为“操纵工具”的责任和可保性的作用的极好概览，见 Endres and Staiger（1996：79－93），Wagner（1999：1441－1480），Monti（2001：51－79），Gimpel－Hinteregger（1994：19－58）。

② 舒沃茨（Schwartz）证明，侵权法准则可以用来达到遏制和纠错性公正两个目标，见 Schwartz（1997：1801－1834）。

对事故的事后问题更加感兴趣[①]，而经济学家们从事前的角度看待事故问题，提出了事后的责任裁定如何在事前影响潜在的事故各方采取谨慎行为的激励问题。

当然，律师们和经济学家们在观点上的差异不是完全黑白分明的，有些律师也强调侵权法的威慑作用[②]，有些经济学家也注意到赔偿问题，强调意外事故法也应该以公平的损失分摊为目标[③]。另外，律师们也认为侵权法应该规定谨慎义务，目的是预防事故。经济学方法的一个优点是仔细地区分威慑作用和赔偿目的，从而可以从预防和赔偿两个方面评价可以选择的各种法律机制的影响。

从法与经济学角度来分析这些问题的第一个学者或许是耶鲁法学院的律师（!）吉多·卡拉布雷西（Guido Calabresi）[④]，在其名著《事故成本》中，卡拉布雷西对事故的一类、二类和三类成本做了仔细的区分[⑤]。一类成本是避免事故的成本和最后产生的损害，二类成本指的是公平的损失分摊，三类成本是管理法律体系的成本。侵权法应该为降低事故的社会总成本提供激励，所以，侵权法的中心目的是：为事故成本的最小化提供激励。后来，使这一问题正式化的经济学家们采纳了卡拉布雷西的这一观点[⑥]，下面我们将对最优责任准则进行更加正式的分析。请注意，2000 年 2 月 9 日欧盟委员会发布的《环境责任白皮书》[⑦]的一个较早的草案中也明确地提到了卡拉布雷西的著作！

我们先讨论侵权法的第一个目标——事故一类成本最小化：事故避免成本和预期损害。事实上，从社会的角度来看，事故不仅在其发生时造成成本和产生损害，潜在的事故各方即加害人和受害人为避免事故的发生都要在谨慎方面进行投资。有时候，谨慎行为的成本是清晰可见的，例如，企业为了降低环境污染而进行的投资，如购买水净化设备，或者为了避免产品缺陷而加强安全控制的投资。另外，在交通事故情形中，加害人和受害人都必须谨慎驾驶或工作，其行动自由受到限制，单单是这样的事实在经济学家看来也是一种成本。

我们进一步区分所谓单方事故和双方事故，在单方事故中，只有其中一方

---

① 普通法国家的法律教学采用的案例方法可以部分地说明这种倾向，这种方法非常注重某个特定案件的处理，有时候忽视一个案件的解决办法对其他各方的行为以及总体安全的影响。

② Koziol（1997：8－13）.

③ Veljanovski（1981：125－150）.

④ 见其原创性论文：Calabresi（1961：499－553）。

⑤ Calabresi（1970）.

⑥ 这里，更加具体的是指：Brown（1973：323－349），Diamond（1974：107－164），Landes and Posner（1981：851－924），Shavell（1980a：1－25）。

⑦ EU Commission，COM（2000）66 最终版本.

（加害人）采取的谨慎行为能影响事故风险，在双方事故中，双方的行为都能影响事故风险。因此，在双方事故情形中，侵权法的目标应该是为双方提供激励，使潜在加害人和潜在受害人采取谨慎行为的总成本及在发生事故的情况下所产生的预期损害都达到最小化[①]。

经济学家运用经典的成本—收益分析来确定什么程度的谨慎可以实现事故的社会成本最小化。毫不奇怪，当采取谨慎行为的边际成本等于事故减少的边际收益时，可以找到这个谨慎程度[②]。的确，既然谨慎也有其价格，那么，法律准则就不应该提供激励，以避免可能发生的所有事故，只有在谨慎方面进行投资的边际成本低于或等于减少事故的边际收益时，才应提供激励，避免发生以这样的投资可以避免的事故。

很有可能的是，非常高的谨慎程度可额外地降低事故风险，但在这种情况下，采取谨慎行为的边际成本会远高于减少事故的额外收益，从而在谨慎方面的投资是无效率的，稀缺资源被浪费[③]。在文献中，采取谨慎行为的边际成本等于事故减少的边际收益的谨慎程度称为最优的或有效率的谨慎程度[④]。因此，责任法规应该为潜在的事故各方提供激励，使之采取这种最优的谨慎程度。

在阐述何种责任准则可以为事故各方提供激励，使之采取这种最优谨慎的问题之前，我们应该首先说明的是，文献中区分了两种事故情形，只有一方（称为加害人）能影响事故风险的情形，称为单方情形；受害人也能影响事故风险的情形，称为双方情形。现在，我们首先阐述单方情形中的最优责任准则。

3.1.2　单方情形

3.1.2.1　过失

就单方事故情形而言，我们可以说，有两种法律准则可以为加害人采取最优谨慎提供激励。如果根本就没有责任的话，显然，加害人没有动机采取谨慎行为，外部性不能内部化，就会产生无效率的结果。假定法律制度要求的应尽谨慎等于模型中定义的最优谨慎，采用过失准则，加害人将采取最优谨慎[⑤]。这是容易理

① 沙维尔（Shavell）提出了这种区分，见 Shavell（1987：7）。

② Shavell（1987：7）.

③ 这个结论只在风险中性的情形中是成立的，在风险厌恶的情况下，意外风险的降低也消除了风险厌恶者的风险负效用，在谨慎方面的较高投资可能仍然是有效率的。

④ Landes and Posner（1981：870），Polinsky（1983：39）.

⑤ Shavell（1987：8），Calabresi（1975a：658）.

解的，如果司法制度正确地规定应尽谨慎标准[①]，加害人采取应有谨慎就可以避免责任。这样，他就需要小心谨慎，以避免事故，如果他这样做，就可避免对预期的损害进行赔偿。

当然，在过失准则下，加害人可以采取比法律制度所要求的更多的谨慎，但他没有动机这样做，因为遵循应尽谨慎标准，他已经能够逃脱责任。当然，加害人也可以采取比法律制度要求的更少的谨慎，在这种情况下，他采取谨慎行为的成本较低，但是，一旦发生事故，他就必须对损害进行赔偿。

既然最优谨慎标准被准确地定义为谨慎谨慎的边际成本等于减少事故的边际收益时的谨慎程度，那么，对某个加害人来说，采取比应尽谨慎标准低的谨慎程度是没有意义的，因为这会增加其预期的总成本。所以，只要法律制度把应尽谨慎程度定义为等于模型中的最优谨慎程度，过失准则就会产生有效率的结果。

3.1.2.2 严格责任

同样，严格责任准则也会导致最优，理由相当简单。严格责任准则主要是说，不管加害人采取了何种程度的谨慎，在任何情况下都得赔偿。有时候，有人会认为，这样会导致加害人采取过多的预防措施，或者，根本不采取任何谨慎行为，因为无论如何，他都要承担责任。这两种说法看来都不对。

事实上，通过让加害人承担严格责任，社会决策就转移给了加害人。在单方事故情形下，这意味着他必须承担事故的全部社会成本，即他自己采取小心行为的成本和预期的损害[②]。因此，他将恰如其分地做出同样的决定，也就是使其预期的事故总成本最小化。在模型中，我们讨论过，在最优谨慎程度上可以做到这一点。所以，既然这是使其预期的总成本最小化的方法，加害人将采取最优的谨慎程度。在谨慎方面，花费过多会无效率地增加其采取谨慎行为的成本，而花费过少会无效率地增加预期的损害。

3.1.2.3 区别

由此，我们可以得出结论：在单方事故情形中，过失准则和严格责任准则都会产生事故的社会成本最小化结果。当然，就二类和三类成本而言，两种准则还是有区别的。在过失准则下，既然加害人总会遵循法律制度所要求的应尽谨慎标准，因而从不需要赔偿其受害人，那么，原则上，不会出现责任案件。另一方面，在严格责任准则下，受害人总会得到赔偿。如果放松风险中性的假

---

① 本书第 2 章 2.2.4.2（3）节的最后一段讨论了 BATNEEC 原则与佛兰德斯的侵权责任法的关系，认为 BATNEEC 原则是《比利时民法典》中侵权条款的一般应尽注意标准（general due care norm）的体现。

② Polinsky（1983：39），Shavell（1980a：11），Shavell（1987：8）。

设且只有一方是风险厌恶的，根据哪一方是风险厌恶的，在过失和严格责任之间的选择会导致对其中一种准则的偏好。

另外，两种准则的行政成本和信息成本也是不同的。既然加害人总是注定要赔偿，那么，每一事故都会产生责任案件，严格责任准则似乎处于劣势，因此，可以预期，法院成本会很高。另一方面，对法官来说，过失准则看来有很高的信息成本，因为他要决定在特定情形下采取谨慎行为的边际成本和边际收益是什么[①]。

3.1.3　双方情形

如果我们进入双方事故的情形，这种分析是更加精致的。直到现在，我们假设对受害人来说最优谨慎程度是零。如果我们也想给受害人提供激励，使之遵循最优谨慎程度，就会产生何种责任准则为最优的问题。这样，就存在何种责任准则能同时为加害人和受害人采取有效率的谨慎行为提供激励的问题。

由于上面提到的原因，严格责任仍会为加害人采取有效率的谨慎程度提供激励。但是，受害人会意识到他将得到完全赔偿，简单的严格责任准则不能为受害人的有效率的谨慎程度提供激励，因而是次优的[②]。

如果严格责任准则与所谓的促成过失抗辩结合起来，就可给受害人提供采取最优谨慎的激励。在其最严厉的形式中，这个准则意味着，如果受害人没有遵守法律要求其采取的应尽谨慎，他将不会从加害人那里得到任何赔偿。显然，与这种促成过失抗辩结合起来的严格责任准则将同时给加害人和受害人提供最优的激励。受害人将采取最优谨慎，避免自担其损失。加害人知道受害人会采取最优谨慎，在严格责任准则下，加害人仍有动机采取最优谨慎，以最小化其预期的事故成本[③]。

同样，过失准则为受害人提供采取最优谨慎的激励，原因是，在过失准则下，加害人总是采取应尽谨慎来避免责任，因此，受害人原则上将自担其损失，从而有最小化其预期事故成本的最优激励[④]。

第三种可能性是把过失准则与促成过失抗辩结合起来。与简单过失准则的区别是，在促成过失中，即使是在加害人没有遵循应尽谨慎程度，因而本身有过失的情形中，加害人不必赔偿促成过失的受害人。明显地，这样一种准则在原则上将同时给加害人和受害人提供最优激励。但是，关于将促成过失抗辩附

① Brown（1973：343），Calabresi（1975a：666，脚注 22），Shavell（1987：9）。

② Shavell（1987：11）.

③ 所以，Shavell（1987：12－13）。

④ Shavell（1987：14）.

加到简单过失准则的用途，文献里存在争论。有些作者认为，既然简单过失准则给受害人提供了采取谨慎行为的激励，附带促成过失抗辩的过失准则是没有用的[①]。但是，包括波斯纳（Posner）在内的其他一些作者认为，过失准则附带促成过失抗辩肯定是有用的[②]。

在双方事故情形中，最后一种可能的准则是所谓的比较过失准则，能够同时为两方行为人采取谨慎行为提供激励。在这种情况下，受害人只能得到其损失的部分赔偿。通常，如果事故是由加害人和受害人的共同过错造成的，就是这种情况。在这种情形下，受害人的赔偿主张与加害人对事故的促成数量是成比例的。换句话说，受害人的赔偿主张将减少由其自身错误地对事故促成的数量。举例来说，如果加害人和受害人都有过失行为，而法官认定受害人对事故的促成是 20%，那么，受害人的赔偿要求将减少 20%。

在法与经济学文献中，对这个法律准则的效率也有激烈的争论，波斯纳强烈地反对这个比较过失准则[③]。波斯纳认为，比较过失准则是无效率的，因为法律制度的干预是加害人对受害人进行赔偿所必需的。根据波斯纳的说法，就采取谨慎行为的激励而言，这只造成行政成本，而没有产生补偿性的收益。他认为，在简单过失准则下，双方已经有动机采取有效率的谨慎行为。但是，其他人认为，比较过失准则的确是有效率的[④]；而且，哈多克（Haddock）和柯兰（Curran）令人信服地证明，比较过失准则确实能给事故双方采取谨慎行为提供最优激励[⑤]。

总结一下，我们应该注意到，当受害人的行为也能影响事故的风险时，应该这样选择责任准则来处理这种双方事故情形：受害人也应该给予采取谨慎行为的激励，这个结果可以通过带有促成过失的严格责任准则或者过失准则来达到。但是，如果我们不仅要看责任准则的选择对采取谨慎行为的激励影响，还要考虑分配问题，那么，所谓的比较过失准则就更有吸引力。在这种情况下，受害人不会完全丧失其对赔偿的要求（在促成过失准则下就是这种情况），而是仍可获得部分赔偿，按其错误行为导致的损失数量成比例地减少其赔偿[⑥]。明显地，许多法律体系倾向于选择这种比较过失准则，恰恰是因为这个准则能

---

① 所以，Shavell（1987：15），Veljanovski（1981：133）。

② 见 Posner（1986：252－253）及数学证明 Landes and Posner（1981：881－883）。在同样的方向上，Chelius（1976：297）。若在本书中详尽讨论这一区别，离题就太远了；而且，由于我们后面将会说明，在环境案件中，有一个强烈的理由支持严格责任，因此，这个区别在环境方面也不太重要。

③ Posner（1986：156－157），Landes and Posner（1981：883）.

④ Shavell（1987：15－16），Veljanovski（1981：142）.

⑤ Haddock and Curran（1985：49－72）.

⑥ Landes and Posner（1981：881）也讨论了各种责任准则的这些分配影响。

减轻促成过失准则的过于严厉的后果。这样，这个准则既可对采取谨慎行为提供有效率的激励，也可给受害者（部分）赔偿。

3.1.4　活动水平

可以考虑的进一步改进是，除了谨慎程度之外，事实上，还有其他因素影响事故风险。在文献中，在这方面，人们特别注意的是活动水平的影响①。简单地说，这意味着，卷入到事故中的机会不仅受开展活动时采取的谨慎行为的影响，显然也受人们参与活动的次数的影响。举个简单的交通事故的例子，我们可以认为，一个人卷入到交通事故中的机会不仅取决于司机（和受害人）采取的谨慎行为，而且取决于在某个时期内行驶的公里数。开车越多，卷入事故的统计概率越大。所以，文献中强调，责任准则的目标是，不仅要为采取最优谨慎提供激励，还要为采取最优活动水平提供激励，活动水平在严格责任和过失准则的选择中起着重要的作用。

再一次，如果我们首先假设事故是单方的，且只有加害人的活动可影响事故风险，可以认为过失准则不是最优的。过失准则确实仅为加害人采取最优谨慎提供激励，而不为采取最优活动水平提供激励②。其原因是，在法官确定法律制度所要求的应尽谨慎程度时，无法把加害人实施的活动水平考虑进去。换句话说，法官不能决定什么活动水平是最优的，而且，例如，不能因为加害人从事某种活动过多而判定其负有过失责任。

只有严格责任准则才能为加害人采取最优活动水平提供激励。其原因是，采取最优活动水平对加害人来说恰是最小化其预期事故总成本的另一种方式。既然严格责任意味着加害人必须赔偿事故总成本，他事前知道他必须承担其自身的谨慎成本和预期损害。因此，他不仅要考虑他的谨慎成本，而且要权衡其从事活动的次数与导致的预期损失。由此可以认为，在单方事故的情况下，只有严格责任可为加害人采取最优活动水平提供激励③。在政策层面上，这意味着，在受害人既不能通过采取小心行为，也不能通过采取最优活动水平来影响事故风险的情形下，严格责任看来更有吸引力。

但是，如果我们再次转向双方事故情形，这个结论就会改变。问题在于，在这种特殊情况中，在带有促成过失抗辩的严格责任下，受害人没有动机采取最优活动水平。在判断受害人是否促成过失时，确实不会考虑受害人的活动水平。只有在过失准则下，受害人才有动机既采取最优谨慎程度，也采取最优活

① 见 Adams（1989a），Diamond（1974：107－164），Shavell（1980a：1－25）。

② Shavell（1980a：2）.

③ 所以，也可见 Shavell（1987：24－25）。

动水平，因为在过失准则下受害人要完全承担其损失[①]。

因此，结论是，在双方事故情形中，我们应该考虑哪一方的活动对事故风险的影响最大。当我们想为加害人的活动变化提供激励时，严格责任是更有效果的，而在受害人的活动是影响事故风险的最重要因素时，过失准则似乎更为适当。

3.2 控制环境损害的过失与严格责任

3.2.1 经济标准

过失准则是可以激励污染者采取谨慎行为，达到最优标准的一种可能的责任准则[②]。假设在过失准则下，只有在潜在的污染者的谨慎程度低于法律制度所要求的（应尽谨慎）时，他才需要支付赔偿，企业将有动机采取谨慎行为，因为这是避免责任，从而最大化其效用的途径。假定法律制度将应尽谨慎程度规定为最优谨慎标准的话，过失准则将为污染者遵守最优标准提供激励。

同样，严格责任准则也会对污染者采取谨慎行为提供最优激励，因为采取有效率的谨慎行为将使潜在污染者在严格责任制度下需要承担的预期事故成本最小化[③]。因此，文献中一般认为，过失准则和严格责任准则都可为潜在污染者提供激励，采取有效率的谨慎行为。

但是，只有在单方事故情形中，也就是只有加害人能够影响事故风险的情形，这才是对的。如果也要给受害人提供减少事故的激励，严格责任准则需要附带促成过失抗辩。因为在过失准则下，加害人将采取有效率的谨慎行为以避免责任，原则上受害人不会得到加害人的赔偿，所以，在过失准则下，受害人总会有动机采取有效率的谨慎行为。

然而，就像我们刚刚讨论的，事故风险不仅受谨慎行为的影响，也受事故各方卷入危险活动的次数，即活动水平的影响。因此，最优责任准则还应该给可能事故中的各方提供采取最优活动水平的激励。由于活动水平没有包含在法院采用的应尽谨慎标准中，过失准则不能给加害人提供采取最优活动水平的最优激励[④]。所以，在过失准则下，加害人只有采取有效率的谨慎行为（以逃避

① Shavell（1987：29）.

② Shavell（1987：8），Calabresi（1975a：658）.

③ Polinsky（1983：39），Shavell（1980a：11），Shavell（1987：8）.

④ Adams（1989a），Diamond（1974：107 – 164），Shavell（1980a：1 – 25）.

责任）的激励，而没有采取有效率的活动水平的激励。相反，在严格责任准则下，加害人有动机采取有效率的活动水平，因为这也是使其必须承担的预期事故总成本最小化的方式。在单方事故（仅加害人的行为影响事故风险）模型中，因为严格责任既能导致有效率的谨慎程度，又能导致最优活动水平，所以，严格责任是有效率的责任准则。

在法律文献中经常提出的支持环境严格责任的理由是，受害人可免除在过失准则下证明加害人过错的举证负担，严格责任有助于受害人获得赔偿。但是，从威慑的角度看，受害人赔偿本身不是意外事故法的目标，加害人赔偿受害人的责任只是达到威慑效率的一种手段。另外，采用环境污染严格责任的受害人赔偿论并不是在所有情形下都是令人信服的。的确，许多法律制度都把违背法规或管制规范界定为民事过错[①]，大多数行业都受到广泛的安全管制，因此，在这些法律制度中，受害人只需证明违反了这些管制之一，就可确认加害人的过失[②]。此外，如果受害人能证明其遭受损失的因果关系，他就能要求赔偿。因此，在许多意外事故案件中，这种举证负担不会像人们认为的那么重。所以，与已有的宽泛阐释的民事过错制度相比，严格责任准则是否显著地改善受害人的处境，至少是有疑问的。在侵权法的一般过错制度中，对赔偿没有限制，受害人有权获得完全赔偿，这一点也不应被忽略。在最先采用严格责任的许多环境案件中，尤其是在有关核事故和海洋石油污染责任的国际公约中[③]，对受害人的权利采用了财务限额和其他限制[④]，因此，严格责任的所声称的赔偿收益是值得怀疑的。

虽然就其准确的含义来说，经典的受害人赔偿论或许不能证明采用环境污

---

① 例如，关于荷兰判例法，见所谓的 1993 年 10 月 1 日珍宝机 II 案（《荷兰判例法》（*Nederlandse Jurisprudentie*），1995 年，第 182 页）。

② 贝特莱姆（Betlem，1995：302）的论文提供了违反法定义务的例子。

③ 1960 年 7 月 29 日，OECD－NEA 通过《关于核能领域第三方责任的巴黎公约》，《1963 年布鲁塞尔年补充议定书》对此进行修订，1964 年再次对二者进行修订，1968 年 4 月 1 日生效，1982 年再次对《巴黎公约》进行修订。1963 年 5 月 21 日，国际原子能机构（IAEA）通过《关于核事故损害民事责任的维也纳公约》，1977 年 11 月 12 日生效。1988 年 9 月 21 日，IAEA 与 OECD－NEA 合作，将上述两个公约联系起来，达成《1988 年关于维也纳公约和巴黎公约适用的维也纳联合议定书》，1992 年 4 月 27 日生效。1997 年 9 月 12 日，IAEA 对《维也纳公约》进行修订，2003 年 10 月 4 日生效；2004 年，OECD－NEA 对《巴黎公约》和《布鲁塞尔年补充议定书》进行修订，使之与《维也纳公约》更加一致，尚未生效（https://world-nuclear.org，https://www.iaea.org）。原政府间海事协商组织（IMCO）1969 年 11 月 29 日在布鲁塞尔通过的《关于石油污染损害民事责任的国际公约》，1975 年 6 月 19 日生效。——译者注

④ 关于核事故责任，见 OECD（1994），Faure and Skogh（1992：499－513），Deprimoz（1995：1－24）。关于海洋石油污染的民事责任，见 Faure and Heine（1991：39－54）。最近的发展，见 Brans（1994：61－67，85－91）。

染严格责任的合理性，但是，另一方面，采用严格责任准则有其基于威慑效率的经济原因。核事故可以毫不含糊地认为是单方事故，也就是只有加害人能影响事故风险的事故。在这种情形下，我们注意到，严格责任准则的优点是给加害人提供激励，既采取最优的活动水平，又采取有效率的谨慎行为。既然受害人不能影响事故风险，严格责任似乎是给潜在污染者提供减少事故的最优激励的第一最优解[①]。

总之，如果我们运用沙维尔（Shavell）的标准，决定环境案件中过失和严格责任的选择，那么，似乎有充足的理由支持采用严格责任。在许多情形中，在只有加害人的活动能影响事故风险的意义上，环境污染确实是单方情形，这是支持严格责任的有力理由[②]。

在其他情形中，受害人当然也可对风险施加影响，我们可以更加具体地考虑在事故发生后受害人有可能减轻损害的情形。但是，在这些情形下，不是受害人的活动水平，而是其谨慎程度影响事故的风险，这可以通过严格责任准则附带促成或比较过失抗辩来加以控制。

许多学者认为，确实有正当有力的理由支持环境损害的严格责任：为了减少事故，以及从而为了实现最优内部化，对潜在污染者提供最优激励[③]。但是，我们应该记住，这个结果只在以风险中性假设为起点的所有模型中成立，如沙维尔提出的模型。如果引入风险厌恶，而潜在加害人是风险厌恶的，安德莱斯（Endres）和舒沃塞（Schwarze）认为，只有通过某种方式如保险，可以消除风险厌恶的加害人的风险时，严格责任才是有效率的[④]。另外，我们假设，关于损害的数量，法官有准确的信息，如果法院在评估损害中出错，严格责任将导致威慑不足[⑤]。

3.2.2 若干修正

3.2.2.1 信息差异

许多学者认为，在环境损害案件中，确实有正当有力的理由支持严格责任：为潜在加害人减少事故，以及从而为最优内部化提供最优激励[⑥]。然而，还应

---

① 见 Faure（1995b：21－43）。

② 在某些情形中，例如，如果受害人有意来接受妨害，造成损害的是受害人的活动，如此，可导致赔偿主张被驳回。在这方面，关于来接受妨害学说的讨论，见前面的第 1 章。

③ 例如，Endres and Staiger（1996：79－93）。

④ 见 Endres and Schwarze（1991：1－25）。下面将进一步讨论环境责任的可保性。

⑤ 换句话说，与外部损害的准确数量相比，如果法庭能更加容易地观察到社会想要的预防水平，就应当支持过失准则。这一点是由库特（Cooter）提出来的，见 Cooter（1984：1343－1523）。

⑥ 关于环境责任，见 Endres and Staiger（1996：79－93），Monti（2001：51－79）。

该提到过失与严格责任的另一个重要差异，即这样一个事实：法官需要确定应尽谨慎程度，过失准则的应用对法官有很高的信息成本，法官可能没有权衡成本与收益以及确定最优谨慎程度所必需的信息。严格责任将所有成本转嫁给加害人，加害人必须确定最优谨慎程度。

因此，如果我们认为企业比法官更有可能拥有最优预防措施的信息——环境损害可能就是这种情形，这就构成了支持严格责任的理由。注意，显然，在有些情形中，管制者可能具有信息优势，如我们下面将要讨论的，这是支持管制的理由，而不必然反对严格责任。所以，这种信息优势可能是支持环境损害严格责任的额外理由。

2000 年 2 月 9 日，欧盟委员会发布了《环境责任白皮书》，其中也提出了这个论点。

“责任既可导致更多预防措施的运用，产生避免风险和损害的结果，也可鼓励提高知识和技术的研发投资。”[①]

3.2.2.2　破产

为什么应当对严格责任似乎具有的优势进行某种平衡的考虑，还有其他的原因。直到现在，我们假设加害人有钱赔偿受害人。但是，如果损害的数量超过了加害人的财富，就会产生威慑不足的问题。在严格责任下，加害人会认为事故损失最多等于其总财富，因此只会采取必要的谨慎，来避免在程度上等于其总财富的事故。如果其财富低于事故的损害，加害人采取的谨慎将低于最优谨慎，因此，在严格责任下，会产生威慑不足的问题。

在过失准则下，破产不是一个大问题，因为加害人仍会有动机采取法律制度所要求的谨慎行为，只要采取小心行为的成本低于其个人财富。对加害人来说，应尽的谨慎行为的确仍是避免必须赔偿受害人的一种方式。因此，如果存在一种潜在的事故情形，损失的程度大于加害人的财富（环境责任常常就是这种情形），这就构成了支持过失而不是严格责任的理由。

3.2.2.3　正外部性

此外，文献中还提到了另外一个问题，可以对支持严格责任的理由加以平衡。吉莱德（Gilead）指出，许多活动不仅使其有害影响外部化，它们也有正面的影响，这可能是对严格责任保持某种慎重态度的理由[②]，因为严格责任实际上考虑了活动水平的变化，而过失准则没有考虑。显然，活动水平的提高对

---

① EU Commission，COM（2000）66 最终版本，第 14 页。

② Gilead（1997：589）.

社会来说并不总是不可取的[①]。考虑一下药物的制造，这种活动大都创造了巨大的社会效益。因此，如果活动增多的收益被忽视了，对于为了内部化风险和控制活动水平需要严格责任的论点，我们应当持慎重态度。

最后，需要补充另外一点细微的差别。到目前为止，我们假设，严格责任规定加害人"只"需赔偿其对受害人造成的损害，不少也不多。如果严格责任与可能增加企业责任负担的其他特征结合起来，就可能产生问题。例如，人们可能会想到免除证明因果关系举证负担[②]、连带责任（joint and several liability rules）和对（非货币）损失给予的高（惩罚性）损害[③]（punitive damages）的负担，比起过失与严格责任的简单选择而言，这些特征在形式上有不同的问题。特莱比尔考克指出[④]，正是因为这些其他的特征，在美国，严格责任制度的经验是"毁灭性的"。所以，关于严格责任的效率的最终评断也可能取决于这些其他的问题，比如因果关系和（惩罚性）损害程度。

3.2.3 环境法中的严格责任

3.2.3.1 国际层面

如果人们将经济文献中提出的支持严格责任的论点与公约、成文法和判例法的当前发展进行比较，可以相当公允地说，对于环境风险而言，有一种走向严格责任的强烈趋势。在国际层面上，我们可提到例如刚刚讨论的关于核事故和石油污染的国际公约。虽然这些公约显示出各种无效率，例如财务限额的采用，对于通常是单方情形的活动，它们的确采用了严格责任，因此看来符合经济准则。

此外，我们可以提到关于环境危险活动导致损害的民事责任的《卢加诺（Lugano）公约》[⑤]。在这个公约中，缔约各方同意采用环境损害严格责任。事实上，这反映了各国法律体系中采用环境损害严格责任的趋势。就国际层面而言，我们需要提到欧盟委员会 1993 年 5 月 14 日发布的《环境损害赔偿绿皮书》[⑥]。在这个政策文件中，欧盟委员会讨论了关于环境责任管制的若干选择。再一次，我们可以读出对严格责任准则的清晰偏好。由于《环境损害赔偿绿皮书》和《卢加诺公约》所遵循的政策选择，似乎很有可能，

① Gilles（1992：319）.

② Faure and Hartlief（1998：681－706）.

③ 见本章下面的 3.3 节、3.4.3 节。

④ Trebilcock（1987：929－1002）.

⑤ 对这个公约的评论，见 De Boer（1993：225），Sterk（1994），Spier and Sterk（1992：591），Bauw（1993）。

⑥ EU Commission，COM（93）47 最终版本．Deketelaere M（1993：99），Spier（1993：13）.

如果欧盟委员会要再次采取关于环境责任的行动，将会涉及严格责任准则的采用。

的确，在2000年6月9日《环境责任白皮书》中，欧盟委员会在过失与严格责任的选择上采取了相当平衡的方法。欧盟委员会选择对于危险活动产生的所有损害采用严格责任准则，而对于其他活动产生的所有损害，欧盟委员会建议采用过失准则①。

欧盟委员会的这种开创性方法，虽然偏离了将会采用一般严格责任制度的早期信号②，但与前面阐述的经济模型的预测是非常一致的③。危险活动通常可以认为是单方的，在这些情形中，通过严格责任准则来控制加害人的活动是非常重要的。即使危险活动在性质上是双方的，仍有采用严格责任的理由，因为危险活动比受害人的活动对风险有更为重要的影响。但是，在双方情形中，严格责任准则应附带抗辩，以把受害人的行为考虑在内④。然而，在非危险活动有可能产生环境损害的情形下，这又是不对的，对于这些情形，《环境责任白皮书》正确地提出了过失准则。所以，欧盟委员会选择的（非危险/危险）分界线看来遵循了经济逻辑。

因为《环境责任白皮书》没有对所有环境损害采用一般严格责任准则，而是选择区别对待的方法，对于非危险活动导致的损害采用过失准则，对于危险活动导致的损害采用严格责任准则，看来确实是遵循了平衡的方法。这不仅遵循了严格责任的沙维尔检验，似乎也比一些成员采取的方法更加平衡。有些成员看来确实采用了环境损害的某种严格责任制度，没有欧盟委员会在《环境责任白皮书》中的区别对待⑤。

然而，虽然《环境责任白皮书》中选择的一般方法——对危险活动和非危险活动采用不同的制度，乍一看似乎遵循了经济逻辑，但仍有若干问题。在最终判断《环境责任白皮书》提出的责任制度的效率时，应当考虑的一个重要问题是经济文献中强调的这样一个事实，如我们上面所提到的，只有能够

---

① EU Commission，COM（2000）66 最终版本，第9页。

②《环境责任白皮书》的一个早期版本中确实有严格责任制度，关于这个早期草案，见 Bergkamp（1998：200－204），De Vries（1999：141－147）。

③ Bergkamp（1998：200），Niezen（2000：170）也提出以活动的（非）危险特征作为分界线，后者是一家荷兰公司的律师，认为对危险活动采用严格责任是有道理的。

④ 实际上，这种抗辩是在《环境责任白皮书》（第18页）中提出的，这肯定了《环境责任白皮书》实质上与经济模型的建议是一致的结论。

⑤ 但是，请注意，多数成员的责任法律一般不包括对共同资源的破坏责任。

解决破产问题，严格责任才能提供预防风险的适当激励，否则，严格责任将导致威慑不足。《环境责任白皮书》没有阐述破产问题的可能的纠正方法，这是各种补充研究的主题。

3.2.3.2 成文法中的严格责任

转到国家层面，我们可以提到例如德国 1957 年的《水污染法》[①]及随后 1990 年的《环境责任法》[②]中的环境损害严格责任准则，另外一个例子是丹麦的《环境损害严格责任法案》[③]。

3.2.3.3 判例法中的严格责任

最后，我们可以指出判例法中由过失准则转向严格责任的趋势。在许多领域，这种转变的发生并没有正式采用严格责任准则，而是简单地扩大过失的概念。在环境损害领域，也可以看到这种演变，尤其是就土壤清理成本的责任而言，通常是放松对可预见性的要求，这也大大降低了证明过失的负担[④]。

这一法学的演变引起了有趣的争论，例如在荷兰[⑤]，早在 1988 年，范・邓尼（Van Dunné）就断言，环境损害责任在总体上已从过失转向严格责任[⑥]。他还认为，荷兰法律规定了土壤污染的严格责任[⑦]。相反，弗兰肯（Vranken）认为，这只是宽泛定义的过失准则，不是严格责任[⑧]。这种争论说明，即使对专家来说，区分过失和严格责任准则也不再是容易的[⑨]。

在荷兰的侵权法以外，也可以明显地看到向环境损害严格责任的转变趋势。举例来说，我们可以提到有名的英国莱兰兹（Rylands）诉弗莱切尔（Fletcher）案，此案确立了水库溃坝导致损害的严格责任准则[⑩]，这个 19 世纪的准则现在已广泛应用到环境损害的许多案例中。在德国判例法中有另外一个例子，在

---

① Brüggemeier（1991：85－91）.

② 见 Brüggemeier（1991：91－92），Simon（1996：13），Wagner（1991a：175－183）。《德国环境责任法》的翻译，见 Markesinis（1994：871）。

③ 关于一个评论，见 Pagh（1995：15）。根据贝特莱姆（Betlem），如果遵守了执照条件，可以免除本法规定的责任（Betlem，1995：302），这实际上严重地限制了责任的范围。

④ 要了解这些演变的梗概，见 Faure and Hartlief（1996a：235－270）。

⑤ 见 Spier（1996b：250－266）。

⑥ Van Dunné（1988：33），在造成危险局面的情况下，可以适用"伪严格责任"（Van Dunné，1992：396）。

⑦ 关于荷兰土壤污染案例，也可见 Taams and Uithoorn（1995：39）。

⑧ 见 Vranken（未注明日期，第 5953 页）；Van Dunné 的反应，见 Van Dunné（未注明日期，第 5976 页）。

⑨ 在这方面，也可见 Spier（未注明日期，第 34 页）。

⑩ 见 Zweigert and Kötz（1977：708），Mullis and Oliphant（1993：195－200），也可见 3.6.3 节末尾讨论的剑桥水案。

1985 年的一个环境案件中举证责任倒置被认可[①]。

3.2.4　运用的经济检验

上面简要回顾了环境损害严格责任日益增多的运用，看来在很大程度上符合经济理论。但是，我们应当注意，在少数情形中，严格地说，没有采用严格责任，而只是在过失准则下制定了更高的标准，有时候我们称之为“绝对责任”。

虽然这种向严格责任转变的趋势在很大程度上可以认为是有效率的，但是，由于通常只考虑被告们的活动对风险有最大影响的情形，我们应该强调，即使在严格责任准则下，仍应通过采用促成或比较过失准则，对受害人提供激励，使之采取有效率的谨慎或者至少在事故发生后减轻损害。从各种案例来看，受害人的行为实际上是否被考虑在内，并不总是很清楚。

这一讨论把我们带入一个基本问题：在环境责任领域，到底为什么我们需要严格责任准则，而不是过失准则。除了上面已经提到的理由，律师们经常运用赔偿论。我们需要严格责任准则，是因为这一准则总是迫使加害人对无辜的受害人进行赔偿，而在过失准则下，如果加害人没有过错的话，受害人不会得到赔偿。只有在把责任制度看作为清理环境污染而筹集资金的制度时，这个论点才是对的。本书作者迈克尔·福尔认为，侵权法的首要目标不应是赔偿。如果我们考察现代民法的基本文献之一，即 1804 年 3 月 21 日《拿破仑法典》，这也不是其本意。《拿破仑法典》的基本思想是过错责任，其实质含义是，如果加害人没有过错，受害人得不到赔偿。因此，侵权法的主要目标不是赔偿，而是预防事故。

如果采取的谨慎程度低于法律制度所要求的应尽谨慎，需要承担责任的威胁会给潜在加害人提供采取最优事故预防的激励。因此，在迈克尔·福尔看来，以受害人赔偿为根据，鼓动采用环境污染严格责任，是错误的。顺便说一下，如果没有内置的财务保证，消除加害人可能的破产问题，单纯采用严格责任是没有意义的。所以，迈克尔·福尔相信，侵权法应该以预防为目标，解决赔偿问题应该运用其他机制。

但是，如果我们在侵权法的威慑模型内考察环境责任，可以找到一个很好的论点支持采用严格责任准则。事实上，环境污染是一种外在性，受害人的影响极小或不存在。在这些类型的所谓单方事故中，只有一方即加害人的行为影响事故风险。在这种情形下，我们应该为加害人提供所有可能的激励，以使其采取全部必要的谨慎来避免事故，以及更为一般地避免环境污染。

---

① 见 Markesinis（1994：880－881）的讨论。

过失准则的一个严重局限是只能迫使加害人采取法官可以事后认定并纳入应尽谨慎标准中的预防措施。严格责任准则的主要优势在于迫使加害人采取全部有效率的预防措施以避免事故，即使必须运用过失准则的法官不能认定这些措施。的确，严格责任准则的主要优势是将事故的全部社会成本转嫁给加害人，因此，可以为加侵害人提供最优激励，使其采取避免事故的全部预防措施。在迈克尔·福尔看来，这种经济推理确实为采用环境污染严格责任准则提供了坚实的基础。

顺便说一下，我们也可为采用环境损害严格责任准则提出一个生态理由，即严格责任准则与所谓的“污染者付费”原则更加一致。在上面讨论的欧盟委员会《环境损害赔偿绿皮书》[①]和《环境责任白皮书》中都提到了这一原则。不管理由如何，很明显，环境损害严格责任准则是一个强劲的趋势。这个趋势不仅可以在已经提到的国际公约比如说《卢加诺公约》中看出来，对于非法处置废弃物产生的损害，这个趋势也可在比利时、法国、德国[②]和英国的若干国内环境法中看出来。

3.3 因果关系

3.3.1 因果关系的经济理论

在环境责任中，另一个特别重要问题是因果关系，关于事件（如排放）和某种结果（如健康损害）之间的因果联系常常有不确定性问题。如果科学证据显示，例如，癌症有 40%的可能性是由错误行动引起的，但有 60%的可能性是由另一个因素引起的（即所谓的本底风险，background risk），就会产生法律应当如何解决因果不确定性的问题。

3.3.1.1 因果关系的重要性

早期的法与经济学文献已经强调了侵权法中因果关系的重要性[③]，沙维尔解释了为什么把加害人责任限定在他真实地引起事故的情形是重要的[④]。如果

① EU Commission，COM（93）47 最终版本，第 5 页，“之所以提出‘污染者付费’原则，是因为民事责任是迫使造成污染的各方对所导致的损害进行赔偿的手段”。

② Wagner（1991a：175－183）.

③ 例如，我们可以参考 Calabresi（1975b：69），Epstein（1973：151－204），Shavell（1980b：463－516），Landes and Posner（1983：109－134），Landes and Posner（1987：228－255）。

④ Shavell（1985a：587－609）.

因果关系要求没有这种限制作用，就意味着，潜在的加害人会退出很多活动，而这些活动本身对社会是有益的。如果没有因果关系要求，就意味着，比如说制造商，也可能需要对不是由其活动造成，因而其不能影响或减少的损害负责。根据沙维尔的说法，这种不尊重因果关系要求的责任可以认为是“毁灭性的”[①]。用经济学术语来说，因果关系要求对避免过分威慑的风险是非常重要的。在我们的例子中，如果企业的活动对某种损害只产生了 40%的责任，却需要负责支付 100%的损害，就是这种情况。

3.3.1.2 因果不确定性和“因果或然性”

兰德斯和波斯纳提供了这类问题的一个例子[②]。假设核电站错误地向环境中排放有电离作用的辐射，而且，明确地，暴露于这种辐射中，在一个时期内，比如说 20 年，致命的癌症将从 100 例增加到 111 例。经济理论指出，核电站只应对增加的 11 例癌症负责，因为核电站只能预防这 11 例癌症，换句话说，核电站不应对所谓的本底风险负责（无论如何都会发生的 100 例），而只应为额外风险负责（增加的 11 例）。这与里佐（Rizzo）和阿诺德（Arnold）的论点是一致的，即因果关系应当等于某项活动的客观的边际产物——该活动所促成的事故风险增加量[③]。

然而，实际问题是，我们无法确定，如果没有核电站的辐射的话，在 111 人中，到底是哪 11 人不会得癌症。因此，在这一特定的例子中，因果不确定性是，有 111 个受害人，其中 11 个人的损害（癌症）是侵权（排放）的结果。对每一个人来说，分开来看，他因特定的辐射而得病的概率甚至不到 10%。如果 111 个受害人都可以向核电站索取完全赔偿，不仅是无效率的，在很大程度上也是不合理的。兰德斯和波斯纳认为，不考虑行政成本，有效率的解决方法是每一个受害人可以向核电站索赔其造成的损害的 10%[④]。

在文献中，一般认为，侵权责任应当仅限于活动所促成的事故风险，这意味着，根据统计证据，侵权责任的构成方式是污染者从来不对（不是他造成的）本底风险负责，而只对额外风险负责[⑤]。首先，我们需要确定所谓的“因果关系或然性”。

确定因果关系或然性的方法来源于放射生物学和核医药，在这两个领域

① Shavell（1987：108）.

② 见 Landes and Posner（1983：123－124），Landes and Posner（1987：242）。

③ Rizzo and Arnold（1980：1399，1410－1414），Rizzo and Arnold（1986：219－226）.

④ Landes and Posner（1983：124）.

⑤ Kaye（1982（2）：487－516），Gold（1986：376－402），Rosenberg（1984：851－929）.

中，确定某种辐射接触引发某种癌症的概率始终是非常重要的。美国辐射防护与测定理事会在 1992 年 9 月 30 日的声明中宣布，认可这种确定某种疾病是否由特定辐射引起的因果关系或然性方法[①]。以这种方法为基础，美国健康研究院制作了对照表，给定某种情形和对某种剂量的接触，确定是何种“因果关系或然性”[②]。这些对照表说明，虽然有许多争议，但从科学角度看，确定这种因果关系或然性不是不可能的[③]。

3.3.1.3　阈值责任和因果分摊

现在，有趣的问题是，如果已知这种因果关系或然性，法律应当如何反应。从法与经济学的角度来看，很明显，这里出现的问题是，何种法律准则可以把责任限定于额外风险，并排除对本底风险的责任。传统上，需要在两种法律准则间作出选择。

一种可能性是，一旦超过了某个阈值，比如说 50%的责任，就要对受害人进行 100%的赔偿，这通常称为阈值责任。这一准则在美国采用了很长的时间，被认为是无效率和不公正的。说它是无效率的，是因为，如果排放引起癌症的概率总是恰好低于阈值（如 10%的概率），就可能导致威慑不足。如果刚刚超过阈值（比如说 60%的概率），就要完全赔偿，这或许是不公平的，在这种情形下，阈值责任准则迫使企业对从统计的观点来看其永远不可能造成的损害（至少是部分地）进行赔偿。

另一种可能性是，根据因果关系或然性，受害人按比例分摊其损害。正如在本节开头的例子中，如果侵权引起损害的概率是 40%，受害人获得其损失的 40%的赔偿。从效率的观点来看，这种解决方案的优点在于，加害人准确地暴露于其造成的额外风险之中。另外，从受害人的角度来说，这种比例责任准则也可能是可取的。的确，在许多情形中，根据阈值准则，如果没有超过 50%的阈值，受害人什么都得不到，阈值准则实际上是一种“全有或全无”论。在这些情形中，根据比例责任准则，受害人至少可以获得 40%的赔偿。经济分析一般认为，只有比例责任准则才能为事故预防提供最优的激励[④]。

---

① 美国辐射防护与测定理事会声明第 7 号，1992 年 9 月 30 日；也可见 Bond（1981：108－111）。

② 美国健康研究院放射－流行病表编制专门工作组报告（National Institutes of Health，1985：2748）；也可见 Ketchum（1985：967－972）。

③ Estep（1960：259－304），Mettler and Moseley（1985）.

④ Makdisi（1989：1063），Landes and Posner（1984：417－434），Robinson（1985：779－798），Faure（1993a：68）.

3.3.2 环境法中的因果不确定性

3.3.2.1 美国的《超级基金法》

明显的，现在的问题是法律如何处理这种因果不确定性问题，这在涉及环境损害的情形中起着关键作用。许多法律制度尝试通过运用连带责任准则（joint and several liability），绕过因果关系问题，例如，美国1980年《综合环境反应、赔偿和责任法》（CERCLA，又称《超级基金法》）就是这种情况。显然，这意味着，在很多情形中，即使损害不是由某个被告的活动引起的，也可能会有损害责任。因此，由于上面提到的原因，就事故预防的激励而言，连带责任在很大程度上是有问题的。然而，康豪泽（Kornhauser）和雷维茨（Revesz）认为，连带责任可能促进超级基金诉讼的解决，从而降低诉讼成本[①]。

3.3.2.2 欧洲的判例法

在欧洲，也有很多把因果不确定性风险转移到企业的例子。

第一个例子是药物 DES（己烯雌粉）。这种产品可能引起了生育缺陷，孕期服用 DES 的母亲们所生的某些女孩身体受到损害，这种事实是确定的，母亲服用 DES 和女孩的症状之间的因果关系是没有争议的。一些生产商把 DES 投放了市场，这也是人所共知的。但是，到底是哪个生产商把哪种产品卖给了哪个母亲，这个问题存在不确定性。若干“DES 女孩”控告彼时把 DES 投放市场的所有生产商，但她们不能证明她们的母亲从哪个生产商购买了这种药物。

这引发了一场关于是否应该采用某种比例责任准则，在制造商之间分摊责任问题的大讨论，市场份额责任就是这种比例责任准则的例子。然而，荷兰最高法院运用了一个所谓“替代因果关系”准则，意思是说，DES 女孩们可以向任何一个制造商主张全部赔偿[②]。该制造商仍然可以通过证明没有把 DES 卖给特定的母亲来反驳这一推定，但在实践中这常常是不可能的[③]。因而，这个结果等同于连带责任准则[④]。

第二个例子是职业病的雇主责任。在荷兰最高法院一个著名的吉叟（Cijsouw）诉德 • 谢尔德（De Schelde）案例中，一个石棉沉滞症患者无法证明

---

① Kornhauser and Revesz（1995：187 – 215）.

② 关于德国法律中替代因果关系的讨论，见 Köndgen（1991：99 – 106），Bodewig（1985：505 – 558）。

③ 但请注意，荷兰最高法院只考虑了因果问题，正式的，还需要确定将 DES 投放市场本身是否是错误的，见荷兰最高法院，1992 年 10 月 9 日，《荷兰判例法》，1994 年，第 535 页（C.J.H.B.）。关于本案，见 Spier and Wansink（1993：176 – 181）。

④ 所以，Spier（1996a：123 – 124）。

他在什么时间接触了使之生病的致命的石棉晶体，而这一时刻的确定对本案来说是至关重要的，因为吉叟已为被告公司工作了若干年，而先前在另一家企业工作时也接触过石棉。荷兰最高法院认为，可以推定该雇员是在被告的雇用期间接触了这种致命的石棉晶体①。再次把因果关系不确定性转给了企业，被告可以通过证明吉叟不是在该被告雇用期间招致了致命的石棉晶体，来反驳这种推定②。很明显，对于雇主来说，这实际上是不可能的。

在两个案例中，我们都面临着因果不确定性，而举证责任都被转移给了企业。由于因果关系问题常常很难用科学确定性来证明，这种举证责任转移对案件结果常常是决定性的。除了荷兰以外，其他法律体系也遇到了因果不确定性问题。这在所谓的毒物侵权中起着特别重要的作用③，其中，部分人口暴露在危险物质或者辐射中，随后发现某种疾病如癌症。问题在于，人们可能因各种原因而得癌症这种病，因而，在这种情况下，加害人的身份是确定的，但谁是受害人的问题存在不确定性。事实上，他们很可能因所谓的本底风险而得病，而不是因为比如说核电站的存在而生病④。

的确，此类问题在比利时和英国也发生过。因果不确定性在著名的英国赛拉菲尔德（Sellafield）案中起着重要的作用，在这个案例中，英国法院需要确定儿童白血病和位于附近的赛拉菲尔德核电站之间的因果关系⑤。类似地，比利时法院也一直面临着这样一个问题，即瓦龙地区（Walloon Region）梅乐里（Mellery）社区居民的身体不适是否是由附近垃圾场的排放引起的⑥。

3.3.3 运用的经济检验

荷兰的例子说明，案例的实际结果并不总是符合经济理论。即使在许多案例中没有明确的阈值责任，举证责任转移也可能有同样的结果。设想在兰德斯和波斯纳给出的例子中，我们推定所有 111 例癌症都是由核电站引起的，除非该核电站能够证明其中某些癌症不是由于其存在而引起的⑦。这种举证责任转移赋予核电站一件不可能做到的事，实际上会导致核电站可能需要对全部 111 个受害人进行赔偿的结果，那么，结果就是核电站也要对其癌症并非因核电

① Spier（1996a：124－125）.

② 荷兰最高法院，1993 年 6 月 25 日，《荷兰判例法》，1993 年，第 686 页。

③ Trauberman（1983：177－296）.

④ Estep（1960：259－304），Van（1994：109－118，1995：145－154）.

⑤ Gardner（1990：423－434）.

⑥ 关于该案的讨论，见 Lavrysen（1995：219－243）。

⑦ 然而，有些作者提出过这一点，例如 Van Maanen（1993：19－36）。

站的存在而引起的 100 个受害人进行赔偿。这种背理的结果只能通过比例责任准则来避免，在产品责任案例中可采取市场份额责任的形式[①]。与举证责任倒置中的全有或全无的观点相比，经济理论所倡导的比例责任准则不是太严酷[②]。

显然，倒置举证责任和让企业对并非由其本身造成的风险进行赔偿的倾向是由隐含的再分配议程引起的：不计成本促进受害人保护的愿望。然而，我们下面要指出，把因果不确定性风险转移给企业可能会导致不可保性（uninsurability）。如果确是这种情形，主要作为受害人保护手段而倡导的因果不确定性风险转移可能恰恰具有令人嫌恶的效果，即在很大程度上无法通过责任保险对受害人进行赔偿。

3.4　财务限额

环境责任的一个重要特征是赔偿限制，特别是在许多国际公约的责任制度中[③]，这就产生了这样一个问题，即如何从经济角度考虑这些对应由加害人支付的责任数额的财务限制，这些财务限制也称为“最高限额”（caps），通常是作为“保持风险可保”的理由而提出的。

3.4.1　限额的经济分析

3.4.1.1　内部化的不完全性

前面我们提出，有很好的理由支持环境损害的严格责任准则，主要原因是只有严格责任才能导致环境风险的完全内部化。只有采取严格责任，潜在的加害人也才能有动机采取最优的活动水平。显然，只有加害人实际上承担其所从事活动的全部成本，并因此在原则上需要负责对受害人进行完全补偿，完全内部化才是可能的。

财务限额制度的一个明显缺点是严重削弱受害人对完全赔偿的权利。但是，如果限额确实定在远低于期望损害的数量上，不仅侵犯受害人对赔偿的权利，而且，也无法实现上面所提到的外部性的完全内部化。因此，从经济观点

---

① 荷兰首席检查官哈特坎普（Hartkamp）在 DES 案中对市场份额责任进行了辩护（《消费者法律评论》（*Tijdschrift voor Consumentenrecht*），1992 年，第 241 – 258 页）。斯比厄（Spier）也在其就职讲话中支持潜伏疾病比例责任（Spier，1990）。

② Brüggemeier（1991：88 – 91）.

③ 更加具体的，我们指的是前面 3.2.1 节中提到的核事故责任和海洋石油污染责任公约。

来看，由于危险活动没有内部化，赔偿限制将造成一个严重的问题。

事实上，如果我们相信承担责任具有威慑效果，对受害人应得赔偿的数额限制将造成另外一个问题。由于在事故风险大小和潜在污染者在谨慎方面的支出数量之间存在着直接线性关系，如果责任被限定在某种数额，潜在的加害人会认为无论事故大小都是有限的赔偿数额。因而，他会在谨慎方面进行开支，避免造成大小等于限定数额的事故，但不会在谨慎方面进行必要的开支，以降低事故的总成本。显然，潜在加害人做出的谨慎程度就会较低，从而产生威慑不足的问题[①]。反映在最优标准中的最优谨慎程度，即为了有效率地降低事故总成本所需要的谨慎程度，将高于潜在加害人为避免等于法定限额的事故而花费的数额。

事实上，如果某种行业受到法定赔偿限制的保护，也就是对该行业的一种间接补贴。1986 年，切尔诺贝利核电站事故之后，国际上开始讨论修改《核事故责任公约》。在荷兰，在《核事故责任法》[②]修改之前的议会辩论中，也提出了这一点[③]。荷兰提供的国家担保数额增加到 50 亿荷兰盾的巨款，议会辩论中提到，财政部需要为国家提供的这种担保向核电站许可持有人收费。如果不这样的话，核电就会太便宜，因为电价不能反映核风险的真实成本。当然，如果其他的能源生产者也享受责任限制的话，这一“过度消费核电”问题就会减少，在这种情况下，可以实现次优的解决方案。不过，似乎只有核电生产者在享受责任限制的好处。

3.4.1.2 对不可保性的补救

此外，我们还可以提出这样的问题，即法定责任限额是不是对不可保性的一个充分的回答。在讨论环境责任保险时，我们将证明，竞争性的保险市场已经产生了应对巨大风险的各种方法，再保险、共同保险或者风险组合都是众所周知的做法，使保险人可以提供大量的保险覆盖，所以，高风险自身并不会使环境责任本身成为不可保的。

更主要的是，人们还可以认为，即使在保险覆盖的可用性有限的情况下（对于立法者来说，即使有可能的话，这也是很难判断的），也不应限制加害人的

① Landes and Posner（1984：417）.

② 荷兰在一部单项立法中规定了核事故责任制度，即《1979 年核事故（第三方责任）法案》，以此实施 OECD–NEA 制定的《1960 年关于核能领域第三方责任的巴黎公约》和《1963 年布鲁塞尔年补充议定书》，后来于 1991 年 8 月 1 日加入《1988 年关于维也纳公约和巴黎公约适用的维也纳联合议定书》。见 Faure and Skogh（1992：499–513）；Eveline Sillevis Smitt，Gerrit van der Veen，and Machteld de Vries. Nuclear Energy in the Netherlands，akd，第 1–17 页，https://rgakdwebsitep.blob.core.windows.net/akdfiles/2882/Country-report-Netherlands_32491105_1.pdf。——译者注

③ Faure（1993b：247–260）.

责任。如果获得责任保险覆盖的可能性确实限于某种数额，也没有理由把责任本身限定在与此相同的数额。

一种明显的替代选择是规定保险覆盖达到可用数额的投保义务，但不要限制加害人的责任。一方面，其优点在于投保义务限定在现实的数额，另一方面，如果损害的程度高于投保的数额，加害人仍然面临着风险暴露，所以加害人至少部分地仍有采取谨慎的激励。总之，从经济的观点来看，基本上没有让人信服的理由对受害人应得的赔偿数额进行限制。如果有不可保性问题，可以通过限定投保义务来解决。

3.4.2 限额的法律分析

但是，现实往往有很大不同，比如说，在核事故责任方面，一些国家对核电站执照持有人的责任有严格的限定。例如，在比利时，这种限制是如此之低，以至于受害人的赔偿权利被降低为事故平均成本的1%以下[①]。利益集团理论提供了这些限额常常被采用的原因[②]。

在20世纪50年代，核工业担心无限责任会危及核电的未来。1960年7月29日，经济合作与发展组织原子能机构（OECD－NEA）颁布世界上首部核事故责任公约——《关于核能领域第三方责任的巴黎公约》。在此之前的预备文件中，可以清楚地读到，核事故责任管制的目标主要不是保护受害人，而是保护核工业本身。在相关国际公约制定，尤其是在其国内实施立法中，都有核工业影响的实质证据[③]。保险人和核工业采取共同利润最大化策略，都为争取责任限制而进行游说。

然而，我们应该注意，在法律文献中，对法定的责任限额也提出过反对意见。法律专家当然认为，责任限制与受害人完全赔偿原则是相悖的[④]；也有人提出经济理由，认为这种责任限制——特别是在专业责任的情况下——会导致服务质量下降[⑤]。最后，还有人认为，为特定专业团体规定责任限制违背了平等原则，因为没有特定的理由通过财务限额来保护一个团体，而其他的团体仍然要承担完全责任[⑥]。

---

① 关于核事故成本的估算，见 Faure（1995b：29－31）。

② 第4.2节将进一步讨论利益集团和公共选择理论。

③ Faure（1995b：33－35）。

④ Hartlief and Tjittes（1990，1994）。

⑤ Wessels（1995a：235，1995b：54）。

⑥ 见 Faure and Hartlief（1995：313）。立法者还是经常对一种特定活动采用财务限额的事实，可以解释为代表该活动的特殊利益集团的有效游说的结果。

3.4.3 契约限制

总之，虽然几乎没有理由支持法定的责任限制，这并不意味着没有理由支持保单中的契约限制。由于保险人几乎永不可能为责任风险提供无限覆盖，在许多保单中，这些限制已经存在①。契约限制可以采取两种形式。首先，保险人可以考虑普遍降低责任覆盖的数量，但是，特别是由于欧洲的侵权危机与赔偿数量没有多大关系，而是更多地与投保的加害人被发现有责任的概率有关系，这种普遍的无区分的降低覆盖可能很难卖给中介机构②。

其次，把重点放在预期会增加的特定损害部分上，可能更为适当。例如，根据法律制度，对于痛苦和受罪的赔偿额可能就是这种情形。在特定法律制度中，如果保险人预期这些数额会大幅度增加，对痛苦和受罪的投保数量进行契约限制就可能是适当的。对于在欧洲尚未广为人知的现象——所谓惩罚性损害（punitive damages），或许也是这样。如果保险人认为在特定的法律制度中可能会规定惩罚性损害③，在保险覆盖中限制或排除这类损害可能是适当的。

3.4.4 运用的经济检验

只要我们认可了严格责任这一基本思想，也就会理解，只有在加害人确实要承担其行为的全部社会成本时，严格责任才能起预防作用。这意味着，对于受害人应得赔偿数额的法定限制，即所谓的法定限额将导致威慑不足。事实上，在这种情况中，加害人会认为事故的最大成本是法律限定的数额，因而，他只会采取必要的预防措施，来避免带有限额的事故，这可能要低于避免全部事故所需要的预防措施。

所以，从经济观点来看，不要求潜在的加害人承担完全责任，看来是错误的，因为在这种情况下，环境风险就不会实现完全内部化。而且，从公正的角度来看，人们也可以认为，看不出为什么受害人有权获得的赔偿应当少于对损害的完全赔偿。欧盟委员会《环境损害赔偿绿皮书》也正确地指出，责任限制会降低对预防的激励，并把高于这些限额的恢复成本负担转嫁给纳税人，因而违背了“污染者付费”原则④。

本书作者迈克尔·福尔之所以更加特别地阐述这个问题，是因为律师们应

---

① 第6章对保险进行更详细的讨论。

② 关于欧洲普遍扩大责任暴露的特征，见 Faure and Hartlief（1996a：235-270）。

③ 在荷兰曾有人建议，例如，Bolt and Lensing（1993），Chao-Duivis（1990：513），Elsen（1995：7-12）。

④ EU Commission，COM（93）47 最终版本，第10页。也有人认为，如果要设置责任限制的话，可要求潜在的污染者向赔偿基金提供资金，以覆盖超过了责任各方支付限制的成本。

当总是考虑这样的事实：在环境立法的过程中，许多产业压力集团都会进行干预，显然，他们会努力限制所涉产业的责任。产业界常常认为，严格责任是其难以承受的责任扩大（在迈克尔·福尔看来，与宽泛的过失准则相比，严格责任常常不是这样），因此，严格责任应当加以法定限制。由于这些限制，受害人对完全赔偿的权利就会被削弱，因此，在很多情况下，与没有严格责任准则相比，在有严格责任准则时，受害人的处境会更糟。所以，如果采用严格责任的话，就应当是无限制的。关于海洋石油污染损害民事责任的《布鲁塞尔公约》①和关于核事故责任的《巴黎公约》与《维也纳公约》②都采用了带有限方（channelling）且有严格限制的严格责任，在迈克尔·福尔看来，不应效仿这样的例子。可以认为，它们更多的是压力集团干预的结果，而不是为了环境利益的有效率的立法③。

3.5 责任限方

环境责任制度还有另外一个值得特别一提的特征，正如在关于石油污染和核事故等国际公约中所展现出来的一样，这就是所谓的责任限方（channelling of liability），其简单含义是，例如，核事故的受害者只能起诉核电站执照持有人，而不能起诉第三方，即使其损失实际上是由第三方造成的。

3.5.1 责任限方的经济分析

从经济观点来说，乍看上去，这种责任限方是有问题的。如果责任限方的结果是受害人不能起诉可能有责任的第三方，并且，如果针对这些第三方的其他追偿权（例如补偿权，right of redress）也被排除的话，就这些第三方的行为而言，责任准则就不会有威慑效果。如果没有别的方式可以威摄这些第三方，责任限方就会导致威慑不足。另外，责任限方也意味着受害人无权向有责任的第三方要求完全赔偿。所以，它也限制了受害人的追偿权，与财务限额一起，是妨碍外部性完全内部化的手段。不然的话，受害人可以根据被限方的责任首先起诉执照持有人，如核电站，获得法定的赔偿限额，并尝试向造成事故的第三方追索剩余的损失，而责任限方通常也把这一点排除在外。

---

① 《1969年关于石油污染损害民事责任的布鲁塞尔公约》，见 Faure and Heine（1991：39－58）。

② 《1960年关于核能领域第三方责任的巴黎公约》，《1964年补充议定书》对此进行修订；《1963年关于核损害民事责任的维也纳公约》和《1988年关于维也纳公约和巴黎公约应用的维也纳共同议定书》。

③ Faure and Van den Bergh（1990：241－254）.

有时候，人们提出保险理由来说明责任限方的合理性。其优点在于：只有执照持有人一方需要进行保险覆盖，这可以避免双重覆盖。然而，这种观点似乎不是完全令人信服。经常有这样一些情形，在有责任的情况下，许多潜在的行为人都有责任保险。在这种意义上，看来会有许多双重或多重覆盖的情况。但是，这不是把责任只限于一方行为人的理由。实际上，不会存在多重覆盖，每一种保单只提供对被保险人的责任覆盖，在数量上只等于特定被保险人促成的损失。另外，即使有保险理由支持责任限方——这一点尚不清楚，产生的严重问题是，就减弱侵权法的威慑效果而言，这种在保险可行性方面貌似有的优点是否大于其缺点。

3.5.2 法律分析

如果我们考察关于核事故责任的法律制度[①]，可以看一下 1960 年 7 月 29 日通过的《巴黎公约》的第 3 条，该条规定，核电站执照持有人对其造成的全部人员损害和可以证明是由核事故造成的全部财产损失（除少数例外）负责。《巴黎公约》第 6 条明确规定，法律诉讼只可针对根据本公约的条款有责任的执照持有人，或者，如果可能的话，根据国内法律，可以针对执照持有人的保险人。同一条款还规定，除了核电站的执照持有人，其他各方没有责任。这正是责任限方。另外，执照持有人对可能负有引发事故责任的第三方的追偿权（right of redress）受到严格限制：第 6（f）款规定，只有第三方故意造成损害或者契约安排中规定了追偿权，才可寻求追偿（recourse）。在关于海洋石油污染损害责任的国际公约中也有类似的条款，把责任限方于油轮所有者。

3.5.3 运用的经济检验

责任限方意味着，如果发生事故，如核电站爆炸，许多可能的责任方中只有一方要为此负责，在我们提到的例子中，是核电站的执照持有人。在这种情况下，受害人仍要证明其损失与所发生事故间的因果关系，但不必证明其损失与被告个人行为间的因果关系。即使事故不是由他而是由第三方造成的，核电站经营者必须赔偿（在严格的法定限额内）。

在迈克尔·福尔看来，正是在这里，责任限方有一个重要缺陷。如果人们相信，如迈克尔·福尔根据法经济分析所相信的，只有可以为潜在污染者提供预防事故的激励，责任裁定才是有意义的，那么，让没有造成损害的被责任限方的一方负责，并排除针对真正加害人的责任诉讼，看来是错误的。所以，迈

① 关于这些公约的内容概览，见一篇博士论文，Domsdorf（1993）。

克尔·福尔相信，如果我们认为有必要采用某种责任限方，以免除受害人证明因果关系的部分负担，这种责任限方在任何情况下都不应导致一方的排他性责任。为了保持其事故预防的动机不泯，以过失为基础的经典侵权法诉讼仍应可以针对可能已造成事故的第三方。

3.6 潜伏期、追溯责任和开发风险

3.6.1 重要性

关于环境责任，值得特别关注的另外一点涉及潜伏期。在环境责任中，在有害排放和损害发生的时刻之间常有较长的时间延迟（time laps），这引起了许多有趣的问题。在产品责任领域，这些问题与所谓的开发风险密切相关，由此提出的问题是，在产品投入流通时，如果当时的科学知识水平不能发现产品的缺陷，生产商是否应当对这些缺陷负责。

在环境责任领域，这一问题通常产生在土壤清理责任领域。土壤污染案件常常有一个很长时间的历史，在某些案件中，被告会辩解说，例如，在某一地点的有毒物质排放，在其发生时，不被认为是错误的。即使在过失标准下，仍然需要回答的问题是，对于由排放发生时未被认为错误的排放所造成的损害，是否应以今天的应尽谨慎程度认定被告应当负责。但是，在严格责任下，类似的问题也会出现：严格责任是否应当也适用于历史污染，或者只适用于在某项成文法采用严格责任之后发生的土壤污染案件？

3.6.2 经济分析

从经济角度来看，原则上，我们可以认为，不管是通过判例法还是管制（见第 4 章），新标准的追溯适用都不会影响对某个经营者未来行为的激励。侵权法经济分析的基本观点是，如上面所阐述的，对事后责任的预见可以提供预防事故的事前激励。因此，一般来说，立法的这种追溯适用可以认为是无效率的。

但是，这一追溯准则有一个重要例外，沙维尔（Shavell）考察了这样一种情形，即使对于当时未知的风险（典型的开发风险），对事后可能会有责任的预见可以为获得该风险的信息提供激励。因此，在特定条件下，即使对于很久以前发生的行为，如果我们认为严格责任可能已经为获得风险信息提供了适当的激励，严格责任现在仍可能是有效率的①。

另外，追溯责任可导致不可保性问题②。

最后，人们也可以争论，对于由发生时在很大程度上被认可的行为所造成的损害，而且在很大程度上是由其他人造成的，而不是现在被认为有责任的人造成的损害，从分配的角度来看，让这些今天仍在营业的无辜少数制造商（联合或单独）负责，这是否是公正的。

3.6.3 环境法中的追溯责任

判例法和若干法律体系的立法中有追溯责任的实例③。由于追溯责任使经营者及其保险人无法计算未来风险，这一法学趋势看来是很成问题的。然而，不能排除以下情形：为受害人提供保护的再分配愿望可能会导致更多地利用这种追溯责任，特别是在受害人正在遭受身体损害的情况下。

但是，就环境损害而言，如土壤清理费用的责任，越来越多地，法官们或立法者似乎开始注意到以下事实：把全部历史污染成本转嫁给目前仍在营业的经营者是不合理的。这促使荷兰最高法院把污染者责任限定在自 1975 年 1 月 1 日起始的时期④，而随后的《土壤保护法》也限制了这种责任在荷兰的“追溯”效力⑤。依据比利时佛兰德斯大区环境法改革大学间委员会（ICHMVG）的工作，佛兰德斯大区颁布了《土壤清理法令》⑥。这个委员会和随后的法令为善意的，即没有注意到土壤被污染的事实的污染土壤所有者提供了开脱的理由⑦。

1994 年，英国议会上院在对剑桥水务公司（Cambridge Water Co）诉东郡皮革公共有限公司（Eastern Counties Leather PLC）案的裁决中⑧，对这一历史污染案件，由于可预见性要求不满足，污染损害责任也被否决了⑨。但是，注意，英国 1995 年的《环境法》采取了不同的方法，对污染地点的修复规定了

---

① 见 Shavell（1992：259－270），Visscher and Kerkmeester（1996：48－57），后者把沙维尔关于获得风险信息的激励标准运用于荷兰若干环境责任案件。

② 后面的第 6 章 6.5 节讨论之。

③ 荷兰法律中的例子，见 Hartlief and Spier（1994：27－33），Haazen and Spier（1996a：45－46）。

④ 荷兰最高法院，1992 年 4 月 24 日，《环境责任杂志》（Tijdschrift voor Milieuaasprakelijkheid），1992 年，第 131－145 页；《环境与法》（*Milieu en Recht*），1992 年，第 87 期；《荷兰》，1992 年，第 121 期。

⑤ 1994 年 5 月 10 日《土壤保护法》，关于其重要性，见 Spier（1994：43－44），Betlem（1995：300）。

⑥ 见 ICHMVG（1995：943－985），Deketelaere K（1993：75－97）讨论了该委员会关于民事责任的建议。

⑦ 1995 年 2 月 22 日《土壤清理法令》，第 31 条§2 款规定，如果土壤的使用者是善意的，对过去的污染，没有清理义务，见 Deketelaere M（1995：135－142）。

⑧ 《环境法杂志》（*Journal of Environmental Law*），1994 年，第 137 页，有奥古斯（Ogus）的案件注释。

⑨ 关于一个讨论，见 Betlem（1995：289－305），Rogers（1994：64 ff）。

严格追溯责任[①]。

3.6.4 运用的经济检验

以上对若干法律体系中有关倾向的简要回顾可以说明，尽管在采用追溯责任方面有所犹豫（如佛兰德斯大区），但在其他情况下，严格追溯责任被毫无疑问地采用了（如英国）。虽然从经济角度看，追溯责任是有问题的，但如上所述，立法者和法官们采用追溯责任也是没有问题的。其理由显然是，并不是所有的政策制定者相信责任准则具有威慑效应，因此，追溯责任主要是以赔偿理由而采用的。但是，从分配的角度来看，追溯责任也应受到批评。事实上，在许多情形中，例如在过去造成土壤污染的经营者，现在可能已经停业，因此，把土壤清理行动的费用完全地转嫁到目前仍在营业的运气不佳的经营者，而其行为在当时甚至不被认为是错误的，这样做是否公平是值得怀疑的[②]。

① 见 Jones（1995：163）。

② 因此，有人认为，清理成本的回收行动实际上有彩票的特征。

第4章

安全管制

在前一章中，我们说明了如何把责任准则用作实施环境政策的工具，也指出了把责任准则应用于环境损害时可能出现的具体问题。此外，可能有许多情形无法应用环境责任准则，一个原因是，只有在有受害人起诉可以明确的污染者，且污染者能够支付应付赔偿的情况下，责任准则才能实际上起作用。现实并不总是这种情形，由于这种或各种其他原因，政府有时会干预，制定在第 2 章中讨论过的最优标准，这种政府干预称为管制。

管制在环境法和政策中起着至关重要的作用，大部分的环境标准都是在管制中规定的，这些管制构成的整体称为环境法。在本章中，我们将考察如何利用管制来提供对预防的激励，下一章阐述管制的执行，并更加具体地分析刑法的运用。

本章首先阐述的问题是，在哪些情况下可以认为管制比责任准则更有效（第 4.1 节）。但是，管制也可能没有效果，特别是在管制的内容为利益集团所左右的情况下（第 4.2 节）。由于这个缺陷，出现的问题是，政策制定者是否应该只依赖一种特定类型的政策工具，或者，组合使用政策工具是否可能更加适当（第 4.3 节）。最后，我们还应探讨以自愿遵守为目标的政策工具如公约（第 4.4 节），这些是政府管制的有效替代吗？

4.1　安全管制的公共利益标准

4.1.1　安全管制的标准

1984 年，沙维尔（Shavell）详尽地考察了管制和责任准则的选择问题，他在一篇论文中提出了影响安全管制和责任准则选择的若干标准[①]。

4.1.1.1 信息非对称性

信息缺乏常常被认为是市场失灵的原因和政府进行管制干预的理由[②]。同时，对于责任制度的正确运行，关于现有法律准则、事故风险和预防事故的有效措施等信息是有效威慑的前提条件。根据沙维尔，事故中的各方通常比管制当局拥有更好的关于事故风险的信息[③]。

原则上，关于其所从事的活动和预防事故的最优方式的成本与收益，事故各方自己拥有最好的信息。但是，如果明显地有一些风险不易为事故各方了解，上述“信息假设”就会被推翻。所以，对于各种活动，需要提出的问题是：是政府还是所涉各方能以最低的成本获得相关信息。

4.1.1.2 破产风险

如果潜在的损害很高，超过了加害人的个人财富，责任准则就不会提供最优激励，其原因在于，小心谨慎的成本支出与预期损害的大小直接相关。如果预期损害远大于加害人的个人财富，加害人就会只考虑大小等于其财富的事故，因此，他将只采取必要的谨慎行为，避免等于其财富的事故，而这可能低于避免全部事故风险所需要的谨慎程度[④]。这是以下原理的简单应用：只有在加害人有资产赔偿其所造成的损害时，侵权责任才有威慑效应。如果加害人受到保护，免于这种责任，就会产生威慑不足的问题[⑤]。

安全管制可以克服由破产风险导致的威慑不足问题[⑥]，在这种情况下，有效率的谨慎程度由管制事前确定并通过实施工具来起作用，诱导潜在的加害人遵守管制标准，与其财富无关。在这种情况下，如果管制也是通过货币制裁手段来执行的，就会出现问题。再一次，如果这些制裁超过了加害人的财富，破产问题依然存在。所以，如果因为潜在的破产问题而采用安全管制，那么，管制本身应该由非货币制裁来执行[⑦]。

4.1.1.3 无人提起责任诉讼

有些活动可导致相当大的损害，即使如此，也可能永远不会有人提起挽回这些损害的法律诉讼。如果是这种情况的话，责任准则当然不会有威慑作用。

---

① Shavell（1984a：357－374），Shavell（1984b：271－280），Shavell（1987：277－290）.

② 其基础论文，见 Stigler（1961：213），Schwartz and Wilde（1979：630－682），Mackaay（1982）。

③ Shavell（1984a：359）.

④ Shavell（1984a：360）.

⑤ Shavell（1986：43－58）.

⑥ 由于我们假设风险中性，保险在这里不起作用。如果把保险考虑进来，并且，保险导致的道德风险问题可以解决，保险就可以克服威慑不足。

⑦ Shavell（1985b：1232－1262）.

因此，没有责任诉讼也可成为通过安全管制，而不是责任准则来落实有效谨慎义务的理由[①]。

为什么即使造成的损害非常大，却可能没有人提起法律诉讼，这可能有若干原因。有时候，加害人能够逃脱责任，是因为损害稀薄地分布在许多受害人中。于是，每一个受害人遭受的损害都非常小，没有动机提起诉讼。特别地，如果不是对单个人造成了损害，而是对一项共同财产造成了损害，如群体中每个成员都只有很少利益的地表水，这种问题就会产生。另外，在损害变得明显之前，可能已经过去了很长的时间，在这种情况下，许多必需的证据可能已经灭失，或是没有获得。另一个问题是，如果在活动的若干年后损害才显露出来，加害人或许早已停业了。

一个相关的问题是，常常很难证明一种活动与某种损害间存在因果联系[②]。造成损害的事故发生后，随着时间的不断流逝，因果关系的举证就更加困难。通常，受害人不会认识到其遭受的损害是由侵权行为引起的，而是可能会认为其某种疾病例如癌症有“天然的原因”，与其总体上健康欠佳有关。鉴于所有这些原因，责任诉讼可能不会被提起，因而，为了确保潜在的污染者采取有效率的谨慎行为，安全管制是必要的[③]。

4.1.1.4　行政成本

在考察责任准则和管制的优缺点时，还应当比较两种制度的行政成本。就侵权当事双方的时间和诉讼费用而言，责任准则显然是成本高昂的。这些成本的一部分是由整个社会承担的，如法律体系的成本和法官的薪酬等。管制对社会产生成本，包括制定规章、设定标准、颁布法规以及随后执行的成本[④]。

在这个方面，责任制度似乎有某种优势，只有在事故实际发生时，法院系统的行政成本才会发生。侵权责任制度的主要优势是，需要承担责任并赔偿受害人损失的威慑作用可以预防许多事故的发生。就安全管制而言，无论有无事故发生，都有制定和执行管制的成本。

4.1.2　环境污染管制的必要性

在讨论了管制的公共利益标准之后，我们现在讨论这些标准如何与环境污染联系起来的问题。如果把上面讨论的安全管制标准应用于环境污染引起的潜在风险，毫无疑问，责任准则单独是不够的。

---

① Shavell（1984a：363）.

② Landes and Posner（1984：417）.

③ 关于责任诉讼的替代选择，见 Bocken（1987：4－87，83－87，1988：1－88，3－10）。

④ Shavell（1984a：363－364）.

就第一个标准——信息成本而言，必须要强调的是，对某种活动的风险进行评估通常需要专家知识和判断。小型组织可能缺乏动机或资源在研究方面进行投资，以找到什么是最优的谨慎程度。同样，如果这些研究结果自动提供给市场上的竞争对手——这是著名的“搭便车”问题，那么，就不会有开展深入研究的动机。运用对研究结果授予知识产权的法律工具，这个问题可以部分地得到解决。

但是，仍然存在的问题是，小公司不太可能开展关于预防环境损害的最佳技术的研究，因此，由政府自己（如政府的环境研究所）来开展最佳技术研究通常是更有效率的，而后，这种研究的成果可以通过管制提供给市场各方。所以，管制中环境标准的制定可以看作是提供所要求的最低环境技术信息的手段。显然，相对于由单个企业确定污染的何种额外减排可以最优地降低预期损害而言，由政府获得关于最优排放标准的信息是更有效率的。

同样，安全管制的破产风险论指明了管制的方向。个人或企业会造成污染，而其资产一般低于其污染造成的损害。在这方面，我们不应忘记，甚至一个小企业都可能对许多人或整个生态系统造成损害，其排放产生的损失额当然很可能超过其个人资产。另外，大多数企业已经股份化成为法律实体，从而享受有限责任。所以，单个股东并不以其全部个人资产承担责任，企业的债权人仅能对股东们在企业中购买的总资产的一部分提出偿债要求。

同时，对于非法污染造成的损害提起责任诉讼的几率通常是很低的。这种损害常常分散在人群中，这些人很难自我组织起来提起法律诉讼。此外，这些损害可能只有在排放发生数年以后才能暴露出来，这会产生因果关系举证和潜伏期问题，对污染者提起诉讼更加困难。

鉴于这些原因，显然，环境污染需要某种形式的政府管制。

4.1.3 实践中的安全管制

在把沙维尔的安全管制标准应用到环境风险时，我们容易注意到，可以提出一个有力的论点：为避免环境损害而需要采取的有效率的谨慎程度也应由管制在事前确定。在许多情形中，管制由执照或许可构成，行政当局在执照中规定排放标准，潜在的污染者必须遵守。在大多数国家，这些执照在环境政策中起着至关重要的作用，环境质量的改善主要是通过在行政许可中规定更加严厉的排放标准而得以实现的。所以，通过执照控制排放，由执照的条件对排放的质量与数量进行管制，这个一般要求是环境法的基石。由于这些执照是行政规章，在大多数法律体系中，环境法是行政法的一部分。通常，只有在对违反行政法规或执照中的排放标准进行制裁时，刑法才粉墨登场。

尽管我们一开始就通过这些行政许可对环境污染进行控制，但在个案中对环境仍有损害，于是，侵权法中的责任准则再次登场，这就提出了管制与责任制度的相互影响问题[①]，下面我们将讨论侵权法和管制之间的这些互补性。

最后，我们可以提到对安全管制在控制环境损害中的有效性进行一般考察的文献。德威斯（Dewees）证明，在北美，由于管制努力，环境质量得到了很大改善，而对侵权行为的法律行动的效果不是很大[②]。德威斯、杜芙和特莱比尔考克在其著作中也强调了与侵权法相比管制成功的这一经验证据[③]，他们认为，如果以排放量的削减来衡量，美国 20 世纪 70 年代改善环境的巨大管制努力取得了相当大的成功，但对环境质量而言，很难说环境管制同样地产生了相当大的影响。而且，他们也强调指出，尽管环境管制是控制污染物排放和环境中污染物浓度的一个决定因素，其他非管制因素如经济增长，甚至天气也影响环境质量。

4.2　管制的私人利益论

4.2.1　为获得进入壁垒或宽松标准而进行的游说

到目前为止，我们假设政府管制总是“为了公共利益”，这样，政府总是制定法规，以增进社会福利和提高效率。这意味着，只有在就前面提到的沙维尔标准而言有效率时，政府才会通过一个法规。现实常常是不同的。对立法进行考察，人们常常可以看到对一些活动的管制，对于这些活动来说，管制这种控制方法似乎是无效率的；在其他情况下，管制是有适当的理由的，但管制的制定是无效率的。

“公共选择”学派的经济学家们研究了管制现象，也考察了为什么有些管制无效率的原因[④]。在这种公共选择理论中，微观经济模型被用来解释管制的过程，一个起点是假设政治家们自己也是理性经济人，其偏好是制定对支持他们的那些利益集团有利的法规。从这个角度看，政治家不再服务于公共利益，而是服务于其自身利益的效用最大化者。

---

① 关于侵权法与管制互补性的阐述，见 Rose – Ackerman（1991：54 – 58，1992a：118 – 131，1992b：223 – 243）。

② 见 Dewees（1992a：139 – 164，1992b：446 – 467）。

③ Dewees，Duff and Trebilcock（1996：307 – 323）.

④ 一般的，见 Buchanan and Tullock（1962），Buchanan，Tollison and Tullock（1962）。

公共选择分析的起点是将管制看作政治市场上供给和需求的产物。在需求方面，各种利益集团需要对自己有利的管制；在供给方面，追求财富最大化的政治家们想偏袒为他们提供政治支持的利益集团；其产品是保护利益集团以换取政治支持的环境立法，这样，财富转移（所谓的租金）可以转移给受保护的利益集团，即发生所谓的寻租行为。

根据文献，如果利益集团把各个个体联合起来，维护共同利益的交易成本相对来说是很小的，并且，一般公众为查出寻租而招致的信息成本相对来说是很高的，那么这种寻租行为就会特别成功。在环境管制中，这些寻租条件常常可以满足。说某种立法提供了环境保护或受害人保护，常常会掩盖对利益集团的财富转移已经发生的事实。

如果只有少数几个公司联合起来维护共同利益，交易成本通常是很低的。的确，利益集团的财富转移为什么能够发生，原因就在于信息成本和交易成本这两个著名的经济现象。

信息成本是一般公众为查明管制的效果而付出的成本。因为转移给利益集团的财富来自一般公众，个人通常不会意识到发生了这种对利益集团的财富转移。而且，大多数利益集团立法都声称是为了保护一般公众，应当保护消费者的法规（常常只保护零售贸易）[①]或应当保护受害人的法规（常常只保护某些行业的保险人的利益）[②]，常常就是这种情况。

交易成本是某个团体把所有个人召集起来，维护共同利益时发生的成本。只有相对较小、组织良好和单一问题导向的团体，交易成本才比较低，能够因管制从财富转移中获益[③]。

在环境管制方面，有许多文献为寻租论提供了理论支持和经验证据。环境管制的起点常常是提供某些环保行动的政治意愿，基南（Keenan）和鲁宾（Rubin）认为，这种管制需求没有清晰界定的、活跃的特殊利益集团来代表，可以由所谓的影子利益集团来发起[④]。如果发生了事故，这个团体就会形成，因此，环境污染的潜在受害人可以视为这种影子集团的成员。如果影子利益集团不再是影子集团，而变成活跃的，就会具有正常利益集团的所有特征。了解到影子利益集团有潜力变成实际的游说，即使影子集团还没有成立，在某些情况下，理性的政治家们会以对正常利益集团作出反应的相同方式对这些集团作

---

① 就礼拜天歇业管制和“不公平行规”的成文法而言，这已被证明，见 Van den Bergh（1986：185－205），Jaffer and Kay（1986：169－183）。

② 就核事故责任立法而言，这已被证明，见 Faure and Van den Bergh（1990：241－254）。

③ 见 Olson（1982：26－27），Posner（1974：345），McCormick and Tollison（1981：17）。

④ Keenan and Rubin（1988：21－36）。

出反应。

在这些情形下，管制理论提出，如果立法干预看来不可避免，相关的利益集团会接受管制的一般原则，但会努力改变其范围①。环境管制所要适用的行业利益集团可能意识到，管制在纠正或至少减弱外部性问题的同时，可以增加生产者的财富。

在环境质量管制方面，这个结果已为马罗尼（Maloney）和麦科米克（McCormick）所强调，他们认为，在意识到环境管制不可避免时，行业将会在管制的制定过程中合作，努力去改变其内容，以对自己有利。一个经典的例子是采用所谓的“祖父条款”（grandfather clause），这种条款规定，管制不适用于已有的厂商或产品。所以，管制可以设立新的市场进入壁垒，这就保护了现存的行业惯例和产品②。在其他情况下，例如，就标准制定而言，行业可能为获得宽松的环境标准而游说，来提高他们自己的利润③。

如上所述，行业的努力可能有多个方向：有时候，通过游说获得“祖父条款”，利用管制来限制市场进入；在其他情形中，通过游说获得更加宽松的环境标准。就第一种游说来说，我们也可提到执照的作用，执照是环境政策的一个核心工具，莫尔（Moore，1961）④指出了发放执照的反竞争效应⑤。阿德勒（Adler）⑥报告了美国环境管制中寻租行为的证据，在欧洲也有类似的报道⑦。

为获得宽松标准的游说可能针对立法者来进行，但是，由于立法者通常把标准设定的权力交给行政机构，这种类型的游说，例如为单个企业获得宽松的排放标准，一般会针对行政机关来进行，从而“俘获”行政机关，唐宁（Downing）⑧等的论文分析了官僚机构的行为对这种行业俘获的反应。显然，寻租行为不仅会发生在标准制定过程中，在区域划分中也起重要作用⑨。

4.2.2　私人利益对政策工具选择的影响

针对政策工具选择问题，文献中专门阐述了环境法中私人利益的影响。前

① Pelzman（1976：211－240）.

② Maloney and McCormick（1982：99－123）.

③ Dewees（1983：53－71）.

④ Moore（1961：93－117）.

⑤ 关于用环境标准获得竞争优势，也可见 Ogus（1994b：23－37），Hahn（1990a：149－175，1990b：21－47），Huber（1983：1025）。

⑥ Adler（1996：26－34）.

⑦ Faure and Van den Bergh（1989a，1989b：308－330）.

⑧ Downing（1989：255－271）.

⑨ Ault and Ekelund（1988：69－76），Fischel（1980：37－43，1985）.

面我们说明了可以用来控制环境污染的各种政策工具，以及在何种情况下某种政策工具是最优的。在实践中，这些“经济处方”[①]并不总是被采纳。

为什么美国等国家很少采用排放税，以及环境政策仍然在很大程度上依赖于命令—控制方法，原因之一是，与税收相比，企业更偏好标准，因为排放标准可以作为新企业的进入壁垒，从而增加现有企业的利润。另一方面，排污收费不仅不阻止新企业的进入，对市场上的已有企业来说也是一种额外的成本[②]。

在考察寻租对污染税制的影响时，其他学者[③]已扩展了布坎南（Buchanan）和塔罗克（Tullock）提出的上述基本观点。哈恩（Hahn）[④]、哈恩和诺尔（Noll）[⑤]、科伯（Körber）[⑥]和德格罗威（De Grauwe）[⑦]的许多论文还分析了游说对工具选择的影响。哈恩指出，政策工具几乎从未以经济理论所建议的方式来使用。例如，排放收费被用作增加财政收入的手段，对污染者几乎没有直接影响；许多可交易许可方法的设计也并不是真正为了创建市场。通过“祖父式地（免费地）发放许可”（grandfathering），已有企业的权利常常受到保护。另外，即使在经济处方（可交易污染权）被采用时，一些证据说明，排放交易也被行业用作预先避免日后遵守法规的漏洞[⑧]。

哈恩还认为，在美国和欧洲，利益集团不断变化的态度或许可以说明这样一个事实：欧洲国家倾向于更多地采用收费，只有美国以较大的规模采用了可交易许可[⑨]。所以，在很大程度上，政策工具适当组合的选择是由不同国家实际作出政治选择的方式决定的。

4.2.3 政府层级的选择

利益集团不仅影响管制的内容和手段，在确定由哪一个政府层级采取行动时也有影响。显然，利益集团将选择其有最大影响的政府层级。在欧盟的情景中，福尔和莱菲弗勒认为，这可以解释为什么一些行业游说支持欧盟层面的环境管制，对于（没有国内立法的）新领域，行业游说团体或许会遇到较弱的抗衡力量，比较而言，在发生环境问题的地方层面上，非政府组织（NGO）可能

① Hahn（1989a：195－211，1989b：135）.

② Buchanan and Tullock（1975：139－147）及评论 Coelho（1976：976－978），Yohe（1976：981－982）。

③ Lee（1985：731－744），Brooks and Heijdra（1987：335－342）.

④ Hahn（1989a：195－211，1989b：135，1989c：95－114）.

⑤ Hahn and Noll（1983：63－91）.

⑥ Körber（1995：161－191）.

⑦ De Grauwe（1995：111－168）.

⑧ Hahn and Hester（1989：109－153）.

⑨ Hahn（1989b：111）.

会反对宽松的标准。一旦在布鲁塞尔（欧盟总部）的中央层面制定了标准，成员就只能遵守。

另一方面，已有较为严厉的环境标准的成员的行业可能有动机在中央层面进行游说，使这些严厉的环境标准在欧盟范围内成为强制的标准，迫使竞争者也遵守这些严厉的标准，从而设立进入壁垒[①]。这可以说明，为什么在经济理论认为可以更好地在分散的层面上解决问题的情况下，许多环境管制也出自布鲁塞尔（欧盟总部）[②]。

4.2.4　责任法规和寻租

最后，我们不应忘记，在环境责任法规中也会产生寻租，例如，行业可能游说支持责任的财务限额，从而从潜在受害人转移租金。例如，关于海洋石油污染和核事故责任的公约中就有限额[③]。有效寻租的理想条件常常可以得到满足：由于限额常常与应当以“受害人保护”为目标的其他法律工具如严格责任和强制保险等相结合，核工业等的交易成本是很低的，而公众的信息成本又是非常高的[④]。

4.2.5　重要性

利益集团理论对于理论研究和政策层面都很重要。首先，在理论上，值得强调的是，这些理论已经证明，与本来会出现的市场解决方案相比，如果由于寻租，管制产生的结果是没有效率的，那么，如果市场失灵，不能把外部性内部化，就需要管制的传统论点，可能不一定是正确的。

但是，多数作者强调，说环境法只服务于私人利益是过于偏面的。即使总是有强烈的寻租动机，许多环境法规仍然得以颁布，力争保护公共利益（Adler，1996）。在某些情况下，行业和环境主义者的利益是一致的，因此，游说并不总是导致行业反对环境管制。

其次，在理论上，在理解环境管制如何起作用方面，公共利益和私人利益相结合的方法是非常有用的。如果实际采用的环境政策工具与（公共利益）经济理论的预测不符，考察一下可以说明环境管制存在无效率的私人利益集团的可能影响，或许是有益处的。

在实践上，环境管制极易受到寻租的影响，从而可能导致比如说过于宽松

① Faure and Lefevere（1995b：321－326）.

② 第 7 章进一步讨论之。

③ 前面的第 3 章 3.5 节讨论了限额的无效率。

④ Faure and Van den Bergh（1990：241－254）.

的标准，这一事实或许可以成为把管制标准与其它政策工具例如责任准则结合起来的理由，责任准则不易受到私人利益的影响。

4.3 各种工具的组合

4.3.1 责任与管制：排他性

在本章的 4.1 节中，我们强调，根据沙维尔的标准，我们有很强的理由支持以事前管制（或者税收）来控制环境风险。但是，在个案中，对环境仍会有损害，从而，侵权责任再次登场。文献中探讨了管制与责任制度如何相互影响的问题，更加特别地，罗斯－阿克曼（Rose－Ackerman）[①]、福尔（Faure）和鲁格（Ruegg）[②]以及科尔斯塔德（Kolstad）、尤伦（Ulen）和约翰逊（Johnson）[③]阐述了侵权法与管制间的互补性。罗斯－阿克曼还比较了美国和欧洲在环境政策中运用管制和侵权法的经验[④]。

人们常常强调的一点是，虽然有很多论点支持事前环境管制，但这样的事实并不意味着，不应利用责任制度的威慑和赔偿功能。仍然要依赖于责任制度的一个原因是，（环境）管制的效果取决于执行，而执行可能是很弱的。另外，刚刚讨论过的游说集团对管制的影响，在某种程度上可以通过安全管制和责任准则的结合来克服。而且，安全管制如执照中的排放标准很快就会过时，这同样需要与责任准则的结合。所以，由上述可知，尽管有很强的理由支持用安全管制来控制环境风险，责任准则仍将起着重要作用。

由此产生的问题是，管制对责任制度的影响是什么，反过来又如何？

4.3.2 违反管制与责任

在这方面，要回答的第一个问题是，违反管制标准是否应当自动地被认为是侵权法中的过错，从而导致执照持有人的责任。

假设执照中规定的管制标准是有效率的谨慎程度，违反管制标准确实应该导致责任，为执照持有人采取谨慎行为提供激励。但是，沙维尔认为，对于所有的加害人来说，遵守管制标准的成本并不是相同的。对于一些加害人来说，

---

① Rose－Ackerman（1992a，1992b：223－243，1996：13－39）.

② Faure and Ruegg（1994：39－60）.

③ Kolstad，Ulen and Johnson（1990：888－901）.

④ Rose－Ackerman（1995a：312－332，1995b：38）.

遵守标准可能是无效率的，对于这些加害人来说，只有付出更高成本才能遵守管制标准，由于会导致无效率，不应要求他们遵守标准①。问题在于，这是否意味着，如果他们违反了管制标准，这些加害人不应对此负责。

这个问题可以与侵权法中采用的“善良家父”（bonus pater familias）标准进行比较。尽管，在一个最佳世界里，最优的解决方案是详尽地个性化的有效率的谨慎标准，但是，由于个性化标准制定的成本，这常常是不可能的。因此，法律制度把所要求的谨慎程度规定在平均水平上，即所谓的“善良家父”标准。

对于管制，也是这样。如果以较低的成本可以识别出各种群组，那么，只要进一步选择一个群组的收益超过增加的行政成本，为某个群组制定单独的标准就是有效率的。但是，在多数情况下，管制者不可能识别出非典型的群组，比如说，因为他们造成的风险低于正常水平，或许能够以较低的成本避免损失。所以，管制者会采用单一的管制标准②。

因此，尽管人们可以认为，没有达到管制要求不应必然被认为有过失，以避免只造成较低风险的群组采取浪费的预防措施③，多数法律体系一般还是认为违反管制义务是一种过错，荷兰环境责任法就是如此④。

采用安全管制来防止环境损害的原因之一是，与有关各方相比，管制者通常拥有更好的信息对有效率的谨慎标准进行评估，于是，管制把有效率的谨慎标准的信息传达给各方。管制也给法官们提供信息，在责任案件中，法官们需要对加害人的行为进行事后评估，法官们可能缺少必要的信息，以查明在某个特定案件中，是否不应要求加害人遵守管制标准，比如说，因为造成的风险低于通常的水平。因此，特别是在环境案件中，法官们会认为，只要违反了管制标准就是有过失⑤。所以，法定标准可以用来界定过失⑥。

4.3.3 遵守管制与责任

尽管根据荷兰法律（以及许多其他法律体系中的侵权法），违反管制标准自动导致有过失，但反过来并不成立：遵守管制标准并不排除有责任。在环境

① 见 Shavell（1984a：365－366），Faure and Van den Bergh（1987：109－110）。

② 其与“善良家父”标准的比较，见 Posner（1986：151－152），Shavell（1987：74）。

③ Shavell（1984a：365－366）.

④ 见 Van Dam（1990：74－81）。

⑤ 福尔和范・登・伯格还认为，这种制度的一个优点是为受害人提供了证明管制标准被违反的激励，使受害人成为安全管制的执行者。根据过失准则，只要确立了违反管制标准与其损失间的因果关系，受害人就可以提出赔偿要求（见 Faure and Van den Bergh，1987：110－111）。但是，根据荷兰侵权法，作为一般侵权条款的要求之一，还必须满足所谓的相对性要求（在德国称为“防护规范论”）（Schutznormthoerie）。

⑥ Rose－Ackerman（1992a：127）.

法中，这是非常重要的，因为允许污染物排放的条件大多在执照中加以规定，行业常常认为，只要他们遵守执照的条件，就不可能有侵权法中的过失。

但是，比利时和荷兰都坚决拒绝这种观点[①]。其基本的思想是，在发放执照和规定许可条件时，行政当局无法考虑到被许可的活动对所有可能的第三方造成的损害，他们的损害赔偿权不能简单地因为工厂的经营者遵守了执照条件而受到削弱。法律原则和判例法明确规定，遵守许可条件只是最低要求；此外，根据侵权法，工厂所有者必须采取被认为必要的所有可行的预防措施，避免其被许可的活动给各个第三方造成损害。

的确，在荷兰的判例法中，人们一般地认为，遵守执照条件并不免除工厂所有者的潜在责任[②]。只有在规定许可条件时明确地考虑了潜在受害人的利益，才能有例外[③]。在荷兰最高法院的一个著名案例中，十分清楚地表明了这一点，该案审理的是阿尔萨斯（Alsace）地区的法国盐矿公司造成的污染[④]。盐矿公司认为，其排放在其许可规定的限值内，因此并不违法。但是，法院判定，其许可条件并没有考虑其排放对第三方的潜在有害结果，因此不能免除盐矿公司的责任。

这一准则有一条清晰的经济原理。如果遵守了管制标准或许可条件，就可自动免除责任，那么，即使额外的谨慎仍能有益地降低预期的事故成本，潜在的加害人也不会有动机在谨慎方面进行比管制所要求的更多的投资[⑤]。

既然遵守了管制标准，要求加害人负责（如果其他责任条件得到满足）的第一个原因是，标准通常仅仅是最低要求，承担责任的需要将给潜在的加害人提供激励，采取全部有效率的预防措施，即使这比只是遵守许可有更多的要求。第二个原因是，不可避免的管制俘获和公共选择效应在发放许可时起一定作用，对此，承担责任的需要或许是一种良好的补救。如果许可总是免除责任，那么，工厂经营者需要做的全部就是从一个友好的公务员那里获得一个条件宽松的许可，这样，就可消除潜在受害人对任何损害提起的诉讼。最后，对于成文法没有考虑的情形，侵权法还可看作是一种“权宜之计”（stopgap）[⑥]。这就清楚地表明，除了许可外，承担责任的需要是使工厂经营者采取有效率的谨慎

---

① 关于遵守许可是否免除刑事责任问题的比较分析，见 Faure and Oudijk（1993）。

② 见荷兰最高法院，1914 年 1 月 30 日，《荷兰判例法》，1914 年，第 497 页；荷兰最高法院，1972 年 3 月 10 日，《荷兰判例法》，1972 年，第 278 页。

③ Rus – van der Veld（1987 – 4：111），Nieuwenhuis（1991：44 – 47）。

④ 荷兰最高法院，1988 年 9 月 23 日，《司法周报》（*Rechtspraak van den Week*），1988 年，第 150 页；Faure（1991：128 – 129）。

⑤ Shavell（1984a：365），Faure and Van den Bergh（1987：110）。

⑥ Rose – Ackerman（1992a：123）。

行为的一个重要保障[①]。

当然，这样一个具有广泛自由裁量的法律体系可能也有不足。一个问题是，这种对法官们的巨大依赖可能会破坏标准应有的统一性[②]。当然，出现的问题是，为什么一位法官应该更多地信任其自己的政策判断，而不是行政机构的政策判断。或许，再一次，环境法中标准制定的一般原则可以用来避免纯然的专门司法行动和整个体系的无效率。

的确，我们可以再一次指出标准制定的这些一般原则的重要性，这些原则与执照的非证明效力（non－justificative effect）相结合，可以弥补标准制定过程的经典缺陷。一方面，这些原则对行政当局来说可以是约束性的，从而指导标准制定过程，这有助于制衡对执照发放机关的俘获。通过许可条件与 BATNEEC 等一般原则的比较，确实可以检验执照的有效性[③]。

另一方面，如果执照持有人达到了许可条件，但其活动仍然造成了损害，如果违反了侵权法适用的应尽谨慎标准，仍然可以迫使执照持有人赔偿受害人。如上所述，通过审查应尽谨慎程度，法官可以再一次考虑环境标准制定的基本原则，这样，司法标准的制定过程也可合理化，从而避免法院无根据地对行政机关的决定进行事后评判。作为对照，运用标准制定的一般原则可以使执照的司法控制与行政规则一致。

4.3.4　工具选择

关于选择特定的工具来控制具体的外部性问题，有大量的文献，这些文献讨论了在给定的情形中各种工具的比较优势。波林斯基（Polinsky）在卡拉布雷西（Calabresi）－梅拉梅德（Melamed）模型——这个模型讨论的是产权和责任准则的最优运用——的基础上，为产权与责任准则的这一经典比较增加了税收—补贴方法。波林斯基认为，当政府拥有关于外部性问题的完全信息时，只有税收—补贴方法既能有效率地控制外部性，又能保护双方的权益，在交易成本为正的世界里，仍然是这种情形。波林斯基还阐述了更加现实的政府拥有有限信息的情形，在这种情形中，这些方法在一定程度上可以进行排序[④]。他认

① 当然，在严格责任准则下，这将起重要作用，虽然要求做的比管制要求的多，但可使加害人采取有效率的谨慎行为和活动水平，即采取所有的有效率的措施，降低潜在的事故成本。按照过失准则，如果有效率的谨慎标准（假定为等于法律制度所要求的应尽谨慎标准）高于管制标准，这种判例法也是重要的。

② Rose－Ackerman（1992a：124）.

③ 当然，最好是由行政法庭规定 BATNEEC，例如在针对许可的行政上诉中。只有在不能进行这种上诉时，民事责任才应再次登场，以对抗过分宽容的许可条件。

④ Polinsky（1979：1－48）. 关于庇古税与责任准则方法的比较，也可见 Brown and Holahan（1980：165－178）。

为，在广泛的情形中，税收方法没有责任方法好，但是，就权益保护而言，对产权方法有明显的偏好[①]，因而对产权和责任准则等普通法（common law）补救与基于激励的机制如税收和收费等进行了区分。在这个方面，我们应该再次提到前面第 2 章 2.3 节中的讨论，该节已经讨论了若干基于激励的工具（主要是收费和可交易许可）的比较优势。

人们还注意到侵权追回（tort recovery）与排放费或可交易排放权的结合问题。罗斯–阿克曼认为，激励制度需要对侵权法和成文法之间的关系进行根本性的再思考，她认为，基于激励的管制应该在侵权法之前先发制人：如果制定了收费制度来反映社会成本，侵权法就是多余的或者甚至是有害的[②]。这就回到了前面提到的根本论点，即在两种工具有互补收益时，工具的结合使用是很有用的；相反，如果两种工具事实上达到同一目标，运用两种工具只能导致行政成本增加或者过度威慑。

经济学家们显然想努力证明，基于激励的机制要优于传统的命令—控制机制，有非常多的理论文献探讨了基于激励的机制的优势[③]。然而，奥茨和其他作者指出，基于激励的政策并不必然优于命令—控制法，根据他们的看法，当命令—控制法的设计至少考虑到成本节约时，就更加特别地是这种情况[④]。

就管制的实施而言，我们已经指出可以用各种不同的法律工具来支持管制，更加特别地，传统上还要在行政和刑事制裁间作出选择。下面，我们将指出行政制裁的优势，即成本较低；但是，另一方面，我们将同样地说明，一些环境罪可能需要更严厉的制裁，这样的制裁不能通过行政程序来采取。在这种情况下，刑事程序及其所有保证措施都是必要的，这也是因为当制裁更加严厉时，失误成本就会提高[⑤]。

弗雷（Frey）指出了环境道德形式的公民内在动机的重要性。他认为，一些工具可以鼓励这种内在动机，而其他的工具则会削弱它。弗雷认为，仅以命令—控制为基础的环境政策会削弱环境道德，这是因为它们减少了人们的自主决定，而且，复杂而抽象的管制不会提高环境道德。根据弗雷的看法，可交易排放权也是这样。为了能够进行一项不可取的行动——环境污染——而付费，可以与中世纪出售的“特赦”相提并论：由于“污染许可”，由违反戒律而引起的惩罚感消失了。由于排放权使违反管制的成本非常高昂，排放权当然有利

① 关于产权的重要性，见前面的第 1 章和第 2 章。

② Rose–Ackerman（1992a：128）.

③ Ackerman and Stewart（1988：171–199），Tietenbergh（1990：17–33）.

④ Oates，Portney and McGartland（1989：1233–1242）.

⑤ 关于刑法的运用，见第 5 章。

于减少污染，但是，另一方面，他们破坏了保护环境的内在动机。

弗雷认为，提高环境道德的最好途径是，短期靠呼吁和参与，长期靠教育。另外，在管制有一种表达作用时，就能支持环境道德。易于理解的管制，其惩罚恰好符合对自然造成的损害时，就是这种情况。由于市场导向的政策工具如可交易许可并不总是支持环境道德，弗雷建议利用互补的环境政策。但是，在各种事情都应同时进行的意义上，互补政策不应等同于“系统方法”。目标必须是利用各种工具的优点，同时弥补各种方法的不足①。

最后，关于各种工具的选择，我们应该指出，法与经济学文献倡导各种工具的联合使用，诸如产权、责任准则、排放标准和目标标准。再一次，我们应该强调，工具的联合使用并不意味着应当同时使用所有的工具，而是应当以互补的方式利用每一种工具的比较优势②。

4.4　自愿工具

4.4.1　经济工具与自愿工具

尽管我们在本章里指出，在许多情况下，责任准则单独不足以提供污染控制的充分激励，因而需要某种类型的管制，但这种管制不应总是采取强制性排放标准的形式。通常，这些标准给经营者留下的灵活性非常少，因此常常称为“命令—控制”型的工具。所以，经济学家们主要提倡“经济”工具③，经营者必须达到某种环境目标，但在选择达到这一目标的方式时有更多的灵活性，在这方面，税收和可交易许可受到特别的关注。尽管这些工具有优点，在实践中还没有得到广泛采用。另外，正如我们在上一节中讨论的，弗雷指出，它们可能导致“挤出”效应，因此，这些经济工具通常和其他工具组合使用。但是，这些经济工具如税收几乎不能认为是管制的替代选择，因为不交税将导致（刑事或行政）制裁。

然而，“放松管制”运动也影响了环境法，这有多种形式。首先，我们可以注意到的是，人们对企业内部环境管理制度的关注日益增多，迫使经营者实施这些生态管理体系。一个值得简要讨论的例子是欧洲的 EMAS – 管制（4.4.2），

---

① Frey（1997：56 – 79，1999：395 – 417）.

② Hansson and Skogh（1987：132 – 144），Skogh（1982：67 – 80，1989b：87 – 101），Gravelle（1987：115 – 131），Gunningham and Grabosky（1998）.

③ 第 2 章 2.3 节已简要地讨论了其中的一些工具。

另一个值得讨论的趋势是所谓公约或环境协议的使用日益增多，我们将从法与经济学的角度来讨论这些协议的用途，并以佛兰德斯的管制为例（4.4.3）。

4.4.2 EMAS－管制[①]

1993年6月，欧盟委员会颁布了《生态管理和审计体系－管制》（第1836/93号）[②]，工业部门的企业可以自愿加入生态管理与审计体系（EMAS），这样的环境计划可以使违法频率以及因而公司和管理层最终面对的起诉最小化。企业界对其活动的环境影响有其自身的责任，因而在控制环境损害中应当起积极作用。在第1条中，该管制提出其目标是，作为工业活动环境绩效的评估与改善体系，为公众提供相关信息。如果公司想要加入这个体系，他们必须履行某些义务。在这方面，EMAS有五项基本义务。

（1）加入EMAS的行动开始于对相关业务地点的详尽审计或环境分析，既要考察环境影响，也要考察企业组织在环境方面的弱点和优点，当然，还要检查对环境法的遵守情况。

（2）而后，候选企业需要拟定他们打算遵守的环境政策，包括目标和原则，旨在持续地提高环境成绩。

（3）环境政策要关联一个环境计划，包含为执行环境政策需要采取的措施。

（4）前面的这些活动最终建立起环境管理体系或环境控制体系，包括组织结构、责任划分、方法、步骤、任务分配和培训设施，最终促进环境政策的执行。

（5）公司还需要发表环境声明，定期向公众提供客观的相关信息。

EMAS－管制实施的一个重要内容是定期执行环境审计。环境审计是一种定期控制工具，用以检查环境管理体系是否正确地运行。该管制把环境审计定义为一个管理工具，对企业组织和环境管理体系的表现进行系统的、有记载的、定期的和客观的评价，用来达到保护环境的下列两个目标。

（1）加强对环境有影响的做法的管理控制；

（2）评估企业对环境政策的遵守（第2条）。

内部环境审计现场可由属于公司的审计员或者代表公司的外部人员来执行，如果审计由内部人员来进行，条件是该审计员没有直接参与要调查的活动（第4条）。两次环境审计的间隔最长不能超过三年，审计必须达到本管制的附件I、附件II和附件III中提出的要求。

---

① Deketelaere K（1996a：171－175），Jans（2000：338－340）。

② 欧盟委员会1993年6月29日《EEC管制》（第1836/93号），于2001年4月26日失效，代之以欧洲议会和欧盟理事会2001年3月19日《EC管制》（第761/2001号）。后者于2010年1月10日失效，代之以欧洲议会和欧盟理事会2009年11月25日《EC管制》（第1221/2009号）。——译者注

对于体系中的每一现场，在初始环境评价和随后每次审计或审计周期结束时都要准备一份环境报告（第 5 条）。环境政策、计划、管理体系、初始和定期审计、环境报告都要由独立的经过认证的环境核查员进行审核，环境核查员必须独立于现场的审计员。如果审核通过，公司获得一个注册号，在支付注册费后，被登记在注册记录中（第 8 条）。

参加本体系的公司可以在其宣传场所摆放一份生态管理与审计体系参与报告，并在其公共关系中使用。这是一个图解，其文本与环境参与的情景相联系。为了避免具有生态管理与审计体系的公司推销本身对环境并不友好的产品，这个图解不能用来推销产品，或者用在产品本身或其包装上。

EMAS－管制的依据是《欧洲经济共同体条约》(《EEC 条约》）的第 174 条（过去的第 130 条），给成员提供采取进一步保护措施的空间，条件是它们符合《EEC 条约》。

在讨论环境管制时，这个 EMAS 是很重要的，因为它强调企业自身的责任。生态管理与审计体系当然有助于环境风险的内部化和更好的预防，而且，如我们下面要说明的，保险人可以利用 EMAS 的要求来控制企业的（最低）生态可靠性[①]。

4.4.3 环境合同：佛兰德斯的法与经济学视角

4.4.3.1 为什么需要合同

虽然许多作者相信，环境合同的应用有增多的空间，但在美国不是很流行[②]。的确，环境合同上升的应用频率是美国和欧洲的一个重要差别，尤其是比利时和荷兰，环境合同已经比较流行了[③]。

（1）优势

从环境政策的角度看，显然，不可避免地需要阐述的第一个问题是：究竟为什么管制者应当选择使用环境合同？一名天真的律师（或者，可以说一名聪明的律师）会认为，如果政府相信在环境政策中某个主体需要管制，那么，这恰好就是政府应该做的：承担责任并管制，使用文献中阐述的全套命令—控制或经济工具[④]。

在一些情形中，为什么与受管制的行业进行谈判，并产生管制－协商（reg－negs）会更好呢？传统上，文献中提出了许多支持环境合同的论点，包括：环境合同是以共识为基础的；强调污染预防，而非污染治理；根据科学知识的变化，允许有管制上的灵活性；提供富有成效的协作决策的机会。

① 见下面第 6 章 6.2 节。

② 关于一个类似的结论，见 Davidson（1996：217－230）。

③ 关于环境协议在欧洲的应用概览及研究概述，见 ELNI（1998：163－170），Baily（1999：170）。

④ 关于可用的污染控制工具的综述，见 Gunningham and Grabosky（1998）。

我们也可以根据法经济分析来探讨环境合同，一方面，法与经济学的学者应当很热心地听这个主意，例如，通过政府和行业间的自愿协议，可以确定最优的减排技术或标准，这可以使人们想到这样做会产生最优的资源配置，正如罗纳德·科斯所预见的[①]。

但是，科斯的理论[②]显然主要是应用于受害者和污染者间的谈判，在科斯式谈判框架中，政府几乎不能看作受害者的代表。也许有人会反驳，如果在环境政策中认为政府干预是必要的，例如由于过高的交易成本，那么，从经济的观点来看，主要考虑基于市场的工具，如排放权交易制度，而不是直接管制，甚至采用“环境合同”的形式，则是更加明智的。

但经济学家可能会回答说，如果政府制定环境标准，在政府与行业进行谈判时，其结果会更有效率。至少在理论上，这种谈判过程的优点是：对减排技术不了解的一方可以降低信息不灵的风险[③]，所产生的管制就会较好地适合行业的具体情况，因而可以“酷似”一个市场解，因此，可以证明，与简单地强加于受管制群体的命令—控制管制相比，这种协商管制方法更好，命令—控制管制总是有政府不进行适当的成本—收益分析就强加管制标准的风险[④]。

（2）危险

尽管乍一看，允许市场参与者自由谈判的管制思想是很诱人的，但其主要的危险是显而易见的，它会产生其内容仅仅由行业来决定的管制，这样，环境合同就只不过是行业为宽松的环境标准进行游说的另一种技术[⑤]。的确，在提供所涉的环境风险和降低风险的可能性的充分信息方面，在与政府机构谈判时，行业可能采取策略性行动，在环境合同谈判中，行业披露这些信息的动机是有限的，尤其是在这些信息可被用来对行业造成额外成本的情况下。

自然地，在关于环境协议的文献里，已经认识到这种管制俘获风险，在讨论环境合同时，我们不可避免地要阐述怎样才能避免这些所谓公共选择效应的风险问题。如果忽视了这个危险，就会面临这样的风险：环境合同只会导致制度化的俘获梦魇，而不是基于市场的自愿遵守的神奇童话。由此产生的问题是，是否有可能构建一个框架，使环境政策既有经谈判达成合同的优点，又没有行

---

① Coase（1960：1－44）.

② 关于科斯定理的讨论，见第 1 章 1.2 节。

③ 用古宁汉姆（Gunningham）和格拉波斯基（Grabosky）的话“自愿主义具有很大的优点：非干预主义的、较高的行业接受度和最小的公平问题”，见 Gunningham and Grabosky（1998：58－59）。

④ 一般的，关于成本－收益分析对管制评价的重要性，见 Ogus（1998：53－68）和本书第 2 章。特别的，关于管制风险，见 Ogus（1997：139－153）。

⑤ 一般的，见 Maloney and McCormick（1982：99－123）、Adler（1996：26－34）以及本章 4.2 节关于私人利益的讨论。

政俘获的缺点。

4.4.3.2 一个法律框架

采用立法的方法识别出政府可以使用环境合同的各种情况，是既获得环境合同的无可置疑地具有的好处，又限制其内在风险的一个可行的办法。这种立法指明管制者可以免除特定管制要求的条件，为所有市场参与者清晰地确立环境合同的限制和潜在收益[①]。

在考虑这种立法时，美国可以借鉴欧洲的经验，如比利时佛兰德斯大区《环境政策法令草案》规定了关于环境公约使用的严格标准，该《法令草案》是由比利时佛兰德斯大区环境法改革大学间委员会（ICHMVG）准备的。1989 年，佛兰德斯大区的前环境政策大臣成立了一个学术委员会[②]，由胡伯特·博肯（Hubert Bocken）任主任，要求这个委员会起草一部环境法与政策综合法。该委员会于 1991 年 12 月提交了第一份报告[③]，1995 年提交了最终草案[④]。

这个《法令草案》的许多部分，包括关于环境协议的第 4 章，已在佛兰德斯的立法中实施了[⑤]。事实上，甚至在该委员会提交其最终草案之前，佛兰德斯当局已在 1994 年《环境合同法令》中实施了该委员会的建议[⑥]。在本章的剩余部分，我们将主要讨论该《法令草案》的文本，并说明从哪里可以找到这些条款的较好的英语译文。

佛兰德斯《法令草案》有若干有趣的条款，如 4.7.2 条规定，环境公约不能取代现有立法或管制，也不能偏离其总则[⑦]。为了明确政府和签约各方的游戏规则，这种立法框架看来是有用的和必要的[⑧]。

该《法令草案》还有其他几个值得提一下的条款。一个关键问题是弄清楚谁有权力代表行业进行环境合同谈判，另一个问题是要说明，合同是否对整个行业都有约束力。合同和管制的一个区别是，原则上，合同只约束订约各方，而管制可对适用的所有各方来执行。显然，这就提出了行业组织在达成管制合

① 见 Gilhuis（1989：22－28）。

② 佛兰德斯政府 1989 年 7 月 5 日关于成立佛兰德斯大区环境法改革大学间委员会的决定，见 Vlaamse Executieven（1989）。

③ Bocken and Verbeek（1991）.

④ ICHMVG（1995），英文版见 Bocken and Ryckbost（1996：2－158），其梗概见 Bocken、Lambrecht、Boes、De Nauw、Faure and Lavryen（1996：11－40）。

⑤ 其概览，见 Deketelaere K（1996b）。

⑥ 1994 年 6 月 15 日《环境合同法令》，见《比利时观察》（*Moniteur Belge*），1994 年 7 月 8 日。

⑦ 1994 年 6 月 15 日《环境合同法令》第 3 条。

⑧ 关于佛兰德斯《法令草案》中环境协议框架的讨论，见 Bocken、Lambrecht、Boes、De Nauw、Faure and Lavryen（1996：11－40），Deketelaere and Faure（1999）。

同方面的代表权问题。在佛兰德斯大区，佛兰德斯政府可以与代表面临共同环境问题的一个或多个企业伞形组织达成环境公约[①]。原则上，协议只约束该组织的成员，但这种方法有非成员“搭便车”的风险[②]。为了排除搭便车而以命令—控制管制对环境公约加以补充，看来几乎不会有效果，在这种情形下，使用环境公约的许多优点就会消失。

为了弥补这些问题，佛兰德斯环境公约管制规定，授权该地区将环境公约全部或部分转换为管制，甚至在环境公约适用期间。这样，事实上环境公约被转变为管制，这个过程确认了环境公约与管制间的区别可能不像人们起初认为得那样大。

不管怎样，为防止环境公约制造人为的进入壁垒，确保行业或分支组织的代表性质当然是十分重要的[③]。如果与政府谈判达成了某种标准，而只有行业中的特定分支组织能够遵守这些标准，从而使这一团体能把他们的竞争对手逐出市场，人为制造进入壁垒的情况可能就会出现。

4.4.3.3 约束力

在任何合同中，约束力问题都是很重要的，对具有代表性的分支组织和与行业谈判的政府都起作用。看来，“管制—协商”在美国不是很流行，一个原因或许是谈判达成的这类协议还没有产生可对政府执行的合同。如果政府机构可以自由地退出协议，由此产生的问题是，行业不会有动机与政府达成协议，只约束一方的合同几乎不能认为是合同。

欧洲的经验确实表明，只有谈判结果在某种程度上对政府也有约束力，这类环境协议才能成功。再一次，回到佛兰德斯的例子，《法令草案》的 4.7.4 条明确规定，环境公约对各方都有法律约束力[④]。此外，4.7.3 条规定，在环境公约适用期间，佛兰德斯大区不能发布任何管制，制定比公约更为严厉的要求。还有，4.7.4 条规定，环境公约对缔约各方和行业组织的全部成员都有约束力。因此，佛兰德斯的环境公约在原则上是对某个时期有约束力，但可以终止，提前六个月通知或各方一致同意，公约才可终止[⑤]。

4.4.3.4 执行

环境合同的一个主要问题是如何执行。在环境法中，欧洲的公诉人通常不

---

① 《法令草案》第 4.7.1 条；1994 年 6 月 15 日《环境合同法令》第 2 条。

② 关于这个搭便车风险，见 Gunningham and Grabosky（1998：433）。

③ 关于利用标准设立进入壁垒，见 Hahn（1990b：21－47），Ogus（1994a：55－75）。

④ 1994 年 6 月 15 日《环境合同法令》第 5 条。

⑤ 《法令草案》第 4.7.8 和 4.7.10 条；1994 年 6 月 15 日《环境合同法令》第 9 和 11 条。

喜欢这类自我控制机制，因为他们担心他们不能方便地对遵守进行监督[①]。在佛兰德斯大区，这个问题在一定程度上得到了解决，因为环境协议不能偏离现有的法规。环境公约本身对缔约的组织成员也有约束力，但《法令草案》没有规定如何对遵守进行监督。

但是，《法令草案》法的确规定：如果违反了环境公约的条款，受其约束的任何一方都可以向违反者提出具体的履约表现或损害赔偿要求[②]。因此，《法令草案》显然提供了合同性质的补救。再一次，为了排除搭便车者，代表性分支组织的成员都遵守合同，对合同各方都是最有利的。

显然，公法补救措施如罚金不适用违反合同的情况，这种补救只在政府把公约转换成管制时才能使用，这样，环境公约才能用公法来执行。再一次，这个过程表明，事实上，环境公约和管制之间只有一条细线。政府必须注意，如果行业有为自己确定管制内容的优越地位，环境公约就不能简单地转变为法规。

4.4.3.5　透明性

讲一下环境公约起草程序的透明性，也是十分重要的。在这方面，重要的是向有关各方公开关于环境协议的任何拟议的讨论，包括为社会和公益团体提供这些讨论。为了避免管制俘获的风险，切实保证第三方的知情权和参与权是非常重要的。《法令草案》规定要公布任何环境公约的草案，并进行法定的公众听证[③]。同时，如果标准制定和执照发放程序中相同的公众参与保证也扩展到环境合同，那么，快速决策和灵活性的许多优势很快就会丧失。这说明，如果想给环境公约赋予与管制相同的性质，如对第三方的约束力和公众参与权，那么，环境公约与管制的区别就更小了。

4.4.3.6　跨境合同

或许有一个领域，即越境污染领域，环境协议可能会有很大空间。许多这样的公约或条约确实存在，有些法与经济学的学者如科恩[④]，注意到了科斯定理在莱茵河上的更加直接的应用。但是，尽管当然可以说这些达成的公约中有一些听起来像神话[⑤]，同样可以说，如果没有在欧盟环境法框架内发布的欧盟指令等制度安排的支持，它们或许永远都不会产生。如果没有欧盟环境法的管制威胁，达成公约的激励就不会这样大，甚至对非成员如瑞士，这也是一个因

---

① 例如，De Lange（1998：866）。

② 《法令草案》第 4.7.9 条；1994 年 6 月 15 日《环境合同法令》第 10 条。

③ 《法令草案》第 4.7.5 条；1994 年 6 月 15 日《环境合同法令》第 6 条。

④ Cohen（1996：167－171），Van den Bergh（1999）.

⑤ 关于莱茵河的案例，见 Van Dunné（1991）。

素。尽管欧盟法律不能针对瑞士进行正式的执行，但瑞士对欧共体全部法律（*acquis communautaire*）的遵守看来是非常重要的。

另外一个有趣的例子是 1996 年关于马斯河上游的河流合同，但仅限于比利时的领土。一些怀疑论者对这种非约束性工具的效果提出质疑，说这种工具仍然与现有的命令—控制工具紧密联系在一起，如果考虑到所花费的时间和金钱，其环境效果并不好[①]。

4.4.3.7 经验研究的必要性

最后，我们讲一下这个领域中经验研究的重要性。首批结果看来充满希望：荷兰的几位学者比较了环境公约的效率和基于市场的工具所取得的结果，他们对环境公约较为热衷[②]。他们的结论之一是，在公约的适用期内，如果政府保证不会以更严厉的措施进行干预，如开征新税，那么，遵守公约条款的可能性就更高一些，所以，如果这样做能得到一些收益，行业就会遵守公约。尽管如此，学者们得出结论说，在这种比较中，基于市场的工具如可交易污染权，可能比环境合同更有效率。此外，莱茵河公约看来是环境协议成功故事的一个实例。

环境法国际网络（ELNI）在许多欧洲国家开展了一项环境协议应用的研究，根据经验研究，该研究提出，利用环境协议弥补现有环境政策工具的不足。根据这一研究，与其他政策工具相结合，环境合同的效果最好[③]。所以，环境法国际网络建议进一步研究各种工具组合的效果[④]。根据将来开展的这种经验研究，人们或许最终能够判断环境公约的有用性。

此外，还有一些基本的法律问题有待分析。在欧盟范围内，人们一定会提出这样的疑问：成员对环境合同的使用日益增多，是否符合应当以清晰和可执行的立法来实施欧盟指令的要求。但是，在欧盟范围内环境公约的使用不断增加也是显而易见的趋势[⑤]，环境合同的未来在很大程度上取决于这些经验。

---

① 见 Misonne（1998：25－26）。

② 见 Wit et al（1999）。

③ 同样的结论，见 Gunningham and Grabosky（1998：432－433）。

④ ELNI（1998：163－170）.

⑤ ELNI（1998：163－170），其中有对欧盟委员会 1996 年 11 月 27 日发给欧盟理事会和欧洲议会的《关于环境协议的通讯》（COM/96/0561 最终版本）的讨论。

第 5 章

环 境 罪

迄今为止，我们讨论的许多环境管制都是通过刑法来执行的。我们在前面说过，环境法的构建方式通常是对行业提出具体的行政要求，污染排放的允许数量和质量需要事先用执照来批准，因而行政机关决定允许的污染程度。环境法规通常规定，违反这些行政义务之一就构成环境罪，因此，没有许可而运行某种装置或者违反排放标准都是犯罪。所以，人们可以注意到，在环境罪中，刑法和行政法是紧密交织在一起的[①]。

在本章里，我们将讨论的问题是，到底为什么要用刑法来控制环境污染。此外，我们还要讨论如何运用刑法来遏制环境污染，以及采取何种制裁是最优的。

5.1 为什么需要运用刑法

根据经济学文献，在可能发生较高的损害，而捉到罪犯的机会较低的情况下，应当运用刑法[②]。犯罪与惩罚的经济理论以威慑论为基础：以严厉的惩罚如监禁或高额罚款对潜在污染者进行威慑，将遏制其有意的污染。显然，有这样的问题，为什么这可以说明运用刑法是合理的。理由是，运用其他法律工具如侵权法，不能取得类似的威慑效果。如前所述，责任准则确实也有一种威慑效果，但是，问题是，在责任准则下，潜在污染者所冒的唯一风险是需要支付数额等于其所造成的损害的赔偿。对于环境污染，因违反管制标准而被抓住的几率常常远低于 100%，因此，只有在潜在污染者可能受到的制裁远高于其可能造成的损害时，威慑才会起作用。

① 关于这一点的广泛论述，见 Heine（1991：376）。

② 见 Posner（1985：1193－1209）。

如果权威当局抓住罪犯并迫其赔偿的几率是 p，那么，为了达到威慑的目的，确定制裁（S）必须为多大的公式是 S=L/p，其中 L 等于罪犯对受害人造成的损害[①]。假设罪犯是风险中性的，如果 p=1，L 和 S 是相等的。但是，如果 L=10 000 美元，而 p=0.1，这就意味着十次中有九次罪犯可以逃脱法律的控制，在这种情况下，对风险中性的罪犯进行威慑的最优制裁 S 是 100 000 美元，潜在罪犯的预期犯罪成本（p×S）等于其行动造成的损害（L）。

在许多环境污染案件里，污染者被抓住的概率不一定是 10%，事实上会更低，这意味着，遏制潜在污染者的有效率的制裁应该相应地更高。一般地说，运用侵权法达不到这种效果，因为侵权法在原则上只强制加害人给受害人赔偿其所造成的损害，不会更多。只有运用刑法才能强加远高于造成的实际损害的制裁，来应对发现率低的问题。总之，发现率低于 1 的事实是支持运用刑法来遏制环境污染的有力论点[②]。

人们提出的支持运用刑法保护环境的其他（非经济的）论点之一是，刑法提供的严厉制裁也用来保护传统的权益，如财产、健康和荣誉。20 世纪颁布的大部分刑法典中，刑法所保护的就是这些价值。环境法律学说中提出了这样的论点，由于许多工业化国家环境状况不断恶化，目前，清洁的环境和刚才提到的之前由刑法保护的其他价值至少是一样重要的。所以，如果刑法被用来保护这些传统的个体价值，那么，也应该用来保护集体价值，如环境权益，其理由是，如果清洁环境的基本要求没有达到的话，这些个体价值（如健康和财产）大都难以享有。

5.2 如何威慑

从 20 世纪 60 年代加里 •贝克尔（Gary Becker）[③]和乔治 •斯蒂格勒（George Stigler）[④]的著作首次出版以来，产生了丰富的犯罪与惩罚经济学文献。从那时起，关于犯罪和惩罚的犯罪学文献中也采纳了经济思想[⑤]。经济理论的基本观点是较为简单的，假定理性的潜在罪犯追求利益最大化，即假定罪犯权衡成本和收益，决定是否进行犯罪，除非犯罪的预期收益超过预期成本，否则就不会

① 见 Posner（1985：1203）。

② 斯库格（Skogh）也提出了这一点，例如 Skogh and Stuart（1982：171－179），Skogh（1973：305－311）。

③ 见 Becker（1962：1－13，1968：169－217）。

④ Stigler（1970：526－536）.

⑤ 有趣的综合，见 Otto（1982）。

进行非法活动。考虑到这一点，刑法的作用就可以相对简单地表述为：提高犯罪的预期成本，对潜在的罪犯进行威慑[①]。

在计算预期成本时，需要考虑两个重要因素：一个是权威当局抓捕和判决罪犯的能力（p），另一个是预期的最大惩罚（S），这两个因素的乘积就构成了某种犯罪对罪犯的预期成本。假定这些成本是 C，$C=p \times S$，所以，调整刑事政策，以提高抓获概率（p）或者加重制裁（S），二者都可以提高总成本（C），使之超过罪犯的预期收益。

刑事司法体系的成本也受到许多关注，包括发现犯罪的成本和制裁的成本，在对提高抓获率或最大惩罚进行权衡时，这些成本是很重要的。举例来说，假定 $S=100\ 000$，$p=0.01$，那么，罪犯的预期犯罪成本（C）就是 1 000，把抓获率或预期最大惩罚提高到原来的两倍，罪犯的预期成本都会加倍（$2C=2\ 000$）。但是，取得这种结果的两种方法并不是同等地容易达到的，与提高并随后保持罪犯抓获率相比，加重预期的最大惩罚或许需要政府付出较少的努力，因此，文献中提出，加重惩罚比提高罪犯抓获率对社会造成的成本要少[②]，进而认为，较高的预期制裁会导致较高的威慑，而较低的抓获率的优点是，控制犯罪需要投入的成本较低。

尽管人们可以对这一重要论点提出批评，但是，重要的是要注意到，从经济观点来看，在决定用刑法遏制环境污染方面投资多少时，应当考虑控制犯罪的成本。给定发现率与最优制裁的关系，在其他条件相同的情况下，发现率的降低要由更重的预期制裁来补充，以保持潜在罪犯的预期成本不变[③]。

注意，根据贝克尔的这个模型，提高犯罪的预期成本可以影响潜在污染者的行为，这并不总是一定意味着，预期制裁应该至少反映环境损害（除以发现率）。刑法不必针对环境损害，而是针对违犯环境法，换句话说，是针对风险。如下面所要说明的，法规要求或禁止某种行为，而刑法对违法进行制裁，不管是否造成了实际损害的问题。有时候这种行为可能会危及环境，但在其他情形中只是违反行政法，没有造成实际的损害。所以，预期制裁应该反映罪犯的预期成本和收益，而不必反映造成的损害。

对刑事制裁影响环境污染的（犯罪学的）经验研究通常表明，威慑效果可能较低。这主要不是因为罪犯不像理性的效用最大化者那样行动，因此不会被吓住。在大多数情况下，环境污染是公司行为的结果，在其选择是否进行犯罪

---

① 关于犯罪与惩罚经济理论的优秀总结，见 Bowles（1982：54－105）。

② 例如，Posner（1986：223－231），Polinsky and Shavell（1991：618），Adams and Shavell（1990：337）。

③ Polinsky and Shavell（1979：880－891）.

上，“白领”罪犯当然可以认为是理性的，因此符合贝克尔的模型。在环境法律学说中，对潜在的污染者来说，预期的制裁通常只被看成是一种经营成本，只要这种预期成本足够高，当然就不应有问题，因为这会使污染者有动机遵守环境法。

但是，在许多情况下，潜在污染者对犯罪的预期成本和从实施犯罪中可以获得的收益进行权衡，污染者可能会发现潜在收益更高一些。在一些情形中，进行环境污染可赚得许多钱，例如可以推迟清洁设备的投资。假定遵守执照条件所需要的水处理设备的投资需要花费数百万美元，如果刑法是强制潜在污染者进行这项投资的唯一可用的法律工具，那么，只有最终会受到的罚款乘以被发现并判决的概率大于不进行水处理设备投资而节省的钱，他才会进行这项投资（从而避免犯罪）。在有些情况下，不进行这样的投资，公司的收益可能反而会高一些，这是因为环境污染的发现率较低，以及事实上在西欧国家立法中规定的最大惩罚几乎从未被法官们采用过。发现率较低，加上较轻的制裁，导致人们对用刑法遏制环境污染的效果产生悲观的看法。

5.3 最优制裁

关于最优制裁，事实上，在讨论贝克尔的考虑了发现与惩罚犯罪的成本的社会损失函数时，我们已经得到了一个结论：由于提高发现率会增加执法成本，需要对最优威慑和执行成本进行权衡。一般来说，这可导出两个结论[①]：

（1）在罚金和监禁制裁能同样达到最优威慑时，最好是选择罚金，因为与监禁制裁相比，处以罚金的成本较低。

（2）最好选择较重的惩罚，而不是较高的发现率，因为这可以降低执法成本。

但是，如果罪犯是风险厌恶者，严厉的惩罚也可导致因风险回避而产生的福利损失[②]。继贝克尔之后，许多经济学家都表明了自己是监禁制裁的反对者，就是因为执行监禁制裁的成本要远高于相对容易执行的罚金。波斯纳也认为，特别是在经济犯罪情形中，与费用高昂的监禁制裁相比，较高的罚金可以产生更好的威慑[③]。

---

① 见 Faure and Heine（1991：39－58）。

② 斯库格（Skogh）提出了这一点，见 Skogh（1982：67－80）。

③ Posner（1980：400－418）。

但是，这遭到了科菲（Coffee）[①]和沙维尔[②]的批评。沙维尔有力地指出，只有在潜在污染者有钱支付这些罚金的情况下，贝克尔、波斯纳认为罚金是有效果的威慑的观点才能成立。在有破产风险的情况下，罚金不可避免地不能有足够的威慑效应。在这方面，我们应该回想起环境污染的发现率通常很低的论点，这意味着，遏制污染的最优制裁变得相对较重，在环境污染情形中，最优制裁超过罪犯的个人财富的可能性相对较高。的确，由于威慑所要求的最优货币制裁时常超过罪犯的资产，非货币的制裁如监禁就是必要的。因此，只有在破产风险可被控制时，罚金的主要优点（较低的行政成本）才会支持采用这种制裁。

回想一下，环境污染的发现率常常低于 100%的事实正是采用刑法的原因之一。这种破产问题说明了为什么通过侵权费来提高应付的赔偿额，或者例如采用惩罚性损害（punitive damages）（这在美国侵权法中有采用）不会取消运用刑事制裁的必要性。的确，采用货币制裁就会存在破产问题，使加害人可以不受判决的影响（judgment proof）从而判决也就成为一纸空文。因此，要取得威慑效果，常常需要运用非货币制裁。

尽管最常见的非货币制裁或许是监禁，应该注意到，在现代环境法中，也给法官们提供了对判刑的污染者采取直接措施的可能性，如恢复所造成损害的义务。例如，清理被污染的土壤，在一些情况下，这些直接措施甚至可以严厉到关闭一家公司，一些立法也给法官们提供了命令其判决在大众媒体上公布的可能性。尽管在不同的欧洲法律体系中这些特殊制裁的应用仍有所不同，人们当然能够注意到这些特殊措施的运用日益增加。例如，如果一个污染者因为非法排放废弃物而受到起诉，他常常会被判决清理其排放的废弃物，在一些法律体系中，甚至有可能以更严厉的罚款来执行这些特定义务，如果在判决规定的时限里没有履行这些义务，就应缴纳这些罚款。

可以理解，这些特定义务会有很高的威慑效应，土壤清理的成本可能会很高，在全国性报纸上公布判决带来的谴责效应对一个公司的声誉可能是灾难性的。在许多情况下，人们可以注意到，因环境犯罪而受到指控的公司董事会成员会认为对重大刑事案件的公开张扬是整个程序中最严重的后果，特别是对于具有清洁环境形象的跨国公司来说，提起一起刑事诉讼，招致大众媒体的大量关注，会导致重大的声誉损失，因而也有很严厉的威慑效应。所以，可以说，尽管实践中运用的制裁本身可能并不总是那样有威慑作用，刑事控告

① Coffee（1980：419－476）.

② Shavell（1985b：1232－1262）.

和判决当然有预防作用，对于需要在社会上维护声誉的知名公司来说当然更是如此。

5.4 行政法还是刑法

在制定引导人们遵守行政管制的最佳执行制度中，前面讨论的问题具有重要影响，原则上，货币制裁在性质上可以是刑事的，也可以是行政的，但是，行政机关不能采取非货币制裁如监禁。根据 1950 年 11 月 4 日签署，1953 年 9 月 3 日生效的《欧洲人权和基本自由保护公约》，只有遵循法定程序的公正法官才能采用非货币制裁如监禁，因而，监禁只能用作刑事制裁，不能作为行政制裁。所以，说明环境污染不能仅靠货币制裁来遏制的上述论点再一次意味着，支持环境法的执行制度不能仅靠行政制裁，需要用刑法来执行环境管制[①]。

文献中还提出了另一个支持刑法执行的观点，即行政当局通常遵循一种遵守战略，试图通过合作战略实现罪犯的自愿遵守。尽管行政当局的这些遵守战略有时非常有效果，但它们也有明显的缺点，一个问题是没有给潜在污染者提供足够的事前激励，使之一开始就遵守法律要求。如果一个污染者被查到后的全部风险就是需要进行其曾被强制进行的投资，威慑当然就会失败。另外，如果行政机关一直在和罪犯为遵守法律而合作，而罪犯最终没有遵守，就常常会产生问题，在这些情况下，行政当局经常发现自己“束手无策”，作为执行者，不能以有效的威慑方式对其最初与之合作的企业采取行动。

在这方面，人们可以注意到，一些西欧国家如比利时和荷兰与美国的公诉人在方法上有显著的不同。在欧洲，公诉人似乎主要关注犯罪行动的结果，也就是应该进行投资，应该停止环境污染，而主要不是关注威慑；另一方面，在美国，公诉人尤其是专业的环境保护局的公诉人，似乎是通过严厉的刑事制裁，使其行动更主要地针对威慑。美国法官的自由裁量权也受到联邦审判准则的限制，该准则规定了特定犯罪的最低制裁，法官必须遵守。

若干刑法学者辩解说，刑法是最后补救（ultimum remedium），作为最后的手段，不应运用得太快。在有其他法律工具如行政或民事制裁能够遏制环境污染的情况下，这种最后补救论就特别有意义。可以这样理解最后补救学说，即只有在其他法律工具不起作用时，才应运用刑法。确实可以认为，尽管赞成刑事制裁的理论观点是令人信服的，但善意的公司对执照条件的某些轻微违反可

---

① Faure，Koopmans and Oudijk（1996：529－569）.

以用行政罚款或民法执行来处理。

然而，即便是只采用行政制裁，也应该记住，如果行政当局知道他们有公诉人的支持，如果公司不愿遵守行政当局提出的建议，公诉人就会提起刑事诉讼，那么，在与一家公司谈判时，关于遵守执照条件需要采取的措施，行政当局就有更多的份量。所以，在支持环境行政法执行方面，刑法执行也是十分有用的。

5.5　公司还是个体行为人

在环境污染案件中，常常不是个体行为人犯罪，而是代表公司行动的个人，许多严重的环境污染案件都是公司犯罪。在公司环境罪案件中，存在应该由公司、雇员还是二者负刑事责任的问题。显然，对于公司犯环境罪，法律有三种方式追究刑事责任，刑法可以只要求公司或参与违法的员工承担责任，或者要求公司和雇员都承担责任。

从经济角度看，只要制裁可自由转移以及各方完全知情，认定责任方就不是很重要。在制裁可转移的情况下，要么是公司向负有责任的雇员收取其支付的罚金，要么是雇员要求公司报销其所付的罚金。在这种推理中，选择对公司还是对个人进行罚款是不重要的，因为员工和公司的契约关系决定着这些问题，这显然是我们前面讨论的科斯定理的应用。

然而，文献中提出了公司和个人都要承担责任的观点。一种观点是，在契约关系中，即便是货币制裁，也不总是能在雇主（公司）和雇员间自由地转移，因为有时候法律禁止这种做法。例如，美国法典注解（USCA）第 28 部第 2679d 节规定，特别禁止对员工的侵权追回（tort recovery）；在德国，代他人支付罚金构成刑事犯罪①。

另一种观点提出了为什么还要制裁公司的问题。这与侵权法中一个重要原则有关，即雇主责任（respondeat superior），意味着雇主要对其雇员在履职中所犯的侵权行为承担严格责任②，但是，雇主只为其雇员过失造成的损害承担严格责任。在经济文献中，这种雇主责任研究关注的是破产问题。例如，由于雇员不能赔付其所造成的损害，单独追究其责任是无效的。让雇主承担其雇员过

---

① 见《德国刑法典》（Strafgesetzbuch）§258（II）。关于其讨论，见 Jescheck and Weigend（1996），Faure and Heine（1991：43－44）。

② Black（1990：1311）.

失行为造成损害的严格责任，就会给公司提供充分激励，使之有效控制其员工。雇主可以威胁解聘或者拒绝任何升职，来诱导其谨慎行为①。因此，在公司环境犯罪的情形中，从经济观点来看，由于雇员的资金有限，公司刑事责任可能是一种有效率的工具，促使公司发布审慎指南，对其雇员进行有效的控制。由于公司有更多资产会受到影响，对公司进行货币制裁可能会比对个人更加有效。

但是，我们已说明，还是需要运用非货币制裁。的确，与其雇员一样，公司实体也可能同样不能赔付其污染造成的损害，货币制裁可能会超过公司的资产，因此不是有效的威慑。因为对环境的损害是广泛地分布的，从而难以追踪，污染公司可能会逃脱责任诉讼。由于非货币制裁对公司难以适用（对于监禁，这是很明显的），就必须对雇员个人适用非货币制裁。

波林斯基和沙维尔提出了一个有力的经济论点，支持对雇员个人的刑事责任。他们提出的理由之一是，企业的监督常常是不完善的；另一个问题是，如果雇员面对的仅仅是罚款，可能不会引导他们采取社会最优的谨慎程度。所以，他们认为，除了对公司进行罚款，对雇员要运用非货币制裁（监禁）②。

法律学者们也支持雇员个人责任。如果公司责任完全代替个人责任，控制程度就会下降。与知道自己会受到由公司责任产生的豁免权保护的个人相比，要么自己掏腰包赔付（侵权）损害，要么自己承担个人刑事责任风险的雇员，在行动上不大可能犯错。由此得出的结论是，公司责任（导致适用于公司的罚款和非货币制裁）应当与雇员的个人刑事责任结合起来。

但是，近来，对公司刑事责任提出了一些批评，更多地强调雇员个人责任的必要性。威勒（Wheeler）提出，一般地，刑法不应用来控制产品安全③。他反对运用刑法的观点主要是反对惩罚公司，在某种程度上，对环境法也有意义。他的观点之一是民事诉讼和刑事制裁可能一样有威慑作用④，另一个观点是刑法会导致成本高昂的过度威慑，从而侦查、调查、起诉和判决的成本远高于威慑的边际收益。

他的观点是，与刑法相比，现有的市场力量如个人侵权责任和民事法规制度可能会更好地控制产品安全。在产品责任领域，这可能是正确的，但对环境法来说，显然不太令人信服，在这个领域，人们提出的论点恰恰是需要事前管制，否则的话，潜在污染者常常会逃脱责任诉讼。

---

① 见 Landes and Posner（1981：914）。

② 见 Polinsky and Shavell（1993：239－257）。一般的，关于这一点的讨论，也可见 Kornhauser（1982：1345－1392），该文献讨论了委托－代理关系。

③ Wheeler（1984：593－622）.

④ 前面的 5.1 节和 5.4 节提出了有力的反论。

近来，杰尼弗·阿伦（Jennifer Arlen）提出了对公司刑事责任适用的另一种批评，她认为，支持所谓“代承责任”[①]（vicarious liability）的传统观点将公司刑事责任作为制裁犯错雇员的间接手段，理由是承担刑事责任的公司会相应地制裁犯错雇员。但是，根据阿伦的观点，这种制度由于下列原因会导致潜在的背理的动机：如果一个公司要做到最优地监督其员工，就必须提高公司的执行支出水平，通过提高发现的可能性，这可能会减少犯罪人员的数量，从而降低犯罪成本；另一方面，增加的执行支出也可能会提高政府查出这些犯罪的可能性，由此增加公司对这些犯罪的预期刑事责任。这意味着，公司的额外执行只会增加其预期刑事责任。所以，“代承责任”会导致背理的动机，即为了避免公司（环境）犯罪被发现，公司将减少对其员工的监督[②]。

5.6　刑法与环境罪

由于环境立法的结构，对环境罪适用刑法可能存在问题。环境罪的法律结构特征是上面提到的行政法和刑法的相互交织。环境法的法律结构仍广泛运用许可和执照，大多附有具体的行政要求来界定环境罪。行政机关决定允许的污染程度，由此确定环境罪条款的范围。对西欧新法规中环境罪的研究显示，权威当局一般只对没有许可或违反排放标准进行处罚。另外，没有禁止污染的一般准则。只有违反了行政规定，污染才构成犯罪，即使有一般准则，遵守许可通常也是充足的理由。因为大多环境罪都是违反这些行政规定，制定排放标准的行政机关决定了何种行为是刑事犯罪。

这种法律结构在经济上可能是合理的，因为行政当局在单个刑事案件中比法官们具有信息优势。另外一种法律结构是把所有污染都视为犯罪，让法官们去决定何种行为该受到惩处。在大多数情况下，与法官们相比，对于相关的生态与技术信息，管制机关要么具有更高的知识，要么可以更好地利用这些信息。要法官们学习化学和有毒物质的专业知识，并跟上环境科学领域的最新发展，即使不是不可能的，也是非常无效率的。另外，行政机关获取信息，可使大量的人受益，从而为社会节省研究成本。所以，环境刑法的现行结构主要靠行政机关决定环境罪，从经济上看，这似乎是合理的。

但是，环境行政法不能是环境刑法的唯一来源，因为有些严重的环境污染

① 这里指的是公司对高管和董事们的犯罪行为的责任。

② 进一步细节的讨论，见 Arlen（1994：833－867）。

案件，即使没有违反行政规定，也应当受到直接惩处。显然，从法律角度看，关于如何制定环境刑法，可以提出很多问题。

5.7 环境刑法的模式

5.7.1 抽象危害

应该注意到，把环境损害刑事化有许多不同的模式，在很大程度上，这是由于在许多国家中环境刑法还是一个较新的现象。一种可能性是只对环境价值的抽象危害进行惩罚，在这样的模式中，刑法条款通常不直接惩罚环境污染，刑法就更多地是关于环境排放的数量和质量的已有行政决策系统的附加。的确，传统上，大多数环境法体系是建立在行政法规的基础上，这些行政法规规定行政当局允许环境污染的条件。

在这些行政法规中，至关重要的是排放标准或排放限值，规定可以排放到环境中的某种化合物的数量。这些排放限值可以在一般立法中加以规定，广泛适用于整个行业，也可专门针对某一行业分支，或者，通常的情形是，在单个执照中加以规定，也可把这三种制度结合起来。在这个环境法体系中，刑法的作用通常限于执行先前做出的行政决定，在这个方面，通常需要区分刑法对一般行政准则和原则的依存性和刑法对行政机关的个别决定的依存性。

在这些类型的条款中，刑法保护通常在行政法规的最后一条中规定，一般这样规定：违反本法规或管制的条款或者依据本法规做出的许可，将受到严厉的处罚。在某些情况下，还会特别地提到，没有执照从事经营或违反执照条件的，要承担特定条款规定的刑事责任。需要强调的是，在刑法遵循已有的行政决定并对环境价值的抽象危害进行惩罚的情况下，环境刑法通常以这些条款为起点。传统上，在这些情况下，只要违反了行政条款（如执照中规定的排放限值），不管是否对环境造成损害，刑法都适用。在一些法律体系中，这些抽象危害，如违反许可条件，主要不是运用刑法进行惩罚，而是采用属于行政处罚法的罚金等。

5.7.2 具体危害

在各种法律体系中，有另外一种刑法条款，常常称为具体危害模式。在这种情形下，对环境介质如水、土壤和空气有某种损害或特定的损害风险，通常是刑事责任的前提条件。仅仅是抽象危害是不够的，通常至少要有排放，这种排放确实能导致对环境的具体损害，尽管这种模式中的条款通常不要求必须证实有实际的损害。此外，通常，只有第二个条件——违法排放也满足，才有刑事责任。这意味着，只要遵守行政规定，如执照条件，通常就没有刑事责任，因为排放行动不会被认为是非法的。这些条款旨在把对环境价值的具体危害刑事化，有时候在刑法典中加以规定，因此，与只在环境行政法末尾规定的条款（抽象危害罪）相比，这些条教的日期通常会是更新的。

5.7.3　严重后果

第三种刑事条款对某些非常严重的污染情形直接进行惩罚，事实上，这个模式也惩罚排放，但后果须具有更加严重的性质，也就是长时间持续的污染，或者，除此之外，给人们的健康造成严重的后果，相应地构成对人群造成伤害的重大风险。这种以惩罚严重环境污染为目标的模式与上面讨论的其他模式的主要区别是，可以完全撇开刑事决定与已有行政决定的联系。根据这个模式的条款，即使被告遵守了其执照的条件，严重的环境污染也要受到惩罚，因此，在这些情况下，环境刑法对行政法的著名的依存性面纱就被撕破了。

除此之外，还有一种类型的环境刑法模式，即刑事条款不仅对排放进行惩罚，也对某种状态的形成如某种栖息地的退化进行惩罚。这些需要达到某种状态的条款的一个明显缺陷是，常常很难证明达到了某种特定的状态。

5.7.4　其他条款

在一些法律体系中，不是用环境规定来起诉环境污染，公诉人会使用一般刑法典中的宽泛概念起诉环境罪，如伪造或参与犯罪组织。刑法典的这些经典刑事条款有时比违反环境法规更容易证明，有时适用比违反环境法规更严厉的制裁。

5.7.5　环境刑法和行政法间的依存性

以上关于环境损害刑事化的各种可能性的简要回顾显示，一方面，各种不同的法律手段可以用来惩罚污染活动，而在实践中，就环境罪的控诉而言，并不是环境法规更为重要。在讨论某些国家的环境刑法时，需要记住的是，特定条款的适用范围会有很大的差别。在每个法律体系中，立法者通常需要解决的关键问题是，刑法应该关注的是某种活动或某种危害如污染物排放，还是污染的严重性，以及考虑到需要事前较为准确地定义犯罪行为（所谓法律确定性原则），应当如何对此进行界定。

此外，立法者总是需要关注这样的问题：刑法对环境的保护是否独立于行政法而单独规定，或者是否完全保留刑法对已有行政决定的传统附属性。刑事条款的制定方式总是说明立法者不可避免地要与这些问题做斗争，其结果经常是一个法律体系使用多种不同的模式，将环境污染刑事化。这是可以理解的，因为这些模式的目的也是对生态价值的各种破坏行为提供一种不同的制裁。

5.7.6 历史演变

从历史的视角看，概括起来，似乎可以公道地说，抽象危害制裁模式已经向惩罚具体危害的模式演变，且日益关注严重的污染，甚至独立于行政法。环境的刑法保护通常开始于附加在有高度行政性质的环境法规之后的刑事条款（抽象危害制裁），这种刑事条款的缺陷在于对生态价值通常没有直接的保护。因此，在许多法律体系中，在 20 世纪 80 年代和 90 年代，由于环境意识的增强，人们可以看到向生态价值具体危害刑事化的转变。

而且，为了表明规定环境罪的重要性，一些国家已把针对具体危害的保护条款纳入刑法典中，这些条款旨在更加直接地保护生态价值，但在一定程度上仍然完整地保留与行政法的联系。事实上，如果被告遵守了行政管制的条件，刑法保护就会失效。恰是由于这个问题，我们可以看到，即使遵守了执照的条件，在法律学说和（有时候）立法中也有对某些严重污染事件进行惩罚的趋势。

第 6 章

环境损害赔偿

到目前为止，我们已经讨论了各种法律工具，这些法律工具可以用来预防环境损害，或者至少可以给潜在污染者提供适当的激励，以降低环境风险。然而，尽管可以利用这些责任准则、经济工具、管制或自愿遵守工具，环境损害仍会发生。因此，在这一章中，我们主要关注的问题是用什么工具可以对环境损害进行赔偿。

我们在第 3 章中讨论的责任准则有赔偿作用，虽然我们同样地强调，从经济角度看，责任准则的主要作用是预防，而不是赔偿。而且，只有在严格责任准则下，加害者才被迫对损害进行赔偿，即使这样，如果加害者破产，赔偿也就无从谈起。因此，在这一章中，我们将分析除了责任以外的其他赔偿机制。

我们首先把重点放在传统的赔偿机制——保险，看一下（责任）保险应用于环境污染时会产生哪些问题。在本章的最后，我们将探讨作为替代赔偿机制的赔偿基金，并考虑它们是否以及在什么情况下比传统的保险能更好地对环境损害进行赔偿。

6.1 应用于环境责任的保险理论

6.1.1 功利论

对于发生概率较低，但发生时可能有很大损失的风险，很多人是厌恶的。保险的功利论证明，对于风险厌恶的人来说，风险产生负效用。如果损失可以分散，或者，如果以确定性的小损失消除加害人的小概率的大损失，可增加其效用[①]，后者当然恰是保险现象。风险厌恶的加害人需要保险，他们偏好确定性的小损失（支付保险费），据此把较大损失的可能性转移到保险公司，从而提高加害人的效用[②]。很明显，在保险的功利论中，责任保险首先是用来提高风险厌恶的加害人的效用，而不是律师们经常认为的保护受害者的方法。

众所周知，保险公司之所以能够接受加害人风险，是因为有大量的参与者，风险可以分散在较大的人群中。保险人仅需注意建立较低风险的群体，保险金的高低尽可能与群体成员的风险大小一致。

6.1.2 交易成本论

以效用为基础的保险理论把保险看作是通过风险分散机制，增加风险厌恶者的期望效用的手段，除此以外，斯库格（Skogh）提出，保险也可以用作降低交易成本的机制[③]。

6.1.3 应用于环境保险

因而，人们可以认为，这些一般原理也适用于环境责任：保险为风险厌恶的加害人提供保护。通过支付保费的形式，接受某种确定的损失，可以消除加害人未来发生事故的风险。这种安排事前决定发生事故时由谁进行干预，既可最大化特定加害人的效用，也可降低交易成本。如果保险公司能够对风险群体的类似风险进行加总，从而通过大数定律在其被保险人中分散风险，保险公司就能够提供风险覆盖。

显然，对于每一种保险制度，包括环境责任保险，对于事件发生的可能性（概率）和事故发生时损失的可能程度，保险人具有准确的信息是非常重要的。对概率和损失大小的这些预期，对于保险人计算其所谓的在精算上公允的保险金是必不可少的。精算上公允的保险金加上所谓的管理成本（如行政支出等），根据市场结构，再加上一个利润加成，就是要由被保险人缴纳的保费。

在这方面，环境责任保险显然与任何其他类型的保险没有差别，因此，关于这些一般原理，我们可以参考前面的脚注中提到的保险经济学文献。然而，需要强调的是，如我们刚刚指出的，为了能够进行准确的保费计算，保险中的一个关键要素是关于发生某种损失的概率以及对损害的可能程度进行较为准确估算的可能性的准确信息。为了准确估算要收取的保费，以及对事故发生时

① Arrow（1965），Borch（1961：245－255）.

② Shavell（1987：190）.

③ Skogh（1989a，2000）.

所寻求的保险覆盖进行备付，这些信息都是必要的。此外，为了解决下面要讨论的两个危及环境风险可保性的现象，即道德风险和逆向选择的控制，也需要这些信息。

从责任保险运作的这一简要阐述中可以得出一个结论，保险人需要关于某事件（其被保险人需要负责的事实）发生的概率（p）和可能的损害程度（D）的信息，二者的乘积（p×D）就是在精算上公允的保险金。保险人能够承受这种风险的原因是大数定律：具有类似风险的较大的加害人群体可以聚成一个风险群，使风险分散成为可能。

理想条件下，如果保险人事前拥有关于损害的概率和程度的可预测性的完全信息，我们称该风险是可保的。正是以统计学为基础，保险人能够获得特定被保险人发生风险的可能性信息；统计学也可提供损害的可能程度的信息。但是，对于环境（责任）保险，这些要求可能存在问题。

有若干因素会消极地影响风险的事前的可预测性[①]。由于环境风险相对较新，关于风险可预测性的事前信息通常很少，关于事件发生概率和损害，常常没有可靠的统计[②]，因而，也就没有可以应用的“大数定律”。显然，这不只对环境保险是一个问题，在保险人面临新的风险，但缺少可靠数据的各种情况下，这都是一个问题。就自然资源损害而言，还有一个问题，即可能没有广泛接受的环境损害定量测算技术[③]。

然而，责任风险的可预测性显然是保证环境责任具有可保性的关键因素[④]，由此出现的问题是，甚至在缺少可靠统计数据的情况下，是否可以提高责任风险的可预测性，或者，在这种情况下，特定风险是否应当认为是不可保的。文献表明，关于概率或损害的不确定性当然是保险人可以在原则上进行事前考虑的因素，如果由于缺少可靠的统计数据而存在不确定性，不应必然得出特定风险是不可保的结论。这样，我们就要讨论库恩鲁瑟（Kunreuther）、豪加思（Hogarth）和梅萨罗斯（Meszaros）阐述的称为“保险人模糊性”的概念[⑤]。他们认为，保险人可以对事件概率或损失程度的这种不确定性作出反应，通过收取所谓的风险溢价，把这种不可预测性考虑在内。因此，通过收取附加的保费，保险人在原则上也可以应对“难以预测”的事件。

① 蒙蒂（Monti）正确地指出了可能既有事实不确定性，也有法律不确定性的事实（Monti，2001：51－79）。

② Rogge（1997：4）.

③ 《环境责任白皮书》[EU Commission，COM（2000）66 最终版本]，第 23 页。

④ 《环境责任白皮书》的技术附录－2 中也正确地确认了这一点，第 42－43 页。

⑤ Kunreuther，Hogarth and Meszaros（1993：71－87）. 在讨论追溯责任的可保性时，我们会再次论及“保险人模糊性”的重要性。

虽然在理论上，额外的风险溢价是对保险人模糊性问题的答案，但在实践中，保险人至少需要一些信息，对需要收取的风险溢价进行更加有根据的推测。此外，由于保险人处于竞争的环境中，即使不能收取适当的风险溢价，市场力量也很可能会驱使他们从事责任保险，但难以预测在实践中他们是否会实际上如此做。一方面，我们需要提醒的是，欧洲的保险业务在很大程度上是受管制的，保费收取与保险覆盖间的直接联系确是保险监管的主题，这在一定程度上可能会限制保险人通过收取高额保费，从事极端冒险活动的可能性。另一方面，由于许多保险人通常是保守和谨慎的，如果认为不确定性太大，在提供保险覆盖方面，他们可能会倾向于非常慎重。

6.2 道德风险

6.2.1 原理概要

道德风险是众所周知的保险现象，一旦消除了风险，被保险的加害人（实际上，每一个投保者）的行为就会发生变化，这正是责任保险的主要矛盾。加害人暴露在风险中所遭受的负效用恰是为其采取小心行为提供正确激励所需要的，如果加害人的风险完全消除，完全转移给保险人，那么，加害人实际上会失去采取小心行为的激励，而为其提供这种激励的正是事故发生时需要进行赔偿的威慑效应。顺便说一下，马克·保利（Marc Pauly）曾经指出，实际上，既然不过是对其行为的成本变化而做出反应的行为，加害人的这种行为并不是不道德的，而是完全理性的[①]。当然，对于保险人，由此产生的问题是，怎样为被保险人提供激励，使之恰好像没有保险时一样行事，这就是道德风险最优控制的目标。

6.2.2 补救办法

6.2.2.1 监督

文献中提出了控制道德风险问题的两种方式[②]，第一种方式是对投保人进行监督，并适当调整保费，第二种方式是让被保险人承担部分风险。控制道德

① Pauly（1968：531－545）.

② Shavell（1979：541－562）.

风险问题的最优解是对投保人进行充分的监督[①]，在这种情况下，保费条件将恰好针对被保险人的行为，保费反映投保人采取的谨慎程度。在最优的世界中，这会给投保人提供激励，使之恰好像没有保险时一样行事，保费也反映真实的意外事故风险。

当然，这个最优解只有在理想世界里才是可行的，在理想情况下，保险公司的监督没有成本，被保险人的行为信息容易获得。在实践中，当然不是这样。但是，也有一些方法可以用于监督投保人，并按风险群体对保险条件进行细分，或者以较高保费对高风险群体进行事前甄别，或者是根据以往的损失经验在事后提高保费或改变保单条件，即所谓的经验评级（experience rating）。

6.2.2.2 被保险人风险暴露

控制道德风险问题的次优解是让投保人部分地暴露于风险中，之所以被认为是次优解，是因为理想的保险目标应是恰好消除加害人的风险。一方面，将被保险人暴露于风险中，意味着要保留某种程度的风险厌恶。另一方面，其优点是，投保的加害人仍有采取谨慎行动的某种激励。这种风险暴露可以是较低的损害，也可以是较高的损害。实际上，可以考虑适用于较低阀值的免赔制度，或者采用一个覆盖上限，若损害超过保额，投保人要自担损失，从而承担一部分风险。

6.2.2.3 组合

在实践中，控制道德风险的两种制度当然可以结合起来，通常，保单条件、免赔和覆盖上限都有一定程度的细分。当然，所采用的方法取决于信息成本和保单价值[②]。显然，与消费者风险相比，保险人会更愿意投入一些资源，为支付大额保费的大公司量身定制保单。

如果采用上述方法，道德风险得到最优控制，投保人将再一次像没有保险覆盖一样行事，而好处是消除了其风险负效用。在这种情况下，因为需要对受害人进行赔偿的威胁转移到了保险公司，采取谨慎行动的激励不再由责任法律来提供。在有保险的情况下，加害人的谨慎行为是通过保单条件对个别投保人行为的适当调整来实现的。

这也说明，责任保险有一个非常重要的社会功能。在责任保险中，保险人必须确保投保人采取有效率的谨慎行为，从而有动机避免意外事故。很明显，道德风险的适当控制不但符合单个保险人的利益，也符合社会的利益。如果道德风险得不到有效的控制，保险在总体上弊大于利。

---

① Spence and Zeckhauser（1971：380－391）.

② Marshall（1976：880－890）.

6.2.3 环境保险中的道德风险

6.2.3.1 通过保单和执照条件进行监督

道德风险控制的这些一般原理显然也适用于环境风险。如上所述，道德风险控制的理想的最优方法是尽可能地监督投保人的行为，并对这种行为作出反应，通过保单条件要求投保人采取具体预防措施，并相应地调整保费。显然，这种个别的风险监督的成本是很高的。另一方面，在环境保险中，所涉数额显然大于消费者保单，因此值得进行投资，以获得个体风险的信息。此外，根据先前的经验进行某种分类也是可能的。所以，对于环境风险的保险人来说，在事前及保单有效期内，以可能的最低成本获取准确的风险信息，是极为重要的[①]。

保险人当然可以依靠现有的机制来控制其投保人的“生态可靠性”。在这方面，我们不应忘记，在环境风险中，大多数投保人是持有执照的经营者，因此，一个绝对的最低要求是，保险人要检查投保的经营者是否实际上拥有有效的执照。另外，保险人可以在保单条件中明确地要求经营者遵守执照条件，甚至可以使保险覆盖以此为条件。换言之，保险人可以利用这样的事实，即行政机关已经做出了关于降低环境损害的最佳方法的决定，也可能已在行政许可中进行了规定。

6.2.3.2 检查“生态可靠性”的工具

就工厂经营而言，保险人可以检查经营者是否确实正规地遵守执照的条件，且有其他方法可以确保以最优方式降低环境损害。一种可能性是检查经营者是否建立了环境管理体系，其中有充分的警告，以及是否有经常性的生态审计。保险人甚至可以要求投保人向其报告例行的生态审计的结果，并在保单中规定，如果生态审计显示出总体上的负面结果，保险覆盖可以暂停。因此，保险人可以利用常常有所要求的审计和自报制度以及外部控制来监督其投保人的“生态可靠性”。以较低成本获取其覆盖的风险信息，保险人显然是为了自身利益而行动，同时以负责任的方式履行其社会职能，促进其投保人的生态行为，降低环境损害。

保险人当然可以将其责任向前推进一步，尤其是在工厂设计阶段，例如，要求采用清洁生产技术，而不是采用典型的“管道末端”技术。从保险的角度来看，如果保险人了解到投保人一开始就采用了清洁生产技术，消除或降低了有害排放的可能性，显然，对其进行监督就会更加容易，成本也较低。在某种

---

① 关于环境风险信息对保险人的重要性，见 Endres and Schwarze（1991：1－25）。

意义上，对保险人来说，管道末端技术总是一种风险，因为它们可能（有意或无意地）经常停止运行，这样就会产生损害，保险人就需要进行干预。如果保险人能从工厂设计阶段开始就要求采用清洁生产技术，作为环境风险覆盖的前提，再一次，他们可以把道德风险的最优控制与承担社会责任结合起来。

6.2.3.3　专业化的必要性

所有这些事例都说明，保险人可以运用各种技术来控制环境保险的道德风险。但是，这些事例也表明，只有保险人具有其覆盖的风险的充分信息，这种控制才是可行的。一般的保险人覆盖交通责任、火灾和职业责任，如果偶尔也做环境责任保险，要获得充分的信息就可能是个问题。如果保险人愿意专业做环境保险，就可以较低成本购买信息。这种专业化可以给保险人提供关于降低环境风险的适宜技术的充分信息，从而，如果采用了某种预防措施或清洁生产技术，保险人可以通过较低的保费报价，吸引良性风险。最终，这种专业化可给保险人提供比较优势，同时，专业化也可能是以最优方式控制道德风险，从而使某些复杂的环境风险在某种程度上可以投保的唯一途径。

6.3　逆向选择

6.3.1　问题

前面我们指出，保险的基础是损失分散制度，因此，保险人承保的类似风险需要有一个最低数量。同时，风险池的构建要尽可能地窄一些，这意味着，风险池中的平均保费应与其中大多数成员的风险一致。如果不是这样，对低风险的成员来说，平均保费就会偏高，他们就会离开这个群体。在这种情况下，就会出现众所周知的逆向选择现象，阿克罗夫（Akerlof）在其关于劣质品市场的开创性论文中阐述了这一现象[①]。

换句话说，如果潜在的责任方没有适当地披露其真实的风险状况，风险池就可能无法变窄[②]，从而产生逆向选择。罗格（Rogge）认为，在比利时，投保的财务能力受到限制[③]，正是因为只有不良风险对保险有需求。如果不能以良性风险加以补偿，不可救药的逆向选择就会维持不变[④]，从而，“需求不足导致

① Akerlof（1970：488－500）.

②《环境责任白皮书》技术附录－2，第 42－43 页，也可见 Wagner（1996：105－106）。

③ 但他提到，一些较大的公司（1996 年）能获得高达 10 亿比利时法郎的覆盖。

④ Rogge（1997：5）.

供给不足”[①]。但是，逆向选择并非不可救药，风险细分既是道德风险，又是逆向选择的适当补救。

6.3.2 补救办法

从责任保险的经济原理可知[②]，保单条件对个别风险的适应性调整对控制道德风险和逆向选择都是至关重要的。乔治·普赖斯特（George Priest）认为，逆向选择问题造成了美国的保险危机，只有适当的风险细分才能补救[③]。如果保单条件要求投保方采取预防行动，并在保费上提供相应的奖励，就可给投保方提供减少事故的最优激励。所以，风险池的构建应尽可能地窄一些，使保险金反映出特定风险池的一般成员的风险[④]。

进一步细分风险，显然是有效率的，只要这种进一步细分的边际收益超过边际成本[⑤]。风险细分当然并不意味着，保险人必须在每一种情况中采用个别费率。个体细分的可能性不可避免地也取决于特定保单的价值[⑥]，对于低保费的大众保险产品，风险细分只能以一般的类别进行。但是，在专业的企业责任保险中，对采取预防行动的企业提供奖励，详尽细分的收益很可能超过成本。

因此，不难提出一个经济理由，支持把有实际效果的风险细分作为日益增多的责任风险的补救措施。如果良性风险采取预防行动而没有得到奖励，要么他们将没有预防动机，要么他们会离开风险池，从而，如普赖斯特所述，风险池就会分崩离析。

6.4 保险人的能力

即使可以控制道德风险和逆向选择，可能还有一个因素，在对环境风险提供保险时可以起重要作用，即单个保险人的能力。我们已经提到，理想条件下，

① 所以，Cowell（1991：327）。

② 在本章前面的6.1节中讨论过。

③ Priest（1987：1521－1590）。普赖斯特曾受到维斯库西（Viscusi）的批评，后者认为，除了逆向选择本身以外，美国的产品责任危机还有别的原因，见Viscusi（1991：147－177）。

④ Abraham（1988：949－951）.

⑤ 一般的，问题是特定化的收益是否超过其成本，在侵权法中界定谨慎标准时（Posner，1998），在制定法律规则时（Ehrlich and Posner，1974：257）或者在制定环境标准时（Ogus，1981：210－225，1994b：23－37），都要回答这个问题。

⑥ 关于风险细分的成本，见Bohrenstein（1989：25－39），Wils（1994b：449－467）。

保险人要有关于风险的可预测性和损害程度的事前信息，但在环境保险中，二者都可能是个问题。由于环境风险相对较新，关于风险可预测性的事前信息往往较少，可靠的统计数据往往也是缺失的。保险人对这种概率不确定性的反应是，通过收取风险溢价来弥补这种不可预测性[①]。

就损害的可能程度而言，也有不确定性。对这种不确定性，保险人的反应可能是准备充裕的备付，以便能够在环境损害发生时提供覆盖。但是，在许多情况下，预期损失可能超过单个保险人的能力。

在这种情况下，保险人可以利用各种传统的保险技术，以应付这种能力问题。一种可能性是与若干保险人共同对类似风险提供保险（所谓的共同保险）；另一种可能性是再保险。环境责任保险中经常使用的另外一个办法是保险人的能力组合（pooling），在许多国家，保险人在非竞争的基础上在互助池（mutual pools）中共担风险，以便能够为损害程度较高的潜在风险提供覆盖，核事故风险通常就是这种情况。

核事故风险的保险由核互助池来提供。由于所面临的风险是非常严重的，在 20 世纪 50 年代，在每个有核国家，国内的大保险公司决定在非竞争的基础上把其资源组合在一起，以便能够为核事故风险提供覆盖[②]。这种组合安排的结果是，在每年年初，保险人要决定其准备为每个核装置承诺的保额，参加互助池的各保险人年初确定的承保总额是该国内互助池的能力。

互助池以全国为基础来组建，可以从其他国家的类似“互助池”或“辛迪加”获得再保险。如今，世界各地有 28 个核互助池[③]，通过各互助池的再保险组织，全世界的全部核事故保险连接在一起[④]。因此，举例来说，加入比利时核互助池（SYBAN）的比利时保险公司介入赔付了美国三哩岛核事故造成的损失。

这些核互助池不但提供对第三方责任的保险覆盖，而且提供对核电厂自身造成的损害的第一方保险。这是一个非常重要的方面，因为第三方责任保险的可用数额受到为核电厂提供的第一方保险可用数额的限制。在一些文献中，人们甚至提出，可用于核电厂的保额应该远高于用于核电厂执照持有人对第三方责任的保额[⑤]。根据一些作者的说法，第一方保险甚至优先于第三方责任保险，

① 一般的，关于保险人模糊性问题，见 Kunreuther，Hogarth and Meszaros（1993：71－87）。

② 见 Faure and Van den Bergh（1990：250－251）。

③ Reitsma（1992）.

④ Dow（1985：172－182）.

⑤ Dow（1985：180）.

因为核事故可能会首先影响到核电厂本身，然后才是周围地区[①]。因此，这种通过核互助池的第一方保险和第三方责任保险的组合导致了对第三方责任保险的可用数额的限制。

令人关注的是，在经济合作与发展组织（OECD）1984 年的慕尼黑会议上，保险经纪人们提出，第一方保险应当退出核互助池，因为垄断会导致风险溢价相对较高。他们还认为，30 年前，在核时代开始的时候，排除竞争可能是合理的，但今天就站不住脚了[②]。鉴于在有些国家核保险市场的这种高度集中，核工业已采取行动，与一些经纪人合作，从核互助池中撤出第一方保险，另行通过核电站经营者的一种新型互助保险基金来覆盖风险[③]。

能力组合（pooling）不仅用于核事故责任保险，而且一般地用于环境责任保险。譬如，在荷兰，起初，在环境保险仍较为新颖时，一个互助池提供了环境责任保险。现在，更多公司也单独为环境风险提供覆盖。

值得注意的是，核电的例子说明，从长期看，能力组合可能会产生消极后果：如果互助池像垄断的保险人一样行事，风险溢价可能会偏高，对于特定的经营者缺乏吸引力。这导致了一些核电厂退出互助池第一方覆盖，去考虑经营者之间互助的可行性。所以，我们应当明确地区分保险人能力组合和经营者通过风险共担协议的风险组合[④]。

至此，我们结束关于环境保险中保险人能力问题的简要阐述，总结起来，可以说，发生很高损失的可能性并不会使某种风险本身成为不可保标的。人们应当记住，竞争性保险市场已经产生了各种工具以应付较大的，甚至所谓的灾难性风险。例如，泰然（Tyran）和兹维费尔（Zweifel）报告说，如果 1993 年发生 1906 年旧金山地震震级的地震，可用的保险覆盖高达 395 亿美元[⑤]。

更根本地，我们可以参考前面关于限额[⑥]的讨论，在那里，我们曾指出，

---

① 在这方面，缪勒（Müller，1985：171）指出：“鉴于日益升高的核电厂建设成本，同样地由核互助池承担的核电财产保险承受巨大的压力，相应的，代表了保险业对机械保险的参与，就一座核电厂而言，这种保险也可达到数十亿美元。这两种形式的覆盖都具有对责任保险的优先性，因为在理论上大规模核事故或许首先影响核电厂内的物质资产，然后才是周围区域。只考虑遭受损失或损害的第三方——这种情况时有发生——并认为财产保险是只占用保险能力的不必要的累赘，是天真幼稚的。每一个明白人都知道核电厂需要巨额投资，其经营者和债权人都应得到保护。认为这种投资损失是对其造成核事故的某种‘惩罚’，忽视电力供给公司和投资者在保护其物质资产中的利益，简直是太愚蠢了。”

② 见 OECD（1985：192－196）的讨论。

③ 在比利时，欧洲核保险互助协会（EMANI）成立于 1978 年，1984 年该协会向比利时的核电厂提供了每套装置 14 亿比利时法郎的财产损失覆盖。

④ 下面，将就替代赔偿机制讨论这一点。

⑤ Tyran and Zweifel（1993：431－444）.

⑥ 见前面的第 3 章 3.4 节。

能力问题不是对责任进行财务限制的理由。单个保险人总是可以把保险覆盖限制在其愿意提供的覆盖额以内，或者自己提供，或者与共同保险、再保险或能力组合一起提供。因此，能力问题不是认为某些风险不可保的理由，能力只界定要在合同限制中界定的可用覆盖额。

显然，损害的程度仍有可能大于投保额（即使是能力组合和再保险），这倒是考察其他赔偿机制是否可以提供比保险更大数额的理由，但就其准确的含义来说，没有理由认为会必然如此。

6.5 潜伏期

6.5.1 追溯责任的可保性

在讨论环境责任问题时，我们已经提到潜伏期。在法律标准随着时间而变化，以及新标准适用于“旧”情形时——土壤清理责任通常就是这种情形，从保险的角度看，由此产生的问题是，我们应当如何分析这些所谓追溯责任的情形。

如果一种风险应当认为是完全不可预见的，对保险人就会产生问题。在投保人采取潜在的错误行为时，或者该行动（的一些方面）应当认为是错误的，而保险人不知道，保险人就不能在保单条件中要求具体的预防机制，以消除或降低风险；另外，保险人也不可能收取相应的风险溢价，也不能对损失（根据定义，这是不可预见的）进行备付。因此，乍一看，不管是因为环境标准的立法变化，还是法理变化，从保险角度来看，标准的追溯适用似乎是有问题的。

但是，这种关于追溯责任总是导致不可保性的说法是很不公允的，应当进行某种修正。前面我们已经指出，就其实质而言，保险总是要应对不确定性，因此，保险人也应能够应对法律（成文法或判例法）事后改变的可能性。例如，即使保险人在 20 世纪 60 年代确实没有预见到其承保企业排放有毒物质在 30 年后会被认为是错误的，显然，也不能在所有情形下都认为法律的事后变更是绝对不可预见的。如果关于某一事件有不确定性——在这种特定情形下是立法变化的可能性，保险人可以对这一事件发生的概率做出主观估计，从而向被保险人收取特别风险溢价，以应对这种模糊性[①]。

① Kunreuther，Hogarth and Meszaros（1993：71－87）.

6.5.2 保单条件中的反应

显然，目前确实会出现问题，因为在20世纪60年代保险人根本没有考虑30年后会有对土壤清理成本之类的环境责任风险，这意味着，事实上，他们没有收取这种保险人模糊性的风险溢价，也没有进行备付。现在知道了新标准追溯适用的这些风险，保险人显然可以尝试通过特殊的保单条件来应对追溯风险。一种可能的办法是，规定保险覆盖只适用于保险合同达成时适用的责任范围；另一种可能性是规定，只要因立法或判例法的变化扩大了责任范围，保险人保留终止保险合同的权利[①]。

显然，上述办法的缺点是，保险覆盖的保护可能是十分有限的。根据判例法的新动向，企业可能会被认为对过去发生的事件负有责任，但由于保单中特殊的覆盖限制条件，从而缺乏保险覆盖。在这种情况下，更加具体地说，如果判例法出现变化，人们就要讨论这样的问题，与较早的裁定相比，一个特定的裁决是否真的是一种变化。在其他情况下，法院可能会说明，它们事实上只是把久已存在的法律准则（如民法典的过失准则）适用于新的情形，从而事实上没有创立新的法律准则。在此类情形中，保险人常常仍然不能避免提供保险覆盖。

6.5.3 保险覆盖期

还有一种与保险覆盖期有关的（部分的）补救方法[②]，上面我们已经指出，不可保性的原因之一是长尾暴露问题，意思是错误行动之后很久才发生损害。在这类情形中，最为重要的是检查该保单准确的覆盖期是什么。在这方面，通常要区分三种制度：（1）错误行动制度，在这种情况下，错误行动必须发生在保险覆盖期内；（2）损失发生制度，在这种情况下，损害必须发生在保险覆盖期内；（3）索赔提出制度，在这种情况下，索赔必须在保险覆盖期内向保险人提出。

目前，人们可以注意到，在欧洲范围内，采用索赔提出制度的保单明显增多[③]。至少对保险人来说，这是由于其他两种制度在长尾暴露情况下有明显的不利之处。

错误行动制度主要运用在20世纪50年代和60年代，在这种制度中，只

---

① 如Hartlief and Spier（1994：28－29）所提议的。

② 本节的概览主要依据Faure and Hartlief（1996c）。

③ 所以，Wansink（1994：110，1995a：1－5），Spier（1996b：250－266）。

有在损害可以归因于投保人在保险覆盖期内发生的错误行动时，才有保险覆盖。显然，这种制度对投保人是有利的，因为潜在的索赔始终存在，直到通过了一部限制性法规。另外，根据造成损害即错误行动发生时有效的保单条件，发生保险覆盖。因此，在以后的阶段会采用的覆盖限制不能用来对抗被保险人。对保险人来说，这种错误行动制度是非常不利的[①]。事实上，如果一个保险人提供了某种产品的责任覆盖，且在这种产品投放市场后不久保单失效，根据保险覆盖的错误行动制度，如果 30 年后出现了该产品对受害人造成损害的情况，保险人仍然需要负责。

这些问题促使国际再保险市场采用损失发生覆盖制度，在这种制度下，损害如健康伤害必须发生在覆盖期内。因此，在损失发生制度中，如果造成损害的错误行动发生在保险合同生效前，也要提供保险覆盖。

由于损失发生制度不能完全排除长尾风险[②]，保险人在 20 世纪 70 年代改为索赔提出覆盖制度。尽管索赔提出保单可能有不同形式[③]，在索赔提出制度中，重要的是损害索赔必须在保险覆盖期内送达投保人或其保险人。虽然这种制度对投保人也有一定好处[④]，最重要的效果是，保险人可以有效地控制长尾风险。事实上，在索赔提出保单中，这种难以管理的长尾风险被完全排除了。事实上，保单一经失效，保险覆盖就结束了，对于在保险覆盖期内发生的损害，如果在保险覆盖期之后提出索赔，这也是适用的。

由于这个原因，许多法律体系对所谓的索赔提出覆盖极为不满[⑤]，导致法国和西班牙的判例法认定索赔提出覆盖是无效的[⑥]。在比利时，1992 年 6 月 25 日的新保险法独创地禁止索赔提出覆盖。但是，后来，在这三个国家中，对索赔提出覆盖的相当苛刻的看法都有所松动。万辛科（Wansink）提到，法国的判例法以保单失效后提供有限覆盖为条件允许索赔提出覆盖[⑦]，西班牙的立法变化以保险合同失效后至少延长一年覆盖为条件允许索赔提出覆盖。同时，《比利时保险法》也针对保险覆盖时间问题进行了修订，其起点仍然是损失发生制度，但该法案提供了通过皇家法令对某些类型的责任保险允许索赔提出覆盖的

---

① 在这方面，除了其他的，我们可以提到前面对荷兰 DES 案的讨论：第 3 章 3.2.2 节。

② 实际上，只要在覆盖期内发生伤害，如果是长期持续的疾病，保单也适用于未来的影响，例如 20 年内，见 Van Huizen（1995：325－339）。

③ 见 Wansink（1994：110－112）和 Haazen and Spier（1996a：56－79）的讨论。

④ 即使损害起源于保单生效很久之前，实际上也立即提供保险覆盖。

⑤ 详细的讨论，见 Wansink（1994：111，1995a：1－5），Verloren van Themaat（1994），Haazen and Spier（1996a：56－79）。

⑥ Hankey（1994：267），Alvarez－Baron（1994：316－319）.

⑦ Wansink（1995a：4）.

可能性[①]。比利时立法者规定，必须覆盖某些长尾风险：对于在覆盖期内发生的损害，或在保险覆盖期内向保险人声明了可能发生索赔的情形，保险覆盖应当至少延长到在保险合同失效后36个月内提出的索赔。

上面概述了立法和司法对索赔提出覆盖的反应，这一概述表明，尽管索赔提出覆盖可能是保险人对长尾风险的最有效率的反应，立法者和法官们显然更加注重投保人的利益，在索赔提出覆盖中，投保人的利益可能会受到严重限制。反对纯粹索赔提出制度的最重要的理由是，虽然投保人已经为发生的风险支付了保险金，但在巧合的情形中，也可能得不到覆盖。另外，如果投保人想转向一个新的保险人，而新的保险人需要立即覆盖“旧”风险，索赔提出制度就可能产生问题。因此，立法者或法官们认为保险人可能缺乏关于索赔提出覆盖的准确后果的恰当信息，因而，为了保护投保人的利益，需要采取立法行动，限制索赔提出制度的效果。

然而，索赔提出制度的运用日益增多，势不可当。在荷兰，保险人协会也建议其会员转向索赔提出覆盖制度[②]。在荷兰，人们认为，通过减轻索赔提出覆盖的最严厉的后果，可以保护投保人的利益。一种可能性是在保险合同失效后提供一个延长的覆盖期；另一种可能性是，尽管还没有发生损害，但规定投保人可以在保险覆盖期内向保险人报告可能导致索赔的情况或事实。假如在保险合同期间报告了这些相关情形或事实，即使只在保险合同失效后才发生损害，也要提供保险覆盖[③]。这显然是《比利时保险法案》采用的制度。

6.6 因果不确定性

另一个可能出现的特殊问题是因果不确定性，我们在讨论环境责任时已经指出，主要是基于财力雄厚论或受害人保护论，在判例法中，倾向于把因果不确定性风险转嫁给企业。显然，这也意味着，这种风险随后将转嫁给企业的保险人。从保险的观点看，这种规定连带责任准则的倾向可能会危及风险的可保性。在这种情况下，某个特定的保险人会被要求对总体上说或许并非由其投保企业造成的损害进行赔偿。拿我们上面讨论的例子来说，这意味着，在核电站泄漏的辐射只引起 11 例癌症的情况下，保险人需要对核电站需要赔偿的 111

---

① Wansink（1995b：38），Cousy（1995a：470－471），Van Schoubroek and Schoorens（1995：644－660）.

② 在这方面，见 Haazen and Spier（1996b：45－50）。

③ Wansink（1994：116－118）.

例癌症患者进行赔偿。毫无疑问地，这种倾向会导致不可保性，在阐述同等地具有连带责任的美国超级基金的土壤清理保险时，亚伯拉罕（Abraham）已令人信服地证明了这一点[①]。

显然，在因果不确定性的情况下，只有比例责任准则才能确保可保性：在比例责任准则下，投保企业只需负责赔偿由其活动产生的损害，对此，保险人可以要求采取预防措施并收取相应的保险金。

总之，把因果不确定性的负担转嫁给企业的危险是该雇主或生产商的保险人需要对在总体上说或许并非由投保方造成的损害进行赔偿[②]。这意味着，如果保险人不仅要覆盖其自己的投保方造成的损害，还要覆盖可能是由另一方造成的损害，那么，除非采用比例责任准则，否则，就不可能覆盖风险。这些倾向导致企业对非其自身造成的风险承担责任（因果不确定性的情形），或者对侵权发生时未被预见的风险承担责任（追溯责任的情形）。它们主要是由一个隐含的再分配议程引起的：不计成本地提供受害人保护的愿望。从可保性的观点看，与转向严格责任本身相比，这些倾向的问题可能更多。的确，尽管我们认为严格责任本身是可保的，但是，如果采用追溯责任或把因果不确定性的风险转嫁到企业，认为严格责任是可保的，就不再正确了。

6.7　保险原则适用问题

另外，文献中还讨论了环境责任保险的其他一些特征，使传统保险原则难以运用于环境责任。在这些方面，经常被强调的一点是，传统上，责任保险提供意外事故覆盖，意思是突发事件。但是，如我们刚刚说明的，在环境责任中，在排放与损害发生之间常常有一个较长的时滞，而且，许多污染案件不是突发事件，而是逐渐发生的，这就导致了关于损害何时实际发生的许多技术问题，这些及其他关于保险原则应用于环境责任的问题，法与经济学文献进行了广泛讨论[③]。

---

① Abraham（1988：942－988）.

② 也可见 Abraham（1988：959－960），Katzman（1988：89－90）。

③ 例如 Bocken（1992：284－327，1993：239－280），Bocken and Ryckbost（1991）。

6.8 强制保险

如上所述，在法律学说中，强制责任保险常常用作保护无辜受害人的手段[①]，加害人购买责任保险的义务是保护受害人不受加害人破产影响的好方法[②]。另一方面，经济学家们看到责任保险有其他的好处，它是增加风险厌恶的加害人效用的手段。因此，经济学家们认为责任保险主要是服务于加害人利益的工具，而律师们倾向于更多地依赖受害人保护论。当然，这些观点并非必然相互矛盾，它们有时候能走到同一方向上，支持引入责任保险。现在让我们阐述这个问题：在什么情况下，购买责任保险应当是强制的。

6.8.1 增加责任方的期望效用

考察这个问题的第一种方式是转回到关于保险收益的基本功利论文献[③]，如果保险确实是有益的，消除风险厌恶者的风险，从而提高其效用，难道这些好处不是足够大，有理由支持采用强制责任保险吗？

这一论点的一个问题是，风险厌恶的程度是变化的。一个富商对丢失 1 000 美元的风险或许并不厌恶，但一个低收入家庭的父亲恐怕是厌恶这个风险的。因此，低收入的父亲或许有保险需求，以防范丢失 1 000 美元的风险，而一个富商恐怕未必如此。这个简单的例子明确地说明，既然强制保险强迫一些在正常情况下没有保险需求的人购买责任保险，那么，引入投保义务可能是无效率的，保险并不提高他们的期望效用，因此，一般化的投保义务会产生社会损失。究竟是否是这种情况，当然取决于实际受到引入投保义务损害的人数，其他人必然从保险中获益的事实确实会超过这种损害。但是，这并不能证明引入投保义务的必要性，无论如何，这些风险厌恶的个体可能实际上已经购买了保险覆盖。这意味着，只要我们假定所有个体对他们面对的风险和保险的可用性是完全知晓的，保险增加效用的简单事实本身并不能证明引入投保义务是合理的。

这一论点的另一个问题，是十分家长式地假定在所有情形中，保险对潜在的责任方都是有益的。它忽视了这样的事实，如我们上面讨论责任保险基本理论时所解释的，投保人需要支付一个价格才能消除其风险，这一价格不可避免

① 若干学者提出了强制环境责任保险，包括 Cowell（1991：327），Monti（2001：51－79）。

② 有人甚至认为，通过确保金融资源的可用性，以支付任何未来环境损害的成本，法定财务责任有助于实施预防风险原则，所以，Richardson（2000：61）。

③ Arrow（1965），Borch（1961：245－255，1963：322－341），Pratt（1964：122－136）.

地要远高于精算上公允的保险金，即概率乘以损害（p×D）。根据保险企业的行政运行效率，要加上一定数量的或高或低的管理成本，根据市场集中程度，还可加上一个利润率。另外，税收也会提高保费。再者，我们已经指出，如果有风险不确定性，保险人可能会以风险保险金来弥补这种保险人模糊性。总之，收取的保险金可能远高于精算上公允的保险金，这是风险的客观价值。对某些责任方来说，这个保险金仍会是有吸引力的，但对其他人来说，可能没有吸引力。另外，一些人可能选择某种平衡的方式，如自我保险一个基本的预期损失，只对超额损失进行投保。强制保险通常忽视这样一个事实，即保险需求可因各责任方的个体风险状况（和财务可能性）而变化。

所以，在其他事情相同的情况下，只根据保险可以增加预期效用的事实，没有理由进行管制干预。管制干预的缺点是与责任方的更加细分的需求不符，但其前提是各责任方了解其风险暴露和保险的可用性，并相应地做出消息灵通的决定。如果这一假设不满足，就再一次提出了是否应当规定强制保险的问题。

6.8.2　信息问题

在潜在加害人不能对其暴露的风险和购买责任保险的收益进行准确评估时，就可能产生信息问题。在这种情况下，低估风险会导致加害人错误地决定不购买责任保险。通过规定投保的一般义务，立法者可以纠正这种信息问题。信息问题或许是规定机动车车主一般化的投保义务的一个有效理由，一般的汽车司机或许会低估责任保险的好处。如果没有信息问题，立法者仍然以对投保人“最为有利”为由规定投保义务，当然就不过是家长主义了。

但是，如果我们把这个理由用于环境问题，就不应草率地认为以信息不足为由的管制干预是纯然的家长主义。其实，欧盟委员会的《环境责任白皮书》的技术附录－2 正确地指出了这样的事实，各种环境责任保险制度的一个主要弱点是风险估计偏差，经验证据表明，大多数潜在的责任方都极大地低估他们可能造成的环境损害的成本和他们需要为此损害负责的概率，这样就会导致潜在的责任方备付的财务资源太少，不能覆盖其潜在的责任。

如果这些条件得到满足，并确实可以认为潜在的责任方会低估环境损害的成本，就可以认为这种信息缺乏是支持强制保险的理由。但是，再一次，以信息不对称为基础的政策理由仅与潜在的责任方会低估责任保险的潜在收益的事实有关。

不过，可能有另外一个理由，说明为什么潜在的责任方的（信息不灵的）不投保决定会导致威慑不足。这个政策理由恰好与前面提到的破产风险有关。

6.8.3 破产问题

其实，采用强制责任保险的另外一个理由是律师们常用的论点，即破产论。该论点是说，损害的程度常常超过加害人的个人财富，从而产生对受害人赔偿不足的问题，所以，律师们会以保障对受害人的有效赔偿为由推行强制保险。显然，在环境责任保险中，这种更加强调分配的论点也可起一定作用。如果一个加害人事实上不受判决影响（judgement proof，即因财产不足，无力支付判决的赔偿，判决无法执行，使判决成为“一纸空文”——译者注），从而，例如一个污染点成为“孤儿”，污染损失就要由社会承担。

但是，也有可能提出一个经济理由，即破产会导致威慑不足问题，而责任保险可以对此进行补救。其实，经济文献中广泛探讨了这个所谓的“一纸空文”的问题[①]。如果预期损害在很大程度上超过加害人的资产，加害人就只有购买在数量上等于其自有财产的责任保险的动机，那么，破产就可导致威慑不足问题。的确，在责任诉讼中，他只暴露于失去其自有财产的风险。因此，“一纸空文”问题可导致投保不足，从而导致威慑不足。

乔斯特（Jost）正确地指出了这样的事实，在这些破产情形中，强制保险可产生最优结果[②]。与损失程度超过加害人资产的破产情形相比，通过规定购买在数量上等于预期损失的保险覆盖的义务，可以取得更好的结果。在破产情况下，加害人确实只会考虑充其量失去其自有资产的风险，并相应地确定其谨慎程度。在有投保义务时，加害人暴露于完全责任，保险人显然有动机控制投保人的行为。运用传统工具控制道德风险，保险人可以确保加害人采取必要的谨慎，避免发生损失重大的意外事故。所以，乔斯特和斯库格（Skogh）认为，假定道德风险问题得到充分纠正，与有“一纸空文”问题时相比，强制保险可以产生更好的结果，这或许是为什么采用了交通责任强制保险的解释之一。与其可能造成的事故程度相比，由于没有多少钱可以失去，未投保和无力偿债的司机们也就没有多少动机来避免事故。保险人能更好地控制这一风险，以不予保险相威胁，迫使加害人小心行动。于是，在有义务投保的情况下，保险人成为有关活动的许可人。

实际上，以上这个经济论点说明，破产可导致潜在的责任方把损害外部化：他们从事的活动可造成在很大程度上超过其资产的损害。没有财务保障，这些

---

① 更加具体的，见 Shavell（1986：43－58）。

② Jost（1996：259－276）。Polborn（1998：141－146）和 Skogh（2000：521－537）提出了一个类似的论点。斯库格（Skogh）还指出，强制保险或可节省交易成本。

成本就会丢给社会，从而被外部化，而不是被内部化。如果保险人能够控制投保人的行为，就可以实现这种内部化。我们在前面讨论风险细分如何应用于环境责任保险时已经证明，保险人可以规定适当的保单条件和充分的保险金。这说明，如果能够充分地纠正道德风险问题，与有破产问题但没有责任保险的情形相比，保险甚至导致较高的威慑。

当然，保险提供者可以要求一个覆盖条件，即企业要达到规定的预防措施投资水平。如果保险提供者要求这样一种充分的保险细分，《环境责任白皮书》技术附录－2 正确地认为，与没有可用保险的情况相比，保险的可用性实际上可导致更多的预防。所以，既然保费的定价方式反映了投保方造成的责任风险，保险就会导致一种情形，即潜在的责任方被迫内部化其责任的成本。在破产情况下，保险的这种潜在收益在《环境责任白皮书》中也得到认可：保险可用性降低公司的风险暴露，从而减弱其规避责任的动机。另外，保险人会要求被保险人采取预防措施和有效的风险管理制度[①]。

当然，这个支持强制保险的论点依赖于若干假设和条件，下面将更加详细地讨论。显然，条件之一是，只有在道德风险可被充分控制，保险人也有适当动机这样做时，这个论点才是有效的。另一个条件是，保险市场应当是竞争性的。但是，我们可以注意到，实际上，不管是从法律观点，还是从经济观点来看，由于既可导致威慑不足，又可导致赔偿不充分，加害人的破产可能性是一个问题。由于强制保险可以对受害人提供充分赔偿，并且，如果某些条件满足，还可消除威慑不足的风险，所以，强制保险可以解决这两个问题。

值得注意的一个问题是，人们会提出这样的疑问，即强制责任保险是不是纠正破产问题的最佳工具。的确，有若干个替代选择，能够以较低成本纠正破产问题。第一个明显的选择是采用（强制的？）第一方保险，而不是第三方责任保险；另一种值得考虑的选择是设立赔偿基金。在本章的最后一节，我们将考察这些替代选择。

总之，可以认为，在理论上，强制责任保险可能是纠正破产问题的一个充分手段。但是，应当同样地考察是否有其他赔偿机制，能够以较低成本解决这一问题。

6.8.4 强制保险的潜在危险

6.8.4.1 道德风险

在讨论完强制责任保险的三个基本标准之后，就不能不讨论另外两点了。

---

① 见《环境责任白皮书》[COM（2000）66 最终版本]，第 23 页，特别是脚注 22。

首先，我们应该记住，责任保险总是有道德风险问题，这意味着，即使立法者决定采用强制责任保险，也不应限制保险人控制道德风险问题的可能性，否则，强制责任保险就会成事不足，败事有余。

但是，问题似乎是立法者常常限制投保人风险暴露的可能性。确实，强制责任保险的投保义务常常等于责任总额，且不允许免赔，因而，全部风险都转给保险人，这意味着，保险人唯一可以用来纠正道德风险问题的工具就是对投保人进行监督。如果监督困难或成本很高，采用强制责任保险就确实会产生问题。沙维尔（Shavell）甚至提出，如果不能控制道德风险问题，就保险而言，唯一的管制干预就是禁止责任保险[①]。在任何情况下，如果不能控制道德风险问题，采用强制责任保险就的确是存在问题的。

6.8.4.2 保险市场的集中

第二个相关的问题是，直到现在，我们都假定保险市场是完美竞争的，从而，为了最优地控制道德风险，保险金和保单条件都很好地适合于投保人的个人需要和行为。但是，在实践中，保险市场有很多限制[②]。在这方面，欧盟各成员之间仍有重大差别。例如，英国和荷兰的保险市场看来是充分竞争的，而德国和比利时则更加集中。我们在其他研究中阐述了保险市场高度集中对保费以及对保险人控制道德风险问题的激励的不利影响[③]。事实上，如果可以规定垄断保费，保险人就没有太多的动机使其保费与投保人的个人行为一致，从而对道德风险问题的控制就较弱。

从政策角度来看，在集中的保险市场上采用强制责任保险看来也是很成问题的。的确，在这种情况下，如果强制购买保险，保险市场的无效率将得到强化。当然，在这方面，关于政府的利益集团理论也可以解释为什么保险人会想进行游说，支持强制责任保险。如果他们已经能够以制定垄断保费决定市场的供给侧，那么，所有这些保险人应当努力争取迫使每一个可能的加害人购买保险覆盖。通过这种管制干预，就可以确保某种需求。

但是，在实践中，至少对环境风险，保险人对强制保险从不热心。库西（Cousy）认为，这与这样的事实有关：就法律而言，在强制保险情况下，对保险的第三方受益人，保险人常常不能提出抗辩。另外，投保义务的实施和实际执行也会有问题[④]。

① Shavell（1986：43－58）.

② Faure and Van den Bergh（1993：261－267）.

③ Faure and Van den Bergh（1995：65－85）.

④ Cousy（1995b：241），Rogge（1997：39）.

6.8.5 进一步的警告

6.8.5.1 对保险市场的依赖性

刚刚阐述的关于强制保险理论的修正与潜在危险可以说明，尽管在理论上强制责任保险机制是可取的，特别是对于环境责任，为了纠正信息失灵问题和因破产导致的威摄不足风险，强制责任保险机制是可取的，在实践中，对于采用环境损害强制责任保险的建议，我们要有所戒备。提出这种戒备警告，还有其他一些原因。

一个原因是，立法者应当注意这样的事实，即一旦采取强制责任保险，就要依靠保险人来完成这一投保义务。显然，投保义务有效执行的实际可能性在很大程度上取决于该市场上的投保意愿。确实，在这方面，我们应当记住，最终是保险市场决定是否有意覆盖某种风险，最后可能导致不理想的情形，即立法者规定购买强制保险的义务，但市场拒绝提供这种覆盖。规定投保义务导致政策制定者对保险市场的高度依赖，这似乎是导致《1990 年德国环境责任法》出现问题的原因，该法律要求可造成重大损害的装置的所有者购买责任保险或具备充分的财务保障①。

我们应当认识到，如果把具有保险覆盖作为企业经营的前提条件，保险企业就事实上成为企业的许可人，从政策角度看，这是值得怀疑的②。实际上，保险人成为“环境警察”③。

而且，这可能会产生实际问题。设想一个保险人在保单中规定，如果投保人不遵守法定的政府管制，就取消保险覆盖。如上所述，这可能确是控制道德风险的一个有效工具。但是，在强制保险情况下，如果发生事故，保险人不能以这种排除保险覆盖为由对抗责任保单的第三方受益人。在强制保险中，保险合同中的抗辩不针对第三方是一个广为人知的事实。因此，保险人必须赔偿受害人，并可能有（法定的或合同的）向投保人追索的合法权利，如果后者是有能力偿付的。如我们所说明的，这就是为什么保险人对强制保险不太情愿的原因之一。

6.8.5.2 与保险人合作的必要性

显然，人们可以认为，如果政策制定者和保险界开展良好合作，从而保险界可以告知政策制定者环境损害的可保性，这些问题就可以得到解决。但是，

---

① Wagner（1991b：249－260，1992：261－272）.

② 欧盟委员会《环境损害赔偿绿皮书》［COM（93）47 最终版本，第 13 页］也提出了这一点；也可见 Rogge（1997：40）。

③ 所以，见 Monti（2001：51－79）。

实践表明（就核事故责任而言），关于某种风险的可保性或可用的覆盖额，保险人提供的信息并不总是可靠的。这里，我们可以提到比利时核互助池（Syban）提供的信息，即核事故的第三方责任覆盖只有 40 亿比利时法郎，比利时核互助池没有提及有 400 亿比利时法郎可用于覆盖核装置本身的第一方损失[①]。

在这方面，似乎有一种权衡：规定投保义务而不与保险界合作（德国可能就是这种情形）会导致灾难性的结果，即政府迫使企业购买某种保险覆盖，而市场却以不愿提供这种覆盖作出回应。但是，如上面提到的，保险人（通常由保险协会代表）与政府的密切合作只会增加保险市场高度集中的风险。一个经常出现的结果是，只要采用强制责任保险，相关企业就会施加重压，以获得责任的财务限额。

6.8.5.3　环境责任保险“已经成熟”？

一个进一步的问题是，政策制定者应当同等地认识到，目前，环境损害的责任保险覆盖仍然是一个比较年轻且经验不足的领域。欧盟委员会《环境责任白皮书》也注意到，环境风险的保险可用性有可能会逐渐发展[②]。与该研究平行开展的实证研究将准确地揭示出竞争性市场能以何种方式对生物多样性损害提供各种细分的责任保单，但是，如果这些研究表明这种细分的保单提供是有限的，那么，人们就会再次提出这样的疑问，即在私人保险市场上，如果只有程度有限的覆盖（或者没有充分的竞争），采用强制保险是否是合理的。当然，目前，环境责任保险覆盖的有限可用性在很大程度上是由逆向选择问题造成的：由于有保险需求的公司数量太少，最优风险分散（通过大数定律）是不可能的[③]。而且，只有不良风险对保险有需求，这恰好造成逆向选择问题。所以，人们可能会天真地认为，通过强制所有污染者，良性风险和不良风险都购买保险覆盖，就可以解决这个问题。但是，环境风险的有限的可用保险主要是由于其难保性所致，要通过强制所有污染者购买保险来解决这个问题，看来是奇怪的。

在这方面，我们可以提到上面的讨论，其中，我们指出，环境责任保险的风险细分仍然处于其可能性的开始阶段，有更多的可能性将保单条件和保险金以适当的方式与企业的生态可靠性联系起来。所以，人们确实可以怀疑，目前，保险企业是否能够以某种方式对环境责任风险进行细分，从而可以认为，在竞争性保险市场上能够最优地控制道德风险。显然，解决这些问题的药方不是将运

① Faure and Van den Bergh（1990：241－254）.

②《环境责任白皮书》，第 44 页。

③ Rogge（1997：38）.

行不佳的保险制度改变为强制保险。

6.8.5.4　接受义务?

显然，人们可能会对此作出反应，天真地提议，如果保险市场拒绝提供适当的责任保险，政策制定者不仅应当规定企业有购买法定责任保险的义务，而且可以规定保险公司有接受的义务。可以认为，这种接受义务可以同时防范保险企业事实上成为企业许可人的风险。但是，由于有效控制道德风险是非常重要的，而保险人控制道德风险的一个重要工具恰是具有对某投保人可能造成的风险进行事前监督的可能性，因此，规定保险企业有义务接受某些企业为被保险人，看起来就像走一条极为危险的道路。最终，这会导致保险企业认为某行业造成的责任风险太高。对道德风险进行最优控制的愿望的一个逻辑结果应当是，保险企业有权利自由地决定哪些潜在的责任方可以投保，哪些不能投保。所以，强制接受的义务似乎与保证责任保险市场有效运行必须尊重的基本原则有冲突。

6.8.5.5　法律实践

如果人们看一下法律实践，就会注意到，迄今为止，欧洲的立法者对采用强制责任保险似乎十分戒备。就本书中讨论的国家来说，我们已经提到《1990年德国环境责任法》[①]。

瑞典看来也有强制保险制度，制定了《1986 年环境损害保险法令》，于 1989 年 7 月 1 日生效，该法令包括了瑞典《1969 年环境保护法》的保险条款[②]。更加特别地，根据《1969 年环境保护法》，被认定为危险并需要许可或执照才能经营的活动确实有义务为环境损害和风险购买保险覆盖。

其目标是，在《1986 年环境损害保险法令》规定的责任准则缺失的情况下，如污染者破产的情形，保证赔偿受害人和环境恢复。因此，在这种情况下，是根据人身和/或财产损害的保险覆盖对受害人提供赔偿，但适用财务限额，人身伤害的赔偿限于每个受害人 500 万瑞典克朗，财产损失的赔偿最高不超过 5 000 万瑞典克朗。最后，人身和/或财产损害有一个年度总限额，等于 2 亿瑞典克朗。但是，就本书的研究而言，重要的是要注意，尽管强制保险制度出现在《1969 年环境保护法》的框架中，该保险实际上只涉及财产损失和人身伤害，并不涉及对自然资源或生物多样性的损害。

所以，这种保险机制的适用只是补充性的，即污染者首先要承担其活动与责任的成本，只有在其财务能力用完时，才由其保单加以支持。这种保险制度

---

① 关于所采用的可保性政策，见 Lang（1996：176－183）。一个概览，见 Richardson（2000：61－62）。

②《1986 年环境损害保险法令》，1989 年，第 365 页。

的主要目的不是通过对风险进行保险来保护有关活动，而是确保受害人的赔偿，并间接地保护环境。另一方面，相关的财务限额的目标是保证保险人不必面对太多的赔偿成本，太高的赔偿会导致它们与相关活动一起破产。

还有一点与这样的事实有关，即本保险制度不对发生在《1986 年环境损害保险法令》生效前的行动造成的损害进行覆盖，因此，这样的损害由公共资金进行赔偿，一些作者会认为这是合理的，其理由是让企业和保险人为过去的行动付费似乎是不公平的。

尽管这些强制保险条款看来简单而有效，瑞典当局仍然想对它们进行修改。其原因之一是中小公司的破产数量日益增加，包括进行有毒化学品和废弃物处理与贮存的公司。通常，法律规定的相关财务限额和有关活动的资产与货币能力不足以保证适当的赔偿和环境恢复。因此，瑞典政府考虑建立新的赔偿基金，以确保环境恢复，并预防对自然资源的严重影响。这实际上是把对自然资源造成的损害包括在保险覆盖内，从而要求保险覆盖限额按照该类型损害的性质本身进行调整。

另外，瑞典政府也考虑建立强制保险制度，适用于任何潜在危险的活动，而不是只适用于根据《1969 年环境保护法》需要执照或许可的活动。这将显著扩大强制保险制度的适用范围，并需要关于危险性的标准，这样的标准可以包括整个工业行业，如化学品或废弃产品等。

不管怎样，基本原则是一样的，即保险的运用只是补充性的，首先是由污染者承担其污染的成本，只有在其不能进行赔偿时，其保单才在法定的财务限额内加以支持。

瑞典的保险制度提供了一个可以称为“基本的”强制保险制度的范例。之所以称其为“基本的”，是因为它不覆盖环境清理和恢复成本，也不覆盖追溯责任。但是，由于保险只起补充作用，其目的是为公司提供激励，使之采取更加环境友好的工业行为。

人们应当注意到，在这个瑞典模式中，显然不会出现前面提到的强制保险制度的危险，这可能有若干原因。有人认为，瑞典的强制保险制度不是以责任保险，而是以直接保险为基础[①]。环境损害的直接保险制度比责任保险可能更为可保，这种保险对受害人的权益提供直接覆盖，只有在由于加害人破产，受害人不能运用责任法律时，保险才介入提供覆盖。因此，瑞典的这一制度更多地具有受害人权益保证金的特征，由潜在污染者通过保险提供资金。

如果我们看一下欧洲，特别是欧共体理事会 1985 年 7 月 25 日《缺陷产品

① Bocken（1998：35）.

责任指令》[1]，我们可以看到，这一指令并不包括投保或提供财务保障的义务。但是，如其在《缺陷产品责任绿皮书》[2]中所宣布的，欧盟委员会明确地想要重新考虑的一个问题是，是否需要要求生产商对与生产有关的风险具备保险覆盖。

6.9　赔偿基金

6.9.1　引语

在讨论环境损害问题时，不可避免地要出现的一个问题是，传统的责任法律加上保险究竟能否对环境损害进行赔偿。在许多法律体系中，其趋势是走向严格责任，从而回避了过失或疏忽问题，但是，前面已经指出，由于破产问题，严格责任不能独自确保对环境损害的赔偿，这就会产生对保险的需求。但是，众所周知，环境损害保险会产生许多问题[3]，因此，在许多法律体系中，提出了环境损害赔偿是否应当由赔偿基金来提供的问题。在这方面，广为人知的当然是美国的超级基金，由《综合环境反应、赔偿和责任法》（CERCLA）设立，但该基金受到许多批评[4]。

在欧洲的若干法律体系中，也可以听到支持设立赔偿基金覆盖环境损害的呼吁。在荷兰，文献中提出了这样的建议[5]。另外，在各成员的建议改革环境法的政策文件中，也越来越多地采纳这个观点。在这方面，我们可以再一次提到佛兰德斯大区环境法改革大学间委员会（ICHMVG），该委员会建议在佛兰德斯大区设立赔偿基金[6]；也可提到一项为荷兰环境部开展的研究，该研究建议在荷兰建立环境赔偿基金[7]。最后，我们还可以提到，欧盟委员会《环境损害赔偿绿皮书》也注意到了赔偿基金的作用。所以，在关于环境损害赔偿的研究中，我们有充足的理由对赔偿基金进行更加充分的考察，特别是把基金与传统的保险进行比较。

---

① 欧共体理事会 1985 年 7 月 25 日关于成员缺陷产品责任的法律、管制和行政条款统一的《85/374/EEC 指令》，1999 年 6 月 4 日修订。Official Journal，L 210，1985 年 8 月 7 日，第 29-33 页，https://eur-lex.europa.eu/eli/dir/1985/374/oj。——译者注

② 欧盟委员会，1999 年 7 月 28 日，COM/99/396 最终版本，https://eur-lex.europa.eu/。——译者注

③ 一般的，关于可保性的局限，见 Faure（1995c：454－462）。

④ 分析超级基金的有趣论文，见 Revesz and Stewart（1995）。

⑤ Kottenhagen－Edzes（1992：297－298），Hulst（1993：518），Knottenbelt（1990），Van（1995：145－154）.

⑥ ICHMVG（1995：943－985）；Bocken，Lambrecht，Boes，De Nauw，Faure and Lavrysen（1996：31－32）.

⑦ Gilhuis and Verschuuren（1994：3），Hulst（1995：167－173），De Putter and Verschuuren（1995：96－99）.

6.9.2 各种基金

人们难免有这样的印象，特别是在政治层面上，基金常常被倡导为对所有环境损害问题的神奇的解决方案，但没有对具体的基金进行清晰的界定。这会产生误导，因为基金一词常常用于各种非常不同的私人或公共财务安排——在本章开关的引语中，我们已经讨论了一些这样的安排。下面，我们简要地阐述在讨论环境损害时可能起作用的基金类型，这一概述可以说明，这些名目繁多的基金通常用来达到非常不同的目标。

6.9.2.1 限额基金

在美国的文献中，基金的概念有时用来指对类似产品或服务造成的大众损害予以赔偿的机制。在这些产生系列损害的情形中（如中毒侵权），通常的做法是，有责任的企业愿意与受害人达成一项和解，条件是该企业向所有受害人提供一笔确定的总额，从而对该侵权造成的损害达成最终解决。于是，在某种意义上，制造商将筹集一笔资金，用来赔偿所有受害人。这可以称为限额基金，因为同意这种和解的企业通常希望把其责任限定在其提供的基金数额内。在这种情形中，由于只是有责任的制造商向基金提供资金，风险不会扩散到其他（潜在的）制造商。

在石油污染损害的民事责任领域，有这种限制基金的例子，《关于石油污染损害民事责任的布鲁塞尔公约》第 V 条规定了有责任的油轮船主提供限额基金，用于赔偿受害人的可能性[①]。作为对支付某一总额的回报，船主的赔偿义务通常限于提供的数额：这是一种限额基金。在荷兰，人们也认为，这种基金方案可使接触有毒物质造成的健康损害的赔偿更加容易[②]。

但是，不可避免地会产生的问题是环境损害有潜伏期。在限额基金方案中，排除后来者是非常重要的，因此，这可能不是环境损害的理想解决方案。在这些情形中，限额基金的目标主要不是提供一种针对消失的加害人的补救办法，而是要有一种在系列损害的受害人之间分割可用金额的有效办法[③]。

不过，这种限额基金还是有一定作用的。如果人们担心某种活动将来会造成损害，在从事该活动的企业开始经营时，可以要求其事前支付一笔较大的数额，在环境损害发生时可以用于赔偿。如果发生损害，加害人的责任限于其需

---

① 在这种特定的情形中，责任本身也是有限制的。

② 见其就职讲话，Dommering - Van Rongen（1996）。

③ 这是欧盟《缺陷产品责任指令》在第 16 条中采纳限制基金思想的原因。该条规定，在系列损害的情形中，成员可以选择把责任限定在一个不低于 7000 万欧洲货币单位（ECU）的数额。但是，只有少数成员采用了这个选择。

要支付的数额，《佛兰德斯环境法实施命令》中提出了这一制度[①]。

这种制度对企业的好处是显而易见的，需要支付的数额是确定的，而在需要承担完全的无限责任时，从来就不是这种情况。另外，经营结束后，如果没有发生环境损害，可以（由主管机构同意的保险、现金支付、银行担保或其他财务担保）返还为赔偿环境损害而备付的数额。所以，与已付的保险金不同，这笔钱并没有失去。从社会的角度来看，其优点是，如果发生事故，至少可以确定有一笔资金，其金额被认为足以赔偿环境损害。

6.9.2.2　预付金

第二种称为基金的安排是预付金。预先支付或提前收取是对责任和保险覆盖问题的旷日持久的民事程序的一种补救，这些程序可能比受害人的一生还要长很久。特别是对于石棉受害人，由于发现生病之后不久就会死亡，受害人（的亲属们）只能在受害人死后得到赔偿，可以认为这是极不公平的。因此，荷兰提出了预付金，作为对石棉受害人的补偿[②]。

在环境立法中也有预付金的实例。在比利时，《1977 年 1 月 10 日法案》为地下水抽取造成的损害建立预付金[③]。再一次，还不能确定预付金能否在环境损害中起很大作用。对于环境损害，为什么赔偿基金有时候得到捍卫，其原因与旷日持久的程序没有太大关系，而是更多地与某些环境风险的不可保性或无法认定具体加害人的事实有关。如果这些问题要得到解决，预付金不是充分的补救办法。

6.9.2.3　保证金

保证金是广为人知的保护受害人不受有责任的加害人或其保险人破产影响的工具，保证金的优点是只对所谓的超额风险进行介入，即在具体情形中，由于各种原因，没有保险覆盖的风险。但是，重要的是，只有在保险等其他赔偿机制失败时，保证金才介入赔偿，下面将讨论保证金对赔偿环境损害可能起到的作用。

6.9.2.4　通用环境基金

第四种选择是环境基金，通常作为责任和保险的替代机制来运作。虽然常常不是十分明确，可以认为，人们使用赔偿基金一词，通常就是这个意思[④]。

---

① 见 Bocken，Lambrecht，Boes，De Nauw，Faure and Lavrysen（1996：31－32），其基础是 Smets（1991：397－423）。

② 特别是荷兰社会主义党，见 Swuste（1996：119－122）。评判性分析，见 Faure and Hartlief（1996b：37－43）。

③ 详细的讨论，见 Bocken（1984：368－）。

④ 关于各种赔偿基金的运用，见 Bocken（1987：83－87，1988：3－10，1990：11698－11714，1991b：425－437）。

但是，如果这些赔偿基金要用来替代责任制度，不可避免地要产生的问题是它们如何获得足够的资金。因此，我们现在聚焦于赔偿基金和责任加保险作为损害赔偿机制的基本差异。

6.9.3 公平和有效赔偿的基本原则

不论赔偿制度如何安排，预防环境损害的动机都应不受影响。在讨论责任是否应当可追溯的问题时，我们已经提到这些原则[①]。但是，在判断其他赔偿机制是否有效时，这些原则也是很重要的。在第 3 章中，我们强调责任准则不仅有赔偿效应，也有预防效应。只有让实际的风险促成者承担赔偿义务，责任准则才能有预防效应。这意味着，原则上，赔偿义务应当赋予实际的风险促成者。

第二个相关的原则是，赔偿义务也应与某活动或企业家促成风险的数量有关。在责任法律中，这一原则通常自动得到尊重。在侵权法中，赔偿义务通常的确限于某侵权行为人自己造成的损害[②]。但是，如果是集体进行赔偿，保证侵权行为人只根据其促成风险的数量来出资，仍然是重要的。在保单中，这体现在风险细分的思想中[③]，这就意味着，不良风险比良性风险要支付更高的保费。建立赔偿基金也要遵循这一原则，意味着，不良风险向赔偿基金的出资应当多于良性风险。因为这样可以对赔偿基金的出资人提供对预防的激励，所以是非常重要的。不良风险将受罚，而良性风险应褒奖。

这些原则不仅从效率观点来看是重要的（提供最优预防激励），也包含公平因素。实际上，如果不遵守这些原则，就意味着良性风险需要为不良风险付费，因而在事实上补贴不良风险。应当避免这种不利的再分配，因此，赔偿机制——基金或保险，应当主要由损害的实际造成者来出资。

总之，赔偿机制应以差异化出资为目标，只有在保险公司或基金管理机构具有某活动造成风险的数量信息时，这种差异化才是可能的。因此，决定选择保险或基金的一个关键因素是谁具有控制风险的最佳信息。

6.9.4 基金与保险

6.9.4.1 风险细分

在运用上述原则时，如果在理论上基金和保险都是可用的，没有很多理由

---

① 在第 3 章 3.6 节中讨论过。

② 除非有连带责任或者责任限方，见第 3 章 3.5 节。

③ 本章 6.2.3 节阐述了这一思想。

可以说明为什么赔偿基金比私人保险市场能提供针对破产的更好保护。可以认为，既然保险人专门从事风险细分和风险分散，所以能更好地对风险进行细分。因此，保险人具备确定其投保人以何种方式促成风险的技术。显然，这种看法假设保险市场是竞争性的。如果保险市场没有竞争，保险覆盖的供给就会过少，或者保险金就会过高，这就可以说明选择赔偿基金是合理的①。但是，如果保险市场是竞争性的，就可以认为保险人能比赔偿基金管理者更好地解决经典的保险问题，即道德风险和逆向选择。原则上，人们看不出为什么管理赔偿基金的政府机构会比保险人具有更好的风险信息。

但是，如果涉及高度的技术风险，从而某种设施的经营者比保险公司处于更好的地位进行相互监督，情形就不同了。上面已经给出了若干实例，例如，关于核损害的赔偿，我们已经提出了这一点。可以认为，既然核电站经营者比保险公司具有更好的关于良性风险和不良风险预防的信息，他们之间的风险共担协议可以导致经营者间的最优监督②。另外，在海事保险中，我们已经讨论过，以油轮船主间互助风险分担为基础的保护与赔偿俱乐部起着十分重要的作用③。因此，就这些高度专门化的事情而言，人们可以认为，在某些情形中，既然经营者们能够更好地加工某种风险信息，他们自己可能比保险公司更适合控制道德风险④。但是，这些例子说明，采用这些风险共担协议，没有利用政府管理的赔偿基金。

总之，如果保险和赔偿基金都是可用的，没有明确的理由可以说明为什么基金是优先选择的方案。但是，有一些理由可以说明为什么保险不能提供对某些风险的覆盖，在这种情况下，由于保险不是替代选择，基金不能与保险进行比较。但是，如我们在本章前面部分中所证明的，不应过早地得出环境风险不可保的结论⑤。

6.9.4.2　成本比较

在比较保险与赔偿基金时，还要分析这两种工具的成本比较。由于责任保单不是为一种活动，而是为一整套风险达成的合约，一般来说，保险较为便宜，因为一个保单只发生一次交易成本，并且，由于竞争压力，保险公司内部的行

---

① Faure and Van den Bergh（1995：65－85）.

② Faure and Skogh（1992：499－513），Faure（1995b：21－43）.

③ Coghlin（1984：403－416）.

④ 欧盟委员会《环境损害赔偿绿皮书》也讨论了这些“共同赔偿制度”。EU Commission，COM（93）47 最终版本。

⑤ 关于比利时环境风险的保险问题，见 Bocken（1992：284－327，1993：239－280），Bocken and Ryckbost（1991）。

政机构被迫尽可能降低成本。保险公司的风险分散成本也可能比赔偿基金低，因为保险人确实具有获得风险细分信息的专门方法。另外，文献中认为，由于各方可以事前就意外事故的风险分布和损失达成一致，保险可以降低缔约方之间的交易成本[①]。

显然，这种成本比较也取决于所讨论的赔偿基金类型。在多数情况下，人们立即想到由管制当局管理的赔偿基金，如果是这种情况，人们当然可以引用关于官僚机构的负面影响的文献，认为这种公共运营的赔偿基金并不必然会以低于私人保险市场的成本提供赔偿。如果基金由私人来管理，可以降低成本，但在这种情况下，需要安排与其他基金的竞争，以提供降低成本的激励。

只有在人们所说的基金不是取代责任准则和保险制度的基金，而是限额基金时，才可以认为基金有成本优势，如佛兰德斯大区环境法改革大学间委员会（ICHMVG）所建议的基金，在这种情况下，潜在的加害人事前对潜在的未来损失进行备付。

6.9.5 环境损害赔偿基金

到目前为止，我们扼要地阐述了这样的见解：一般地说，几乎没有理由可以认为，赔偿基金可以比私人保险市场提供更好的赔偿，如果我们假定可以找到一个或多个明确的污染者，就特别是这种情况。如果环境损害可以通过责任准则进行弥补，也不清楚为什么赔偿基金能比保险有优势。但是，这并不意味着赔偿基金对环境损害根本没有用武之地，因此，多数基金方案通常都针对不能识别污染者或污染者破产的情形[②]。

6.9.5.1 保证金

在加害人或其保险人破产的情况下，赔偿基金可以用来保证赔偿。在这种情况下，基金并不取代责任准则和保险制度，只在加害人或其保险人破产时才介入。这种责任制度、保险和破产风险保证金的组合运用的优点是，责任制度的激励不受影响，只有在破产的情形中，基金才介入[③]。

但是，由此出现的问题是，这种基金是否可以（在最广泛的意义上）与强制保险分开运用。实际上，如果加害人破产是人们担心的问题，更加符合逻辑的似乎是讨论投保义务的采用，而不是马上提出基金方案。如果我们考察一下目前保证金的运用，就会注意到，它们通常用于防备保险公司破产的情况。这

---

① 这一论点的提出，见 Skogh（1989a：726－732）。

② 例如，Smets（1997：223－248）。

③ Monti（2001：51－79）也建议采用这种组合方法。

就提出了这样的问题，即规定环境损害的投保义务到底是否是有用的[①]。前面的 6.8 节已阐述了这个问题，如我们已经看到的，至今，只有少数几个国家采用了强制环境责任保险[②]。但是，需要强调的是，如果我们想要提供对加害人破产情况的保护，更为适当的是重点考虑各种迫使潜在污染者事前准备好未来损失赔偿的财务机制，而不是重点考虑事后的基金方案。一般地说，人们可以怀疑，重点考虑在保险人破产情况下介入的保证金，而不是重点考虑提供覆盖的其他事前赔偿机制，是否是有用的。

6.9.5.2　恢复金

有另外一种情形，即无法认定哪个企业应对所造成的损害负责[③]。在这种情形中，保险无法介入，而赔偿基金可证明是有用的。既然没有哪个加害人是有责任的，相应地就没有保险人需要进行赔偿。比如说，某栖息地因酸雨而恶化，在这样的情况下，责任准则通常不是合适的工具。对于这些找不到个别加害人的具体情形，可以考虑建立赔偿基金。但是，赔偿基金应当只限于这些情形，从而，在能够找到加害人的所有其他情形中，责任准则和保险仍能发挥其预防作用。

仍然需要回答的问题是，谁来为这种基金出资。理想条件下，风险的所有促成者都应出资。但是，与交通事故不同的是，要事前知道何种活动造成损失是不容易的。一般地，如果可以认为是二氧化硫排放造成了损失，显然，经济学家就会倡导对二氧化硫排放征收庇古税，来为基金提供资金。但是，为什么在实践中环境税仍然较少，原因之一是，常常很难确定这种特定活动在多大比例上造成了风险，因而难以确定最优边际税率。如果这是不可行的，那么，唯一的替代选择是，政府为该地点的恢复直接付费，或者出资建立一个赔偿基金，由该基金为清理活动提供资金。但是，在这两种情况下，都是纳税人需要提供金融资源，人们就会怀疑，除了可以确定特定的公共资金将用来赔偿环境损害的事实，设立赔偿基金是否有任何附加的价值。

6.9.6　结语

许多现象称为“基金”方案，包括环境损害的私人或公共赔偿制度。我们简要考察了若干这样的解决方案，把它们与传统的责任准则和保险进行比较，讨论最多的是可以完全取代传统保险的赔偿基金。对于能找到明确的污染者并

---

① 如文献中所建议的，特别是 Hulst（1993：518）。

② 例如德国，见 Wagner（1991b：249－260，1992：261－272，1996：97－146）。

③ 关于传统责任准则与保险失败的其他原因，见 Bocken（1991a：133－145）。

使之负责的情形，我们怀疑赔偿基金能否起到人们所期待的重要作用。一般地说，保险似乎可以更好地控制风险，并可以较低成本加以提供。另外，长尾风险等问题可以通过充分的保单加以纠正[①]。

因此，看来更为适当的是，尽可能运用传统的责任准则和保险，只有在保险市场失灵，并有理由相信基金能够提供充分赔偿时，才运用基金。在这方面，如果保险公司倒闭的话，我们可以想到用保证金来提供覆盖。但是，如果没有相应的投保义务，采用保证金似乎没有用处。

更为重要的是，要重点考虑用各种其他法律工具来提供对加害人破产情形的保护。关于环境危险活动导致损害的民事责任的《卢加诺公约》（Convention of Lugano）也提供了这样的灵活性，第 12 条规定，经营者要参加财务保障制度或保持财务保障达到某种限额，但不必是保险。佛兰德斯大区环境法改革大学间委员会（ICHMVG）的建议也比投保义务更加灵活，要求潜在污染者事前提供任意种类的赔偿、银行担保或其他种类的事前支付，作为环境损害发生时的赔偿保证。这种解决方案的优点是，既不取代责任准则和保险，也不强制潜在污染者购买保险覆盖。它规定了一种灵活的制度，只要事后能够充分地赔偿环境损害，潜在污染者可以选择任何市场解决方案。

环境损害有各种原因，在不能指明个别加害人的情况下，上述办法仍然不能解决环境损害赔偿问题。对于这些情形，基金可能是可取的，尽管仍不清楚应该如何融资。如果能够充分地分清污染者促成风险的数量，可以通过对污染活动征税来为基金提供资金。不然的话，一般税收制度应当介入，但基金的必要性也就不存在了。

总之，重要的是要仔细地分析责任准则、保险和基金的联合运用[②]，这样可以找到这些制度的某种组合使用，其中，责任准则提供的激励不受影响，而在环境损害无法追踪到某个污染者的特定情形中，基金可以提供有益的贡献。

---

① 见本章 6.5 节中的讨论。

② Monti（2001：51 - 79）.

第 7 章

环境联邦主义

7.1 引语

从欧洲法律的视角来看，本章阐述的主题涉及属地原则。欧洲法律的传统观点认为，为了统一市场条件，需要完全统一的准则和标准。1987 年，《单一欧洲法案》针对环境问题创立了属地原则，1992 年，《欧盟条约》（《马斯特里赫特条约》）将其提升为共同体政策的一般原则，“只有在拟议行动的目标无法由成员充分地实现，由于拟议行动的规模或影响，可以更好地由共同体来实现时，共同体才采取行动。”①所以，为了实现《欧盟条约》第 2 条中的目标②，政策制定者需要更加审慎地考虑，准则和标准是否确实需要完全统一，这就为采用全新的方法提供了余地，这些新方法比传统上采用的方法更加严谨。

在本章中，我们从经济学的角度讨论属地原则，由此，欧洲环境法的中心问题是，是否需要统一竞争条件，即统一环境标准，以实现《欧盟条约》第 2 条中的目标。这个问题确实值得深入研究，为了回答这个问题，我们着重考虑关于联邦体制内最优管制层次的文献③。

本章的结构如下：第 7.2 节简要考察欧洲环境政策的传统观点，即竞争条件应该统一；接下来，一般性地讨论集（分）权的标准（第 7.3 节），并应用于环境问题（第 7.4 节）；第 7.5 节和第 7.6 节分别讨论上面这些研究结果对环境标准制定和欧洲环境政策的影响；最后，阐述公共选择的视角（第 7.7 节），并

---

① 根据《欧盟条约》，《欧共体条约》中确立属地原则的第 130r 条第 4 款提升为第 3 条 b（2）款。关于属地原则问题，见本书第 8 章和附录，也可见 Kimber（1995：1658－1690）。

② 即“共同体的任务是……在整个共同体内推动经济活动的和谐与均衡发展，尊重环境的可持续与非通胀的增长，……提高生活水平和生命质量”。

③ 本章部分地以先前的研究为基础，见 Faure and Lefevere（1995a：320－351，1995b：321－326，1996：112－122），Van den Bergh，Faure and Lefevere（1995：121－166），Faure（1998：169－175）。

提出若干总结性看法（第 7.8 节）。

7.2 欧洲的环境政策：竞争条件的统一

迄今为止，欧盟在环境法方面极为活跃，为了统一排放标准、环境质量标准（也称为目标标准）和程序准则，欧盟发布了一系列环境指令[①]。1996 年 9 月 24 日，欧盟理事会发布关于一体化污染预防与控制的《96/61/EC 指令》（也称为《IPPC 指令》）[②]，把这些内容整合在一起，以许可制为控制排放的核心工具，实现了（有限的）程序统一[③]，还规定了统一排放限值和目标标准的准则。

迄今为止，就欧洲层面的环境立法行动，欧盟委员会给出了各种理由，虽然大多数环境指令有其不同的采纳理由[④]，但对于本章的主题，最重要的理由有以下三点。

（1）解决越境环境问题。若干个环境指令都提出污染的越境特点，来主张欧洲层面的管制，如欧共体理事会 1976 年 5 月 4 日关于向水环境排放危险物质造成污染的《76/464/EEC 指令》[⑤]。

（2）创造平等的竞争条件。这个理由是说，共同市场的运行需要统一的竞争条件。这个论点通常称为创造“公平赛场”，用来统一欧洲范围内的任何立法[⑥]。上面提到的《76/464/EEC 指令》也以这个“竞争条件统一”论为基础，其理由是，排放条款的差异可导致不平等的竞争条件，从而直接影响共同市场的运行[⑦]。

（3）纯粹的生态保护。有若干环境指令的目的是保护“欧洲环境和文化遗产及人类健康”，如欧共体理事会 1992 年 5 月 21 日关于自然栖息地和动植物保护的《92/43/EEC 指令》[⑧]。

---

① 关于欧洲环境法中采用的各种统一技术，见 Esty and Geradin（1997：294），Pfander（1996：62－75）。

② *Council of the European Union*，*Office Journal*，L 257，1996 年 10 月 10 日，第 26－40 页，https://eur-lex.europa.eu/。关于这一指令的论文，见 Backes and Betlem（1999），本书第 2 章也讨论了这一指令。

③ 进一步的细节，见 Faure and Lefevere（1996：112－122）。

④ 进一步的细节，见 Van den Bergh，Faure and Lefevere（1995：128－131）。

⑤ *Council of the European Union*，*Office Journal*，L 129，1976 年 5 月 18 日，第 23－29 页.

⑥ 欧共体理事会 1985 年 7 月 25 日《缺陷产品责任指令》的依据，也是各成员的不同责任准则会破坏竞争条件，本指令发布前的考虑有：“现有的差异会扭曲竞争，影响共同体市场内的货物流通，有必要统一各成员关于产品缺陷造成损害的厂商责任法律……”

⑦ 关于其他指令，也提出了相同的论点，见 Van den Bergh，Faure and Lefevere（1995：129）。

⑧ *Council of the European Union*，*Office Journal*，L 206，1992 年 7 月 22 日，第 7－50 页。

本书作者迈克尔·福尔尝试从经济学的角度对在欧洲层面上采取环境立法行动的这些理由进行研究，期望更多地了解在欧洲层面上采取环境立法行动的具体理由。现在，我们转向经济学方法，先简要讨论这样的问题：关于统一竞争条件的必要性，经济学的一般教导是什么？关于集（分）权的经济学文献为我们提供了集（分）权的经济标准，我们可以根据集（分）权的经济标准来理解欧洲如何解决环境管制的属地问题。

7.3　集权和分权的起点[①]

7.3.1　泰鲍特模型

联邦主义经济学回答的问题是，法规制定应该在中央（欧盟或联邦）层次上，还是在更加分散化的层次上进行，或者，就环境问题而言，哪种环境法规应该在哪个层次上制定。泰鲍特（Tiebout）提出的地方公共物品的最优提供理论[②]为这一问题的分析提供了起点，该理论认为，当偏好相同的人们聚集在一个社区时，在一定的限制条件下，地方当局间的竞争会产生有效率的资源配置结果。例如，如果说一个社区的居民高度偏好运动设施，而另外一个社区的大多数居民都偏好歌剧，第一个社区很有可能建设运动设施，而第二个社区很有可能提供歌剧院。如果在第二个社区里有人更加偏好运动设施，而不是歌剧院，他就会移居到第一个社区，显然，这个社区提供的公共服务更好地符合其偏好。其结果是，消息灵通的居民会移居到能够提供最符合其个人偏好的地方服务的社区中去。也就是说，由于这个所谓的“用脚投票”，地方当局间的竞争会导致居民们根据其偏好聚居在一起。在实践中，人们可以注意到，不同的社区确实会提供各种不同的公共服务，其结果是，通过影响决策（选举投票）或者搬家离开（用脚投票），居民们能够影响地方公共产品的供给。

7.3.2　相互竞争的法律体系

上述基本观点，居民们将移居到公共服务最符合其偏好的社区，不仅适用

---

① 这一部分主要基于范·登·伯格（Van den Bergh）的一次就职讲话，这篇讲话讨论了为集（分）权提供标准的经济学文献（Van den Bergh，1994a，1994b：337－366）。

② Tiebout（1956：416）。一个讨论，见 Rose－Ackerman（1992a：169－170）。

于提供社区服务，也适用于财政决策[1]和环境选择等[2]，还可以用于法律准则制定。范·登·伯格（Van den Bergh）曾提出，立法者之间的竞争会导致法律体系间的相互竞争，从而提供与居民偏好最为一致的立法。奥古斯（Ogus）也认为，各国的各种立法者将建立法律供给的竞争市场[3]，居民们将聚集在法律准则与其偏好一致的国家中，达到理想的最优配置状态。消息灵通的居民们如果对所提供的法律不满意，可以用脚投票，移居到立法与其偏好一致的社会中。假设不同的法律体系提供不同的法律准则，这个观点可以解释法律体系的多样性和差别[4]。

根据这一观点，如果不同国家的各种法律规则有差异，例如，当今的欧洲就是这种情况，我们不应负面地看待。或许，在国际私法中，最好地体现了法律体系的相互竞争，人们可以在法律制度中选择最适合其需要的法律体系[5]。弗雷（Frey）和艾琴伯格（Eichenberger）曾经提出过法律体系竞争的极端形式，即职能重叠竞争管辖（FOCJ），对于政府的不同职能，居民们可以选择不同的政府体制[6]。

显然，只有在满足一定条件时，法律体系的竞争才能实现法律规则供给的配置效率。一个条件是，居民们对各种立法者提供的法律规则的内容有充分的信息，这样才能做出见多识广的选择。另外，移居成本常常是高昂的，因此，即使（法律）制度并不是最适合其需要，人们仍会呆在原地[7]。再者，显而易见，居住地决策是在诸多因素的影响下做出的，法律制度可能不是决定性的[8]。在现实中，工作地点和住所是如此重要，人们常常别无选择[9]。最后，如我们下面将要讨论的，只有在一种法律体系内的决定对其他法律体系没有外部效应时，这种法律体系间的相互竞争才能起作用，实现法律规则制定的配置效率。

---

① 例如，Inman and Rubinfeld（1994：147），Kirchgässner and Pommerehne（1996（3）：351－371），Oates（1972）。

② 所以，Oates and Schwab（1988：333－354）。

③ Ogus（1999：405－418）.

④ Van den Bergh（1998：134）.

⑤ 但是，具体法律制度的选择可能并不总是与法律体系的质量有关，而是与法院或仲裁体制的质量有关，后者可以说明为什么在契约的法律条款选择中流行英国法律（Ogus，1999：408）。

⑥ Frey（1996：315－327），Frey and Eichenberer（1996：335），Casella and Frey（1992：639）.

⑦ 如奥古斯（Ogus）所言，对于立业自由和资本流动，不应有壁垒（Ogus，1999：407）。

⑧ 这是为什么弗雷和艾琴伯格（Frey and Eichenberger）支持 FOCJ 的理由之一：对法律或体制的选择不应是排他性的，不同的职能可以有“重叠”管辖（Frey and Eichenberger，1996：316－318）。

⑨ Rose－Ackerman（1992a：169）.

7.3.3 “自下而上的联邦主义”

因为立法者间的竞争将实现资源配置效率，在经济学文献中，泰鲍特模型被用来主张以分权为起点，确定集权（分权）的标准，范・登・伯格用这个理论提出了欧盟内部集权（分权）的标准。以泰鲍特模型为起点，如果分散化的立法者间的竞争会导致法律规则的最优供给，那么，集权（分权）标准的核心问题应当是为什么要集权，范・登・伯格称之为“自下而上的联邦主义”。据此，范・登・伯格对欧洲的部分法律文献提出了批评，由于其重点关注的问题是为什么应该分权，他称之为“自上而下的联邦主义”，根据上述经济理论，这是个错误的问题。

从泰鲍特模型出发，由于地方层面拥有关于当地问题和居民偏好的最好信息，我们有理由相信，原则上，在地方层面上制定法律规则是最优的制度选择，即范・登・伯格所称的“自下而上的联邦主义”。只有在有一个更好的理由时，政策决策才应该上移到更高的层次[①]。的确，上述经济理论也表明，由于泰鲍特模型需要满足各种条件，之所以地方层次不是最适合做出政策决定，而中央决策能导致更有效率的结果，可能有各种原因。现在，我们把这些集权标准应用于环境管理问题，并把它们与欧盟的一些环境立法联系起来。

7.4　环境管制的集权标准

7.4.1　外部性的越境特征

显然，只有在需要管制的问题确实只是地方性问题时，泰鲍特支持地方社区间竞争的论点才能起作用——实行地方分权治理。一旦确定需要管制的问题有越境特征，就有理由把决策权力上移到有职权处理更大地域内的外部性问题的更高的法律层级。如果要管制的问题越过了管制当局的职权边界，为了更充分的解决问题，决策权应当上移到更高的管制层级，最好是上移到对足够大的地域拥有管辖权的权威当局，可以说，这是许多学者达成共识的一个基本见解[②]。这样，经济理论为区域污染问题提供了一个直接但不现实的答案：划出最优管

① 美国的莱维兹（Revesz）是这个“有利于分权化的预先假设”的一个主要的支持者。

② 比较 Ogus（1999：414），Kimber（1995：1），Esty（1996：625），Rose – Ackerman（1992a：164 – 165）。

辖权的边界。[①]

这个赞同集权的观点在环境问题上起一定作用，事实上，很多环境问题常常超越国界[②]。在欧洲范围内，外部性的越境特征显然是在欧洲层面上进行决策的重要论据，欧共体的许多环境指令符合共同体行动的这个经济标准，包括废弃物越境运输管制[③]，以及对越境污染进行管制的许多其他指令[④]。

然而，有些学者警告说，不应轻易地接受处理越境问题需要集中化权力的观点。

第一，埃斯蒂（Esty）和杰拉丁（Geradin）强烈地反对"全有或全无"的观点，意思是，要么地方当局拥有全部权力，要么全部权力上移到中央层次。他们认为，越境污染问题可以采用非集权化的其他法律工具来解决，不改变有关国家的国内环境法[⑤]。一种可能性是高标准国家的（国内）法律的外部适用，另一种可能性是对国内法律的全国执行进行越境监督。换句话说，外部性的越境特征可能是合作的理由，不必是法律规则的同质性。但是，埃斯蒂和杰拉丁承认，这些替代方法也有严重的不足，可能不是对所有情形的有效果的补救方法[⑥]。

第二，科恩（Cohen）认为，污染国家和受害国家间的科斯式谈判可使之达成协议[⑦]，没有由因及果的理由将管制决策集权化[⑧]。但是，有若干原因可以说明，为什么科斯定理的理想解不能解决越境污染问题，例如莱茵河或马斯河等越境河流污染。首先，科斯假设产权是清晰地界定的[⑨]。虽然国际环境法中对这一点有一些说明，但并不确定法律准则是什么：污染权或污染者付费，产权分配的这种不确定性会危及谈判。其次，科斯定理需要关于污染后果和可能

---

① 所以，Rose－Ackerman（1995b：38）。

② 同样的，见 Oates and Schwab（1998：333－354），他们也认为，只要污染物的影响限于相关辖区范围内，当地权威当局就能做出社会最优的环境质量决策。

③ 欧盟理事会，1993 年 2 月 1 日，关于废弃物在欧共体内及进出运输监控的《EEC/259/93 号管制》，*Office Journal*，L 30，1993 年 2 月 6 日，第 1－28 页。

④ 前面提到的关于向水环境排放危险物质造成污染的《76/464/EEC 指令》也是这种情况，其他的例子，见 Van den Bergh，Faure and Lefevere（1995：131－132）。

⑤ 见 Esty and Gerardin（1997：265－336，1998：5－46）。在这两种文献中，他们对解决统一问题的各种法律工具进行了有趣的概述，并运用于 NAFTA 和欧洲的情形。也可见 Trebilcock and Howse（1998：5－37）。

⑥ Esty and Geradin（1998：34－35）.

⑦ 也可见 Van den Bergh（1999）。比较第 4 章 4.4.3 节中关于越境环境污染公约的讨论。

⑧ Cohen（1996：167－171）.

⑨ Cohen（1996：168－169）也提到这一点。

的减排技术的充分信息[①]；再次，相关各方没有策略行为；最后，各方需要有能力执行谈判达成的协议。

在这方面，欧共体框架有若干优点。欧共体提供了一种制度框架和执行协议的法律工具。而且，欧共体管制框架可以确定产权。另外，欧共体框架内的成员是重复博弈的参加者（今天是加害者，明天可能是受害者），可以消除策略行为的风险。如果人们看看欧洲越境污染的治理实践，就会认为，迄今为止，欧共体的方法确实已经取得了远好于所有双边协议尝试的结果。欧共体关于越境水污染的指令[②]给比利时马斯河污染的荷兰受害者提供了一个强有力的工具，迫使比利时削减污染[③]，而两国间旷日持久的谈判或许永远无法取得这样的结果。所以，就提供越境污染的补救方法而言，欧共体无疑起着重要的作用。

但是，范・登・伯格证明，在一些情况下，特别是在私法领域，不能认为欧盟法律是国家间外部性问题的有效果的补救方法[④]。在一些情况下，欧盟法律超出了纠正越境外部性的需要；在其他情况下，比完全统一影响少一些的法律工具可以用来解决问题[⑤]，换句话说，治病总是有比疾病本身更糟的风险。第一点涉及的问题是，欧盟的指令常常覆盖地方和共同体范围的污染，没有区分区域的和国家间的污染[⑥]。第二点是说，在一些情况下，越境外部性可以用国内法律来内部化。因此，越境影响的简单事实不足以证明欧盟法律制定是合理的[⑦]。

同时，确实有一些情形，人们可以认为，分散化的法律规则制定不能纠正越境外部性。因此，就环境治理而言，欧盟行动的最重要的理由不过是需要管制的污染问题的越境特征，而不是通常所说的“竞争条件统一”论，欧盟的许多环境指令确实是解决跨越单个成员边界的污染问题。所以，根据第一个经济标准，可以证明它们是合理的。

显然，这并不必然意味着，在这方面，欧盟每一项指令的内容都是有效率的，也不意味着，用来纠正越境污染的工具总是最优的。的确，在一些情况下，欧盟认为环境问题的越境特征是集权化规则制定的充足理由，但对地方性污染

---

① Cohen（1996：168）.

② 欧共体理事会《76/464/EEC 指令》；另见欧盟理事会，1995 年 7 月 24 日，关于越境河流和国际湖泊保护和利用公约的《95/308/EC 决定》，Office Journal，L 186，1995 年 8 月 5 日，第 44－58 页。

③ 见 Pâques（1996：89－139）。莱茵河的案例，见 Van Dunné（1991）。

④ Van den Bergh（1998：143）.

⑤ Van den Bergh（1998：144－145）.

⑥ 所以，Van den Bergh（1999：10）。

⑦ Van den Bergh（1998：144－145）.

和越境污染不加区分[①]。而且，很多环境指令也处理没有跨越国界的较为“地方的”问题。由此产生的问题是，在污染物的影响限于相关成员边界之内的情况下，是否有经济原理能够支持欧盟的管辖权。

7.4.2 “向底竞赛”

7.4.2.1 破坏性竞争的风险

为了吸引外国投资，国家间会出现“向底竞赛”的风险，对于产品安全管制问题，这或许是一个经济理由。由于会出现“囚徒困境”，各国不能制定或执行有效率的立法，人们可以提出以集权作为走出“囚徒困境”的补救方法。就环境治理而言，在理论上，这种“向底竞赛”论可以起一定作用[②]，这意味着，为了吸引企业，地方政府将竞相采用宽容的环境立法[③]，结果是环境质量整体下降到有效率的水平以下。这就是博弈论的经典结论：囚徒困境导致无效率。

这种“向底竞赛”论，即经济活动管辖权间的竞争是“破坏性的”，与前面提到欧洲法律观点——为了避免贸易扭曲，需要制定统一的竞争条件——是一致的。正如上面指出的，传统上，欧盟用这个论点来统一成员各领域的立法。简单地说，这个论点是说，由于守法增加企业成本，如果立法是不同的，这些成本也是不同的，欧洲共同市场的竞争条件就是不平等的。显然，这个论点认为，竞争条件完全平等是共同市场运行所必需的，其核心内容仍是为欧洲企业建立“公平赛场”。

在北美学者中，“向底竞赛”论既有支持者，也有反对者。法与经济学的学者们倾向于强调国家间竞争的好处，并指出集权的危险[④]，一些法律学者则倾向于更加相信环境事务集权化的“向底竞赛”论[⑤]。在欧洲，这些问题很少在“向底竞赛”论中进行讨论，而是体现在欧共体“建立公平赛场，避免竞争扭曲”的教条中。在某种程度上，这使讨论产生混淆，“竞争条件统一”论既可狭义地从“向底竞赛”的角度进行解释，也可更加宽泛地解释为统一所有规则和标准的一般论点，后者是欧洲通常的理解。

7.4.2.2 “向底竞赛”与“共同市场”

但是，这个传统的欧洲论点有一些问题，事实上，这个论点是说，成员间

① 例如《76/464 指令》，该指令对向越境河流和本地水塘水环境排放危险物质进行管制。

② 关于这一点的详细讨论，见 Esty and Geradin（1998：16－19）。

③ 比较 Rose－Ackerman（1992a：166－170）。

④ Revesz（1992：1210－1254，1996：2341－2416）.

⑤ Esty and Geradin（1997，1998）.

的任何立法差异可能会危及竞争条件，因此，统一法律规则是正当合理的。后面这个论点似乎相当勉强，从经济的观点来看，竞争条件不同的单薄事实并不必然产生“向底竞赛”的风险。营销条件不同，可能有各种原因，如果竞争条件确实完全相同，如该论点所认为的，也就不会有贸易。

另外，欧盟已制定了一套周密的规则，除了别的以外，这些规则保证产品和服务的自由流动[①]，从而促进市场一体化，没有必要统一所有规则和标准[②]。在这个方面，人们可以想到欧洲法院关于货物自由流动与环境保护的判例法[③]。这说明，通过采用比竞争条件的完全统一影响少一些的其他工具，也能实现市场一体化目标[④]，这些工具能同样地消除贸易壁垒。

所以，关于“竞争条件统一”论，我们应该区分（政治的）“共同市场”论和（经济的）“向底竞赛”论[⑤]。从经济依据来看，这个市场一体化的政治目标本身是有疑问的[⑥]，倒是可以证明，需要制定旨在减少贸易限制的规则，如统一产品标准[⑦]。环境法的问题是，在该领域的行动也要以共同市场“竞争条件统一”的工艺标准统一为目标，从效率来看，这是值得怀疑的[⑧]。

关于“竞争条件统一”论，不管是其“向底竞赛”版，还是其“共同市场”版，我们能说什么呢？从经济角度来看，如果可以明确，环境成本在成员之间差别很大，这些差别会导致企业向标准最低的成员转移，只有在这种情况下，不同的竞争条件才会造成问题[⑨]。在这种情况下，所谓的“向底竞赛”论，在环境问题上称为“污染避难所”假说，可能是支持集权的论点[⑩]。由此产生的问题是，是否有经验证据表明，各国确实能够以宽松的环境标准吸引企业。

7.4.2.3　“污染避难所”的经验证据

支持“向底竞赛”论的经验证据是相当微弱的。雷佩托（Repetto）认为，

---

① 见《欧共体条约》第 28－30 条（“旧的”第 30－36 条）。

② 关于自由贸易与环境保护间的潜在矛盾，一般的，见 Esty（1999：190－209）。

③ 关于本判例法，见 Lefevere and Faure（1995：93－107），Trebilcock and Howse（1998：21－28）。

④ 也可见 Esty and Geradin（1997：296－299），Ogus（1994a：177－179）。

⑤ 莱维茨（Revesz）也同样地认为，这些是不同的论点，应当区分开，见 Revesz（2001b：3－29）。

⑥ Van den Bergh（1999）.

⑦ 这些标准是欧盟为了所谓的“单一市场行动”而发布的各个指令的结果，见 Vogel（1995）。

⑧ 这一点也受到莱维茨（Revesz，2001b：3－29）的批评。

⑨ 同样的，莱维茨（Revesz）认为，由于“竞争条件统一”论的弱点，“毫不奇怪，欧洲学者们近来寻求从向底竞赛的角度重新表述对统一的追求”（Revesz，2001b：3－29）。

⑩ 不过，埃斯蒂和杰拉丁正确地指出了这样的事实，即有各种法律工具都可以纠正这个问题，而标准的完全统一具有最为广泛的影响（Esty and Geradin，1997：282－294）。

污染控制成本只是制造业总销售的一小部分[①]。此外，贾菲（Jaffe）等[②]认为，经验证据表明环境管制的影响“或者是很小的，统计上不显著，或者是对模型设定的检验不稳健”。他们认为，环境管制的严格性对新公司的首次选址决策可能有一些影响[⑪]，但不会诱发已有公司的搬迁，而其他标准如税收水平、公共服务和工会组织对选址决定的影响，比环境管制更加重要。

近来，艾克欣（Xing）和科尔斯塔德（Kolstad）[④]在一定程度上提出了相反的经验证据，他们认为，东道国环境管制的宽松程度是美国化工企业对外直接投资的重要决定因素，一个国家的管制越宽松，就越有可能吸引外资。虽然就美国国外新公司的选址而言，这在一定程度上弱化了贾菲等人[⑤]提供的证据，但与其关于现有公司不因环境管制的严格性而搬迁的结果没有矛盾。所以，这些文献削弱了“囚徒困境”论[⑥]。

另外，就环境标准而言，是否会有“向底竞赛”也是毫不明确的。有一些证据说明，即使会对其企业增加成本或负担，各成员努力追求的恰恰是更高的环境标准。因此，一些国家可能更多地参与“向顶竞赛”，而不是“向底竞赛”[⑦]。鉴于执行上的赤字，人们还可质疑，欧盟法律到底能否消除真正的“向底竞赛”风险。

7.4.2.4 “赛场公平”

应该强调的是，竞争条件不统一会导致市场歪曲的欧洲论点，不仅一直老套地重复着，其有效性也几乎未被怀疑过。如上所述，这个在欧洲司空见惯的论点不符合集权的经济标准，因为其主张——化解“向底竞赛”风险需要消除法律体系的任何差异，既不被经济理论所支持，也不被经验证据所支持。而且，即使把（政治的）“共同市场”目标作为起点，并据此统一环境管制，仍不能建立“公平赛场”，因为能源来源、原材料获取和大气状况等方面的差异仍会导致销售条件的多样化[⑧]。

此外，有一个强有力的对立观点，因为有很多例子表明，即使法律体系不

---

① Repetto（1994）.

② Jaffe，Portney and Stavins（1995：132－163）.

⑪ Esty and Geradin（1998：12－15）.

④ Xing and Kolstad（1995：16－95）.

⑤ Repetto（1994）.

⑥ 也可见 Esty and Geradin（1997：272）。

⑦ 因此，Van den Bergh，Faure and Lefevere（1995：141－142）。奥古斯（Ogus）认为，位于高标准的成员里可以产生技术改进，因而产生竞争优势，所以对企业可能有益，这可以解释“向顶竞赛”（Ogus，1999：415）。一般的，见 Vogel（1995），Trebilcock and Howse（1998：13－14）。

⑧ 所以，Van den Bergh（1999：6）。

同，经济市场一体化也是可能的，没有“向底竞赛”论所预测的扭曲。公共选择学派的学者们经常倡导瑞士联邦模式，作为经济市场一体化与不同的法律体系携手共进的典范[①]。显然，即使全部法律规则和标准不是完全统一，建立共同市场也是可能的。

美国的例子也可说明与集权化环境管制的“向底竞赛”论相对立的观点。许多学者[②]特别是莱维兹[③]认为，管辖权之间竞争的现有模型不支持“向底竞赛”论。莱维兹强调，集权化的标准制定不是对“向底竞赛”问题的有效反应，因为如果他们愿意的话，相关的地方社区有其他方法吸引企业，例如，放松其他领域的管制。莱维兹遭到他人的反对，特别是埃斯蒂的反对[④]，但他对其批评者进行了有力的反击[⑤]。

在环境法领域，这些论点削弱了在欧洲的讨论中以“向底竞赛”论和其他方式伪装的“囚徒困境”论。关于成员间法律准则的任何差异将危及市场一体化，以及统一竞争条件需要统一法律准则[⑥]的欧洲观点太笼统、太偏颇，没有经济理论的支持。从经济观点来看，如果成员法律体系间的差异导致无效率的“向底竞赛”，倒可能构成一个问题。但是，可用的经验证据表明，在环境领域，这未必是一个严重的风险。即使成员间存在环境法律严格性的差别，一般也不会导致公司搬迁到欧洲内部的“污染避难所”。

人们至少可以认为，如果欧盟委员会要用“向底竞赛”论来支持集权，它应该证明，在特定领域，如果没有集权，就会出现破坏性竞争的风险[⑦]。迄今为止，欧洲的讨论从未专注于这一问题[⑧]，因为人们总是认为，实现市场一体化需要法律规则的完全统一，这显然混淆了视听。

7.4.3　降低交易成本

以降低交易成本为基础，可能还有最后一个支持统一的经济论据[⑨]。欧洲

---

① Frey（1994：338－342）.

② 例如，Pelzman and Tideman（1972），Elliott，Ackerman，Bruce & Millian（1985：313－340）。

③ Revesz（1992：1210－1254，1996：2341－2416）.

④ Esty（1996：570－653）.

⑤ Revesz（1997c：535－564）.

⑥ 见《缺陷产品责任指令》前言中的表述，在本章 7.2 节注释中已有引用。

⑦ 在该种情况下，可能确实有一个由布鲁塞尔进行干预的有效论点。在美国的情形中，如果州和地方法律的制定是为了保护当地企业，而不反映辖区间偏好的真实差异，联邦政府就应严肃对待，确定对州间商业的可能干预（Rose－Ackerman，1992a：173）。

⑧ 同样的，在欧共体，环境管制的“向底竞赛”风险从未是一个大问题（Esty and Geradin，1997：308）。

⑨ 一个有点相关但不同的论点涉及行政管理中的规模经济和规模不经济，见 Rose－Ackerman（1992a：165－166）。

的法律学者们常常倡导这种观点，呼吁在欧洲统一私法，其基础是下面这个论点，即法律体系的差异是非常复杂的，只会有利于布鲁塞尔的律师事务所[①]。这里不能对此详加考察[②]，但是，如果说统一的法律规则可以节约交易成本，从而，统一的法律体系总是比有差异的法律规则更有效率，显然是过于简单化了[③]。这样的观点忽视了一个事实，即立法的差异化可以适应个体的偏好，因而有巨大的好处[④]。

此外，既然欧洲的法律体系（以及法律文化）间有差别，统一法律规则的成本即使不是高不可攀，也可能是巨大的[⑤]。因此，关键的问题是，统一法律规则可能节省的交易成本是否能超过有差别的法律规则的益处。几乎没有经验证据支持这样的说法，即交易成本的节省可以证明欧洲所有法律规则的统一是正当合理的，况且，交易成本的节省可能会比较小[⑥]。

但是，交易成本的论点在证明所谓的消极统一中可以起一定作用，消极统一的目标是，通过产品标准等的协调，防止成员阻碍产品和服务的自由流动[⑦]。成员间的这种合作可以降低交易成本，但不必统一工艺标准，而后者常常是环境法的目标。

所以，我们的结论是，对于非越境的环境问题，统一环境准则的经济理由是较为薄弱的，而许多欧盟指令处理的问题（如饮用水或洗浴水）通常都不是越境的环境问题，因此，对于这些问题，欧盟的职能难以符合经济标准。那么，由此产生的问题是，是否可以提出非经济的论据，支持欧洲层面的管制。

7.4.4 “欧洲遗产”

7.4.4.1 “精神影响”

究竟是否有理由在欧盟层面上保护环境？栖息地和整个生态系统的保护浮现在脑海。传统的例子是这样一个问题，即对于一种想像中的海龟——比如说，这种海龟只有一个栖息地，这个栖息地在希腊——的保护，是否应当有欧盟管辖权。在这种情况下，传统的经济论点是，既然问题仅仅是局部的，希腊人民应该决定是否保护希腊的海龟。

① 这是丹麦学者朗多（Lando）提出的支持统一私法的论点之一，见 Lando（1993：473－474）。
② Van den Bergh（1998：129－152）对此作了进一步的阐述和批评。
③ 比较：联邦统一管制可降低搜寻成本，产生更加稳定和可预测的法律体系（Rose－Ackerman（1992a：172）。
④ Mendelsohn（1986：301）.
⑤ Legrand（1997：111）特别提出了这一点。
⑥ 因此，Van den Bergh（1998：146－148）。
⑦ Vogel（2001：330－347）.

维尔斯（Wils）在提出支持欧盟职能的经济论据的方向上做出了尝试，他根据物种濒危造成“精神影响”的事实，认为保护濒危物种是有道理的①。其理由是，比如因为希腊海龟濒临灭绝的事实会使一名生活在马斯特里赫特的荷兰公民蒙受精神影响，希腊海龟的濒危也会损害这位荷兰公民的利益②。根据这种观点，可以认为外部性是越境的（虽然该海龟只生活在希腊），所以集权就再一次有了经济理由③。也许，这种论点对海龟或意大利自然公园是成立的，其福利也会影响其他欧洲公民④。但是，如果一种欧盟指令对希腊的饮用水质量进行管制，又如何呢？

7.4.4.2　按照偏好进行差异化

乍一看，在这种情况下，集权似乎违背基本的经济逻辑。从经济观点看，需要提供的环境质量可依居民不同的偏好而不同⑤。再一次，从经济观点看，如果外部性是局部的，且不存在囚徒困境，就没有理由实行集权。这个支持按照公民偏好实行差异化的经济论点，不但对希腊海龟是否应当在欧盟层面上进行保护的问题是有效的⑥，对全部环境法，尤其是环境质量标准，也是有效的。这一论点符合泰鲍特的法律体系竞争框架，即居民们可以自由选择最佳地符合其偏好的环境质量。这种经济方法的结果是，应当由希腊来决定，例如，是更喜欢经济发展，而不是喜欢环境质量⑦。居民们根据其偏好选择环境保护水平的经济观点的结果，显而易见，应当是环境质量随居民们的个人偏好而有所不同。这种观点在美国也在规范的层面上得到应用，支持由各州而不是联邦环境机关制定标准的呼声日益增多⑧。因此，这种经济论点导致了环境联邦主义，只要没有跨境影响和“向底竞赛”风险，成员间的环境质量可以有所不同⑨。

---

① Wils（1994a：85－90）.

② 比较：埃斯蒂认为，“与我们没有物质联系的生态系统健康可能会直接进入我们的效用计算”。

③ 比较：Ogus（1999：418）认为，如果外国人因看到受害者在令人生气的国家里的困境而遭受负效用，可以认为统一是有理由的。

④ 但是，这样的话，希腊人或许应当得到补偿，因为欧盟的这种栖息地保护会产生额外成本。比较:Rose－Ackerman（1992a：42－43）。

⑤ 由 Ogus（1994b：25－30）提出，更加一般的，见 Ogus（1999：413）。

⑥ 十分明确的，这里不涉及希腊海龟是否值得保护的规范问题，只涉及这种决定应当在希腊还是欧共体层面上做出的问题。

⑦ 再一次，这并不是说，希腊不应保护环境，只是说，从经济观点来看，这不是布鲁塞尔（即欧盟）应当考虑的一个问题。

⑧ Schoenbrod（1996：18－25）.

⑨ 然而，由于企业处于竞争环境中，选择高水平保护（并因此对企业产生高成本）的成员需要对此进行补偿，如较低的所得税，以避免企业退出。所以，Rose－Ackerman（1992a：41）。

7.4.4.3 保障基本的环境质量

有一个重要的法律或政策观点可导致集权，即保证全体欧盟公民都享有类似环境质量，有时候称为“欧洲环境和文化遗产与人类健康”的保护。如果在政策层面上接受这一观点，可用来统一环境质量。但是，重要的是要注意，在这种情况下，集权的理由就不是市场一体化的经济需要，而是保障欧盟全体公民享有类似的或起码的基本环境质量的生态愿望。其结果是，与经济逻辑相反，胜出的不是公民们的偏好，而是在欧盟提供相同基本环境质量的政策愿望①。这符合奥古斯提出的观点，即如果人们认为低标准违反了人们广泛持有的人权观，公民们对低成本低标准的偏好有时候可以被否决②。在环境方面，这一观点可采取保障全体公民享有基本环境质量的形式③。

再一次，在规范的层面上，本书作者迈克尔·福尔不认为这不是支持集权的一个有效的论点，但是，重要的是要强调，如果采用这个支持集权的论点，那么，就不是经济原因，而只是出于生态（或政策）的原因，人们才支持环境质量的统一。这种“欧洲遗产”论的问题是，它或许可以用来捍卫欧洲对——比如说——罗马大剧场④的保护，但是，要是用来确保最低环境质量，就不太有效了。在这种情况下，努力争取欧洲范围的最低公共健康水平——目前还不是这种情况，是更有意义的。

但是，如果为了确保欧盟全体公民享有基本的环境质量，接受这种支持集权的“欧洲遗产”论，将有若干后果。如果外部性仅仅是地方性的，且不存在“向底竞赛”风险，很难找到一个支持集权的经济原理。在政策层面上，可以为集权提出真正生态的理由，确保整个欧盟享有类似的环境质量，这样，需要提出这种生态理由，而不是“竞争条件统一”论，来说明确保希腊的最低环境质量是合理的。此外，如果接受这样的观点——是由于生态原因，统一欧盟的环境质量才需要集权，就会影响环境标准制定。

---

① 比较：埃斯蒂提出了支持全球环境规范的理由，这个规范应当代表一种最低行为标准，而更具批评态度的是莱维兹。

② 在这个例子中，权利可正当合理地“打败”效率（Ogus，1999：418）。科恩（Cohen，1996：170）以“公平、公正或纯家长主义”为由，呼吁在集中的层面上制定最低质量标准。斯图尔特（Stewart，1979：1196－1272）认为，即使统一标准在经济上是无效率的，地理上的统一标准可确保每个人都有起码的健康环境。

③ 明确的，见 Kimber（1995：1690），“这里可与人权进行类比，有理由认为，如果人们认为环境是我们所有人的共同遗产，那么，所有国家和地区都应达到某种最低环境标准”。

④ 有越境的（“精神的”）影响，可以证明欧盟干预是合理的。

7.5　对环境标准制定的影响

埃斯蒂和杰拉丁正确地注意到这样的事实，“集权”是一个过于笼统的概念，可以涵盖用来实现规则、标准或程序统一的全部法律技术[①]。本书作者迈克尔·福尔没有讨论迄今为止已在欧盟运用的所有技术，以诠释人们现在所认为的“欧洲环境法”领域，而是重点关注两类标准——环境质量标准和排放标准，以阐述哪些问题应当在欧洲层面上加以统一[②]。

这些都具有特殊的意义，因为它们使我们可以回答这样的问题：欧盟行动的目标应该是（经济的）市场一体化，还是保障欧盟公民的基本环境质量。迈克尔·福尔证明，这些目标的取舍将影响人们想要统一的标准类型，并且，迄今为止，欧盟选择的统一标准类型，与确定的政策目标并不一致。

7.5.1　环境质量标准

如果保障全体欧盟公民享有基本环境质量是一个政策决定，那么，不论个人偏好如何，环境质量标准应该统一，这一观点经常出现在欧盟的措辞中[③]，清楚地表明经济和法律观点之间的差异。从经济角度来看，考虑到个人偏好，质量标准可以有所不同[④]。欧盟的思想是，只有通过统一的质量标准，才能实现保障基本环境质量，原则上，欧盟的环境组分应符合这些标准。于是，这些质量标准，又称为目标标准，当然应当是要达到的理想环境质量的标准，而不是仅仅作为一面“旗帜”挂在那里的标准——现实中有时就是这种情况。显然，这是假定欧盟会部署力量，监测这些质量标准是否实际上达到了——实际情况有时并非如此。

7.5.2　排放限值

如果人们认可，欧盟应通过统一的质量（目标）标准，保障基本的环境质量，那么，下一步就是要问一问如何达到这些标准。质量标准受各排放源的具

① Esty and Geradin（1998：39－46）.

② 第 2 章 2.2 节讨论了环境标准的各种不同类型。

③ 例如，欧共体理事会 1979 年 4 月 2 日《野生鸟类保护指令》出台前的各种考虑曾提出，“保护的目标是把自然资源作为欧洲人民的遗产构成部分进行长期保护和管理”。显然，欧洲遗产不是《野生鸟类保护指令》的唯一理由，因为鸟类爱飞，该问题的越境特征也需要考虑（Van den Bergh，Faure and Lefevere，1995）。

④ 因此，Ogus（1994a：208）。

体排放的影响，但是，根据法律准则的最优具体性理论[①]，达到某种水平的环境保护（换言之，目标）的成本可能依具体地点的情况而变化[②]。用埃斯蒂和杰拉丁的话说，“因为有差异的标准可使管制要求更好地匹配地方化的需要，所以在经济上比完全统一更有效率。”[③]

事实上，当地情况如比利时或德国可能完全不同于葡萄牙和希腊，因此，在欧盟内部达到类似环境质量所需要的排放限值，需要考虑这些差异而有所不同[④]。由此必然得出的结论是，需要达到的环境质量（目标）可以是统一的，而排放限值要根据具体地点的情况而变化，因此是有差异的[⑤]。这样，一个明显的结果是，在污染较轻的成员境内进行经营的企业可以有不太严格的排放限值，从而可以较低价格销售其产品，从而，这些排放限值就成为一种竞争优势[⑥]。再一次，只要这些限值差异不构成“向底竞赛”的风险，就不应是一个问题[⑦]。

7.5.3 欧盟的实践

到 20 世纪末，欧盟还没有采用这种“目标标准统一，排放限值不同”的政策方针。事实上，我们常常提到的欧盟《76/464/EEC 指令》要求统一排放限值[⑧]，《IPPC 指令》也明确要求在共同体层面上制定排放限值[⑨]。统一排放限值与达到统一的环境质量是背道而驰的，统一排放限值将导致不同的环境质量，在《76/464/EEC 指令》发布之前的激烈讨论中，这正是英国所持的观点，因此，英国呼吁支持统一的环境质量标准[⑩]。

欧盟以“建立公平赛场”为基础的统一排放限值的环境政策，不仅与其实现一种相似环境质量的政策目标背道而驰，也不是促进市场一体化所必需的政

---

① Ehrlich and Posner（1974：257－286），Ogus（1994a：168－171，1994b：23－37）.

② Kolstad（1987：386－399），Esty and Geradin（1998：39－46），Faure and Lefevere（1995b：321－326）.

③ Esty and Geradin（1998：43）.

④ 埃斯蒂和杰拉丁正确地认为，排放标准差异反映了自然区位优势，消除这种差异的干预不会是一个好政策（Esty and Geradin，1997：271）。

⑤ 莱维兹正确地提出“不能像在欧盟中那样用统一论来证明统一环境质量标准和统一排放标准是合理的”，见 Revesz（1997b：1339－1340，2000：1－35）。

⑥ Esty and Geradin（1997：271，306）.

⑦ 如果有“向底竞赛”风险，辖区间的限值差异仍会导致无效率（Rose－Ackerman，1992a：40－41）。

⑧ 即使埃斯蒂和杰拉丁正确地提到，这只是一个最低的统一（允许成员采用更严格的国内标准），《76/464/EEC 指令》的前言明确地提出，“公平赛场”是其最终目标：“各成员已采用或准备采用的向水环境排放危险物质的条款间的任何差异都可制造不平等的竞争条件，因而直接影响共同市场的运行。”“最低的”统一并不解决成员的问题，它们认为，由于其具体的当地条件，即使“最低的”统一也是太严了，且不是达到环境质量所必要的（Esty and eradin，1997）。

⑨ 《IPPC 指令》第 18 条明确地提到制定共同体排放限值的可能性。

⑩ Esty and Geradin（1997：305－306）.

策手段[①]。在某种程度上，就环境政策而言，欧盟一直在“为了错误的理由而统一”[②]。或许，这里有历史的原因，1987 年《单一欧洲法案》奠定了欧共体环境政策的法律基础，在此之前，欧共体只能发布“统一竞争条件”的指令，在此之后，欧共体有可能只是继续沿用这个“错误的理由”。

7.6　欧盟的政策考虑

根据以上分析，可以得出若干结论。

第一，如果欧盟关心生态目标，想要在欧盟内达到类似的环境质量，就应该制定统一的目标标准。换言之，欧盟应对最终结果感兴趣，即要达到的环境质量。这就需要欧盟具有强有力的手段，监测是否实际上达到了这种环境质量（目前这仍是一个很大的弱点[③]），如果出现不遵守的情况，仍能执行这些目标。难以监测实际环境质量的事实，也可解释为什么长期以来欧盟喜欢发布含有排放标准的指令，这样，欧盟委员会只需检查在成员的立法中是否有正确的正式实施。

第二，为了达到这种统一的环境质量，排放限值应是有区别的，只要区别对待的收益大于（行政）成本，这种限值差别就是有效率的。

第三，考虑到各地的具体情况，实现统一的环境质量需要有区别的排放限值，并不必然意味着排放限值应由成员来制定。一方面，成员可能具有能更好地了解当地具体情况的优势[④]，另一方面，如果人们担心代表企业的特殊利益集团会俘获成员的管制，也可以设想在欧盟层面上制定有区别的排放限值。一方面是布鲁塞尔的决策集权，另一方面又不必是统一标准，这就相当于“共同管辖”的平衡而灵活的解决方案。当然，这要假定不存在严重的“向底竞赛”风险。

第四，某些排放限值仍可以是欧盟范围的，比如禁止排放总会对环境质量有强烈负面影响的致癌物质。同样，一些“最低标准”的统一，也可以是欧盟

① 用范・登・伯格的话说：“欧共体环境政策与市场一体化目标的统一，转移了人们对欧共体和成员间权力分配的经济福利导向标准的注意力。”（Van den Bergh，1999：5）。

② Faure（1998：169－175）.

③ 欧盟没有具备警力的执行机关，因为成员认为这是对其主权的侵犯，见 Kimber（1995：1685），Ogus（1994：212－213），Pfander（1996：72－75）。

④ Kimber（1995：1662）.

范围的，在这方面，其理论基础是偏好同质假设[1]。这一点在某种程度上削弱了我们对欧盟环境法的批判。实际上，“统一竞争条件”的措辞似乎是错的，或者至少与“保障最低环境质量”的生态目标不符。但是，在实践中，欧盟的许多指令如欧洲共同体理事会1976年5月4日关于向共同体水环境排放危险物质造成污染的《76/464/EEC 指令》禁止排放致癌物质。从经济角度看，在偏好同质的假设下，在欧盟层面上的此项禁止排放可以得到合理的辩护。

第五，显然，如果我们认可排放限值应当有差别的观点，那么，在污染较轻的成员境内，排放限值可以比污染更为严重的成员境内更为宽松，因此，如果环境政策目标是统一的环境质量，竞争条件的统一就不应成为环境政策目标，后者会导致正好相反的结果，即环境质量将是有差别的。

第六，由于若干原因，为了实现欧盟环境行动的目标，统一竞争条件的观点是错误的。由于经济原因，它是错误的，因为竞争条件的完全统一不是达到《欧盟条约》的经济目标所必需的。由于生态的原因，它同样是错误的，因为它不能达到统一环境质量的目标。只有外部性是越境的，或者有滑向污染避难所的严重风险时，结论才可能是不同的。这些可以是统一排放限值的理由，但这样就应该了解，这可能导致有差别的环境质量。在这种情况下，欧盟的政策制定者需要做出抉择，或者是统一排放标准的“公平赛场”，或者是环境质量的生态统一。由于外部性的越境特征，（部分地）调和这些目标的一种方法，是把权力上移到布鲁塞尔，但要制定有区别的排放限值[2]。在美国，也有联邦管制计划考虑地理差异的例子[3]。

7.7 公共选择的视角

一个明显的重要问题是，为什么在欧盟的法律实践中并不总是遵循这种有区别的排放限值模式，人们仍然可以看到在欧盟层面上统一排放限值的强烈倾向。一种可能的解释是，在外部性是越境的或存在严重的“向底竞赛”风险的情况下，欧盟委员会才统一排放限值。于是，统一排放标准便符合集权的经济理由，并可认为是“为了公共利益”。不过，在经济标准不要求集权的情况下，为了“统一市场条件”，欧盟也更加一般地统一排放标准。

---

① Ogus（1994a：208－209，1999：416）.

② 埃斯蒂和杰拉丁正确地提出了这一点，见 Esty and Geradin（1997：291，1998：43）。

③ Rose－Ackerman（1992a：165）.

为什么？显然，一种解释是这样一种事实，即欧盟一直在统一，目的是“建立公平赛场”，不只是要纠正“向底竞赛”风险。在公共选择理论中，可以找到另一个理由，该理论非常重视利益集团在立法中的作用[①]。游说活动在欧盟层面上是极为强大的[②]，在环境标准制定方面，可以看到利益集团强烈的寻租行为[③]。

在这方面，人们应该注意到，欧盟和美国的一个重要区别与这样的事实有关，由于布鲁塞尔的官僚机构缺乏透明度，欧洲的学者们特别担心布鲁塞尔的管制俘获。美国的学者们提出，与联邦层面的公开透明的讨论相比，在州层面上管制俘获风险更大，在美国，这种看法可能是属实的[④]。但是，在欧盟，在成员层面上，至少在“绿色”成员如丹麦和德国，企业可能要面对“绿色非政府组织（NGO）”等的挑战[⑤]，而在布鲁塞尔，几乎没有这些制衡力量。所以，可以预期，欧洲的企业（位于工业化的、但“绿色”的北方成员中）会从事强烈的游说活动，特别是在布鲁塞尔[⑥]。

在特定情况下，代表企业的特殊利益集团可能会游说赞成欧盟统一排放限值[⑦]，这是可以理解的。在已经严厉管制的领域中，利益集团可能有动机将其严格的（国内）管制扩大到欧盟层面，迫使外国竞争者遵守同样的严格管制，其结果是，企业为了设置人为的进入壁垒而游说。

此外，绿色 NGO 喜欢这种游说，显然会支持把严格的国内标准转变成欧盟标准的要求[⑧]。因此，在严格管制的（并可能有污染的）领域，企业（在绿色 NGO 的支持下）可把其十分严格的排放限值强加给其（欧洲南方的）竞争对手。如果环境政策目标是达到统一的环境质量，欧盟的这些南方成员或许并不需要这些严格的环境限值。

就《IPPC 指令》而言，这正是所发生的事情，包括但不限于德国的企业开展了强大的游说活动，支持欧共体层面上的排放限值[⑨]。他们认为，其他成员

① Yandle（1999：5－27）.

② 从公共选择角度对统一活动进行的讨论，见 Van den Bergh（1998：129）。

③ 在这个方面，见第 4 章 4.2 节讨论的关于管制的私人利益理论。

④ 比较：在美国而不是在欧盟，公民们可能会偏袒联邦干预，因为代表企业的特殊利益集团在州和地方层次上比其在全国范围内的力量更加强大（Rose－Ackerman，1992a：171）。

⑤ 在欧洲南方国家，不大可能是这种情况。

⑥ 对于一些细节，见 Faure and Lefevere（1995a：334－342）。比较：Rose－Ackerman（1992a：171）。

⑦ 也可见 Esty and Geradin（1997：303）。

⑧ 关于环境主义者与国内生产商间的这些“联盟”的讨论，也可见 Vogel（2001）。

⑨ 见 Faure and Lefevere（1995b：321－326）。

的企业应承担与德国生产商（由于严格的国内标准）已经承担的相同的成本[①]。因此，可以清楚地看出，“统一竞争条件”论被用来设置进入壁垒，服务于严厉管制领域的企业利益。其（欧洲南方的）竞争对手们——来自环境标准更为宽松的成员——可能确实不能遵守这些更加严格的环境标准，因此，欧盟的南方成员（和英国）游说赞成欧盟统一的环境质量标准和国内排放限值[②]，这是可以理解的。所以，环境法可被用来限制市场准入，被滥用以服务于私人利益目标。

由此可以得出结论，从经济和生态的角度来看，以欧盟的措辞阐述的“统一竞争条件”论是有问题的，事实上服务于严厉管制领域的工业集团的利益[③]。如果“竞争条件”实际上统一了，对他们是有利的。

7.8 结语

在本章中，本书作者迈克尔·福尔运用关于联邦主义的经济文献，对欧盟环境法统一的某些方面进行了评判性考察，事实上，作者只探讨了欧盟环境法的两个具体但很重要的方面。首先，作者对欧盟的传统论点——为了“建立公平赛场”，竞争条件应该统一——进行了经济分析，结论是这一论点太笼统，不符合集权的经济标准。这涉及到本章考察的第二点，即环境法统一的目标应当是什么，以及如何与标准制定问题联系起来。

如果欧盟的环境政策是促进欧盟内统一的环境质量，可以通过制定由欧盟委员会执行的统一的环境质量标准，但有区别的排放标准来实现这个目标。本书作者讨论了欧盟的一些环境指令，这些指令旨在统一排放标准以“统一竞争条件”。虽然作者批评了其中所使用的措辞，作者同样指出，至少就制定的质量目标而论，其结果（如禁止排放致癌物质）有时也是合理的。

当然，有人可能反驳说，本章的结论——欧盟环境行动的某些方面不符合集权的经济模型——不应使人感到奇怪。欧盟层面上的环境行动可能有其他的非经济原因，原因之一可能是一个简单的事实，即欧盟委员会的官僚机构可以用这些环境指令证明其合法性。官僚机构都有其自己的动机去寻找理由，以扩

① Esty and Geradin（1997：307）.

② Esty and Geradin（1997：307）.

③ 这并不是说，在成员层面上没有管制俘获风险导致无效率的标准，比较（在美国情形中）：Rose－Ackerman（1992a：166，173）。但是，在欧盟，从公共选择角度看，人们特别担心的正是不透明的布鲁塞尔官僚机构。

大其职权，这个事实是众所周知的。

然而，这种说法在20世纪70年代可能是属实的，那时候，欧共体委员会或许“需要”环境指令来证明其存在的合理性，今天这个说法就不太对了，由于《马斯特里赫特条约》和《阿姆斯特丹条约》，欧盟的权力大大增加了。此外，既然“提高生活水准和生命质量”已经提升为《欧盟条约》第2条中规定的目标之一，欧盟委员会就不能轻易地忽视集权的经济标准，经济思想在实现这一目标中当然是有用的。

此外，很有可能，在未来，欧盟环境行动的决定会更加符合经济观点。在这方面，欧盟委员会1997年2月26日《关于建立水政策领域共同体行动框架的指令建议》是很有希望的①。该框架指令的重点确实是制定欧盟层面的质量标准，但让各成员和地方当局决定实现这些目标的手段②。

重申一下，本章没有阐述关于环境管制必要性的基本规范问题，那是无可争议的。本章只讨论了这样一个问题：在欧盟内部，给定不同的政策目标，环境准则和标准应当在哪个层面上制定。我们证明，在这方面，经济文献可以提供重要的指导，以及事实上，统一准则和标准有时候服务企业的利益，而不是生态利益。

但是，由于欧盟与美国有许多差别，对于把美国关于环境联邦主义的（经济）研究结果一般化地应用于欧盟的情形，我们应当有某种慎重③。差别之一是在欧盟层面上缺乏透明度，这可以说明为什么一些欧洲学者尤其担心在布鲁塞尔的管制俘获④，而不是在成员内⑤。另一个差别是欧盟实际上没有权力执行例如全欧盟的环境质量标准，这也可解释为什么欧盟委员会不愿过多地依赖这些标准。显然，欧盟委员会可以更为容易地强制成员制定排放标准，只需从形式上检查成员是否已经制定了在形式上遵守其指令所要求的立法。

但是，由于执行策略上的差异，在实施了相关指令后，成员之间的差异（这正是欧盟干预的理由）可能仍然存在。这一点大大削弱了欧盟干预的正当性，在实践中，欧盟干预并不总是提供强大的工具，从而，既不能纠正“向底竞赛”，也不能保证“竞争条件统一”⑥。

---

① European Commission Com（97）49 最终版本，*Official Journal*，C 184，1997年6月17日，第20－40页。

② 欧洲议会和欧盟理事会2000年10月23日发布关于建立水政策领域共同体行动框架的《2000/60/EC指令》（*Official Journal*，L 327，2000年12月22日，第1－73页）。——译者注

③ 其中之一显然是市场一体化的程度，见 Van den Bergh（1999：5）。

④ 比较：Esty（1996：609－611）。

⑤ 比较：Rose－Ackerman（1992a：166，171－173），相反，她担心美国在州层面上的这些影响。

⑥ 关于一些细节，见 Van den Bergh，Faure and Lefevere（1995）。

经济学文献清楚地表明，欧盟的政策制定者应该更全面地思考统一环境法的理由，或者起码是更全面地思考用来证明统一为正当的措辞。更具体地说，应该认识到，可以选择统一环境质量的生态目标，或者选择统一排放标准的政策手段，但不能同时选择二者。现在人们有这样的印象，所选择的工具（统一排放标准）并不总是匹配所表达的目标（统一环境质量）。看起来，欧洲的法律学者们也形成了这样的见解。近来，德·维特（De Witte）提出，欧盟现在应该把统一竞争条件的措辞放在一边，明确地表述它想为其公民达到的最起码的环境质量目标[①]。

同样，为形成欧洲共同市场，应当审查是否总是需要工艺标准的统一。可能有其他有用的，但影响不太深远（不太无效率）的工具，在这方面，人们可以想到例如环境法中的程序标准化，由于污染和企业经营的越境特征，程序标准化仍然是有用的[②]，不仅可以增加透明度——这是《IPPC 指令》想要达到的，还可降低交易成本。然而，这种统一不必以正式的指令来达到，也可以通过比较研究寻找共同原则——共同法（*ius commune*）来达到。

在这方面，应当强调，联邦主义的经济分析当然为集权问题提供了有用的见解，但并不总是能够确定需要选择哪种工具——有许多可行的法律技术可以实现法律规则统一——来解决某种问题。集权的经济概念过于笼统，不能涵盖实现统一的所有法律技术。所以，当然值得进一步研究到底何种统一技术最适合于解决某一问题。

此外，在经济分析中也有未回答的问题，值得进一步研究。其中之一是，在越境外部性的情形中，集权化的决策需要如何与统一环境质量的生态目标相协调，另一个问题是，重污染地区的企业与其在“更清洁”国家的竞争对手相比，是否会因更严格的排放标准而处于不利地位。有些问题需要进一步的实证研究，如环境管制对企业行为的影响。在这方面，欧盟当然应该仔细考察美国环境联邦主义的经验[③]。

---

① De Witte（1999）.

② 本提议，见 Esty and Geradin（1997：293）。

③ 关于美国与欧盟环境联邦主义的比较分析，见 Kimber（1995），Esty and Geradin（1997，1998），Pfander（1996），Rose – Ackerman（1992a：37 – 54）。

第8章

环境法和环境经济学的基本原则

8.1 引语

在关于环境法和政策的法律学说中，人们越来越多地关注环境法基本原则的重要性，包括可持续发展、污染者付费原则、预防风险原则等基本原则。起初，这些原则出现在法律学说中，但是，越来越多地，它们也出现在有法律约束力的文件里，如宪法或条约。就宪法而言，西欧国家的现代宪法里明确地规定了清洁环境权①。就条约而言，我们可以指出《里约宣言》和《欧共体条约》中的原则②，后者是经 1987 年《单一欧洲法案》修订和 1992 年《马斯特里赫特条约》再次修订和更名的《欧洲经济共同体条约》。

随着这些原则纳入宪法和条约，人们开始探讨这些原则的法律地位和意义。起初，这些原则只被看作一般的政策指导原则，指导国家（和企业）在环境政策决定中的行为；但是，越来越多地，法律学者们认为，这些原则绝不只是一般的指导原则，而是确实具有某种法律约束力。

本书是关于环境法与经济学的著作，在其范围内，应当对环境法的这些一般原则进行简要的讨论。在前面的章节里，我们已经讨论了一些基本原则，在本章中，我们将系统地阐述主要的环境法基本原则，指出其渊源，对其内容进行法律和经济学解释。

应该指出，这里讨论的环境法基本原则不应与标准制定原则相混淆，如前面讨论的 BAT、ALARA 和 BPM 等③。标准制定原则是指导行政机关开展标准制定行为的法律准则，因此，BPM 和 BAT 等原则对于了解行政机关应该如何在许可中规定排放标准是非常重要的。与标准制定原则相比，环境法基本原则

---

① 下面的 8.8.1 节将进一步讨论宪法中的这些环境权利。

② 这些原则的概览，见 Sands（1995：183－242）。

③ 见第 2 章 2.2 节。

如预防风险原则或污染者付费原则具有更弱的特征，是制定环境政策的更加一般的指导原则（尽管在特定情形中它们也有法律地位）。

8.2 可持续发展

8.2.1 国际环境法

在国际环境法律文件中，可持续发展概念当然是众所周知的。1987 年，“世界环境和发展委员会”在其发表的《我们的共同未来》报告里提出“可持续发展”概念，该报告通常以该委员会的主席、挪威前首相 G.哈莱姆·布伦特兰女士的名字命名，称为“布伦特兰报告”。布伦特兰报告将可持续发展定义为“既满足当代人的需要，又不对后代人满足其需要的能力构成危害的发展”。根据法律学说，可持续发展起码是指为了后代人的利益而保存自然资源的必要性和以“可持续”的方式来利用自然资源的目标[①]。

可持续发展概念也出现在联合国 1972 年《斯德哥尔摩宣言》和 1992 年《里约宣言》中。《里约宣言》的原则 4 规定，“发展权必须得到实现，以公平地满足当代人和后代人的发展与环境需要。”

8.2.2 欧共体条约

欧洲和国际法律文件都把“可持续发展”概念作为政策制定的指导原则。在法律文献中，这个原则称为可持续增长原则，《欧盟条约》（更多地称为《马斯特里赫特条约》）要求欧盟“促进经济和社会的均衡和可持续进步[②]”。《欧盟条约》对《欧共体条约》第 2 条中进行了修订，《阿姆斯特丹条约》对此进行了再次修改，提出了可持续发展原则。《欧共体条约》第 2 条规定：“共同体的任务是，……促进共同体经济活动的和谐、均衡和可持续发展，……可持续和没有通货膨胀的增长，……高水平保护和改善环境质量。”

《欧共体条约》没有定义“可持续”一词，因此法律学者们认为其内容是不确定的，不可能从这个原则本身推出任何法律结论[③]。但是，尽管人们可以说，就其准确的意义来说，可持续增长原则在为公民提供主体权利（公民可以个别地行使）方面没有法律上的约束力，毫无疑问，可持续发展概念在欧共体

① Sands（1995：199）.

② 见《马斯特里赫特条约》第 B 条。

③ Krämer（1995：75－83）.

层面上发挥着重要的作用。例如，这一概念被用来提出旨在创造更加可持续产品的政策，在新产品开发和创造中考虑后代人的需要。一般地，这些政策包含以下三个要素：

（1）创造产品，其生产需要较少的能源和原材料资源，且生产过程低污染；

（2）创造产品，其使用寿命更长，其使用和维护需要更少的资源，排放更少的污染物；

（3）创造产品，在其使用寿命结束后可以回收利用，从而不会完全丧失其材料和能源以及为制造它们而付出的努力①。

非常有意义的是，尽管可持续发展概念确实没有直接的法律涵义，但被明显地用作创造更加生态的产品和产品回收利用的政策依据。

另一个与可持续增长相联系的概念，值得我们在这里提一下，因为它也是《欧共体条约》中提出的思想：欧盟委员会在其环保领域的内部市场建议中，应以高水平保护为基础。《欧共体条约》第 95 条第 3 款（先前的第 100a 条第 3 款）明确地提到这一点，在第 174 条第 2 款（先前的第 130r 条第 2 款）中也有体现，本条规定了欧盟环境政策所要依据的原则。但是，这一规定在多大程度上可以由法院进行审查还是有疑问的②。

8.2.3 法律与经济解释

可持续发展思想的一个重要方面是承诺将环境考虑与经济和其他发展相结合。从法律的观点来看，可持续发展概念的这个方面或许是最为重要的，因为这要求开展环境影响评价③。“可持续发展”概念的法律影响似乎较弱，却有重要的影响，正是这一概念奠定了环境影响评价等重要工具的基础，并阐明了将当代人和后代人的需要考虑在内的必要性④。

可持续性概念和前面讨论的环境法与经济学的概念也是一致的。可持续性思想要求把对每一代人——我们这一代人和后代人的影响考虑在内，在这个意义上，可持续性概念纠正了一个严格的经济推理，这个经济推理认为，因为只需考虑净现值，所以没有理由用当前投资来保护后代人。更重要的是，“可持续发展”也用来推动“可持续产品”的生产和支持产品的回收利用，这些都符合经济推理。

① 关于欧共体层面上产品与可持续发展的更多细节，见 Krämer（1997：205－218）。

② Jans（2000：31－33）.

③ 关于环境与发展一体化，见 Pallemaerts（1995：60－77），Sands（1995：205－208）。本章将单独讨论一体化，见下面的 8.7 节。

④ Sands（1995：208）.

8.2.4 珍惜后代人

如何珍惜后代人权利的问题显然也有许多实用价值。在前面的第 2 章 2.1 节中，我们提出了对环境损害进行价值评估的方法以及遇到的困难，其中也考虑了后代人的利益。由此提出的问题是，如何在环境估价中考虑某种代际公平[①]。豪沃思（Howarth）和诺加德（Norgaard）认为，在某种方式上，环境服务估价和社会关心后代人的方式相互依存，非市场物品的估价和社会目标相互交织[②]。由此产生的问题是，环境政策应该以何种方式实际地考虑后代人的利益。这个问题在第 2 章的内容中尤其重要，在该章中我们指出了成本—收益分析对环境政策的重要性。

也就是说，为了后代人的利益，是否应当现在采取代价高昂的预防措施？莱维兹正确地提出，应该在以下两个方面作出区分：潜伏期短的环境污染造成的损害和影响后代人的行动。在环境管制的成本—收益分析中，由此产生的问题是，在这些情况下，为了反映污染接触与损害发生之间的时间流逝而进行贴现是否是适当的。莱维兹认为，在潜伏期短的环境污染产生损害的情况下，人们失去的寿命年数出现在人生的后期，贴现是恰当的。然而，他同样地认为，为了考虑受害人对环境致癌物的恐惧和接触的非自愿性，以及较高的收入水平，生命价值需要向上调整。不进行这些调整，管制过程就有低估人类生命价值的风险。相反，在环境污染对后代人造成损害的情况下，莱维兹认为，从伦理上，贴现是没有道理的。他还认为，贴现不过是把当代人的利益特权化的一种手段[③]。

8.3 源头预防原则

8.3.1 国际环境法

预防原则要求在早期阶段就采取行动，如果可能的话，应该在损害实际上产生之前就采取行动。再一次，1972 年《斯德哥尔摩宣言》和 1992 年《里约宣言》的原则 11 中都有这个预防观念，《里约宣言》的原则 11 要求各国制定“有效果的环境立法”[④]。

---

① Krutilla and Fisher（1985）.

② Howarth and Norgaard（1992：473－477）.

③ Revesz（1999：941－1017）.

④ Sands（1995：195）.

8.3.2 欧共体条约

《欧共体条约》第 174 条规定，共同体环境政策的原则之一是，采取预防行动，优先从源头上制止环境损害。同其他原则一样，源头预防原则只是一般的政策指导原则，没有法律上的约束力，但在条款或职能解释中是非常重要的[①]。事实上，《欧共体条约》第 174 条至少包含两个原则：采取预防行动原则和从源头上制止环境损害原则，后者称为“源头原则”（或就近原则），如我们下面所要说明的，就废弃物而言，这一原则是尤其重要的。

8.3.3 法律和经济解释

预防原则意味着应当在污染、损害或环境影响发生之前采取行动。所有污染或损害活动都要获得执照，除非经过行政权威当局允许，否则，一律禁止，这个思想体现了预防行动原则。与此相关的原则是在源头上制止损害，意思是，为了避免污染的扩大，应该尽可能在其源头的近处避免环境影响。

在国际环境法中，预防行动原则的目标是力图将环境损害最小化，要求在早期阶段保护环境，禁止或控制可能对环境造成损害的活动，其基本思想是避免在损害已经发生后才进行修补。

预防原则与前面讨论的安全管制的经济标准也是一致的[②]。实际上，事前管制的全部思想是，在一些情况下，由于事后责任可能没有足够的威慑效应，所以需要采取事前措施。再一次，人们可以说，因为防胜于治，预防原则当然符合环境经济学的基本观点。显而易见，采取预防行动的成本——通常意味着减排技术的投资——往往远低于环境损害发生后的治理成本。

8.4 就近原则

8.4.1 自由贸易与环境保护

就废弃物而言，就近原则实际上是源头预防原则的一个应用[③]。如前面提到的，《欧共体条约》第 174 条规定，环境损害应当优先在源头上加以纠正。

---

① Krämer（1995：79）.

② 见第 4 章 4.2 节。

③ Jans（2000：36－37）.

那么，就废弃物贸易问题而言，就近原则应该如何解释？

很久以来，在欧共体中，人们不清楚为建立共同市场所需要的基本自由，如货物的自由流动，是否适用于废弃物。在欧盟环境法中，更一般的问题是单个成员是否能以环保为由限制货物的自由流动。关于货物自由流动和环保间的权衡，已经发展了周密的判例法。

根据《欧共体条约》第 28 条（过去是第 30 条）及其下条款之规定，成员之间禁止“进口的数量限制和具有等同效果的所有措施”。成员不能盲目地限制或禁止某种（污染）产品的进口，首先应该检查这种禁止或限制是否符合第 28 条的规定。由于成员之间真正的数量限制已不复存在，对“具有等同效果的措施”解释就是条款中最重要的部分。

在达松维尔（Dassonville）案中[①]，欧洲法院作出如下判决，“各成员颁布的能够直接地或间接地、实际地或潜在地妨碍共同体内贸易的所有贸易规则，都可认为是与数量限制具有同等效果的措施”。因此，每一项潜在的贸易障碍，不管区分还是不区分国内或进口产品，原则上都属于禁止之列[②]。

在这方面，人们可以想到例如全面禁止国内使用某种污染化合物（如石棉），或者规定产品中某种化合物的最大允许浓度。在这两种情形中，如果所有国内产品都已遵守标准，而进口产品需要符合这种标准，这些国内规则就潜在地具有与正式进口限制相同的效果。由于这种标准可潜在地提高进口成本，从而阻碍贸易，这些标准也都在第 28 条的禁止之列。如在达松维尔案中所解释的，这种广泛的禁止进口限制意味着，实现内部共同市场的目标被认为是如此重要，以至于对环境有害的产品也能毫无限制地跨越国界。

但是，在《欧共体条约》第 30 条（过去是第 36 条）里有一个重要的例外，如果采取的限制措施“从保护人类、动物或植物的健康与生命来看”是正当合理的，这个例外允许成员限制共同体内贸易，但这些措施“不能成为对成员间贸易的任意的歧视或伪装的限制”。

以第 30 条为依据，成员对共同体内贸易进行限制的理由在欧洲法院的一系列判决中得到了解释：采取的限制措施必须是必要的，适合于要达到的目标[③]，例如，由于石棉是对人类、动物和植物健康与生命有危险的物质，依据

---

① 欧洲法院（ECJ，European Court of Justice），1974 年 7 月 11 日，Procureur du Roi v Dassonville，8/74 案，ECR（*European Court Reports*，*EU case law*）（1974），第 837 页。

② 近来，欧洲法院着重限制了达松维尔（Dassonville）案判决的适用范围，欧洲法院，1993 年 11 月 24 日，Keck and Mithouard，C－267/91 和 C－268/91 合并案，ECR［1993］，第 I－6097 页。

③ 欧洲法院，1976 年 5 月 20 日，*De Peijper*，104/75 案，ECR［1976］，第 613 页。

第 30 条规定的例外可以证明禁止石棉是合理的。另一方面，如下一节所述，欧洲法院也作出了这样的判决，即非危险废弃物的全面进口限制不能以第 30 条为依据证明是合理的[①]。

8.4.2 第戎黑茶藨子甜酒案、丹麦瓶子案和瓦龙废弃物案

欧洲法院在第戎黑茶藨子甜酒案中确立了第 28 条的另外一个重要例外[②]。欧洲法院认为，国内贸易限制措施根据以下条件可以证明是正当的：首先，以非歧视的方式适用于国内和进口产品；其次，其目标是法定要求（如第戎黑茶藨子甜酒案中的公共健康）；最后，其影响对于需要由其保护的利益来说是适度的。

这一观点在丹麦瓶子案中扩展到环境领域[③]，在该案中，欧洲法院判定，环境目标符合法定要求的条件。欧洲法院认为，环境保护目标可以证明具有贸易限制效应的国内环境政策是正当的，如啤酒和软饮料的可回收容器的法定回收制度。所以，自丹麦瓶子案以来，环境保护是一项“法定要求”的观点已被认可，可以限制第 28 条自由贸易原则的适用性。

事实上，第戎黑茶藨子甜酒案和丹麦瓶子案确立的例外比第 30 条的规定更加宽泛。第 30 条的适用性需要满足人类、动物或植物生命或健康受到威胁的条件，在第戎黑茶藨子甜酒案和丹麦瓶子案的推理规则中，不需要这个条件。但是，上述判例中推理规则适用性有一个重要条件，即采取的国内措施要以非歧视的方式适用于国内产品和进口产品。

不过，在瓦龙废弃物案中，即使是这个非歧视原则，也在很大程度上缓和了。在本案中，欧洲法院认为，源头预防原则——所有区域或地方权威当局有权采取措施，限制废弃物运输，确保尽可能在其产生地点附近进行处置——可以证明只适用于外国废弃物的进口限制是正当的。欧洲法院认为，尽管在瓦龙废弃物管制中禁止进口仅适用于外国废弃物，却没有违背非歧视原则。也就是说，可以认为，《单一欧洲法案》中规定的环境政策的基本原则——源头预防原则，具有对自由贸易和非歧视原则的优先性。

8.4.3 废弃物贸易的效率和伦理

在某种程度上，由于《巴塞尔公约》，这些问题现在已被放在一边，该公

① 欧洲法院，1992 年 7 月 9 日，Commission v Belgium，瓦龙废弃物，C－2/90 案，ECR［1992］，第 1－4431 页。

② 欧洲法院，1979 年 2 月 20 日，Rewe－Zentral AG v Bundesmonopolverwaltung für Branntwein（第戎黑茶藨子甜酒），120/78 案，ECR［1979］，第 649 页。

③ 欧洲法院，1988 年 9 月 20 日，Commission v Denmark（丹麦瓶子），302/86 案，ECR［1988］，第 4607 页。

约现在对废弃物越境流动进行管制。如何从经济角度分析自由贸易和环境保护的这种权衡问题？乍看起来，从经济角度来看，可以说很多来支持废弃物自由流动，理由很简单，如果允许贸易，就可能有规模经济优势。例如，如果法国能以比荷兰和比利时更低的成本焚烧废弃物，从比利时或荷兰到法国的废弃物贸易是增加福利的。

同样，一些国家有可能把某些闲置产品用于次要目的，因此，有可能在另一个成员境内回收利用废弃物，为了回收利用废弃物的贸易显然总是增加福利的。根据《巴塞尔公约》，原则上这也是允许的，因为该公约并不适用于再利用或回收利用的废弃物运输。但是，在废弃物越境转移时，总是会有失去控制的危险。缺少行政机构的监督可能会增加废弃物逃避任何控制的可能性，从而造成违法排放。原则上，可以认为，假如对废弃物的越境运输进行了有效的控制，防止了这种违法排放，废弃物贸易就可以增加福利。所以，就近原则也有其局限。

近来，在需要决定竞争法与就近原则关系时，欧洲法院的一个判例显示出就近原则对国内企业的可能保护。国内管制可能会依据就近原则，强迫本地企业将全部工业废弃物送到一个（垄断的）废弃物处理厂或焚烧装置，并禁止所有废弃物出口。在这些情形中产生的问题是，成员是否有权根据就近原则，强迫国内企业接受昂贵的废弃物处理，或者，是否应该认为禁止废弃物出口是不合法的。近来，欧洲法院在所谓的杜塞尔多夫案中对后面这一问题进行了裁决[①]。欧洲法院反对“滥用”就近原则来证明禁止出口废弃物是正当的，认为（本案中荷兰的）这种全面禁止出口废弃物违反了欧洲法律[②]。

因此，可以认为，从严格意义上讲，原则上，废弃物应当在源头进行处理，但就近原则可能产生无效率，就近原则确实限制了增加福利的废弃物贸易。

但是，关于废弃物贸易，经济推理显然有其局限性。例如，以较低成本将废弃物运到撒哈拉沙漠并存放在那里，很可能是有效率的，潜在的环境损害也很低。但是，不但国际公约禁止这类贸易，从伦理的观点看，这类贸易也是存在问题的。看来，就近原则具有强烈的伦理诉求，其基本思想是，一个社会应当主要自己解决其废弃物问题，而不应向邻居出口。

---

① 欧洲法院，1998 年 6 月 25 日，C－203/96 案，Chemische afvalstoffen Dusseldorp B.V.。

② 欧洲法院，1998 年 6 月 25 日，C－203/96 案。

8.5 预防风险原则

8.5.1 渊源和内容

《欧共体条约》第 174 条也规定了预防风险原则，只简单地规定为：共同体环境政策“应该以预先防备风险原则为基础”，因此，共同体法律本身没有预防风险原则的定义。尽管有些学者对预防原则和预防风险原则作出了明确的区分，大多数法律学者将预防风险原则与上面讨论的预防原则紧密联系在一起[①]。

简单地说，预防原则是“防胜于治”[②]。预防风险原则来源于德国的“预护原则”，本原则规定，如果强烈地怀疑某项活动可能具有严重的环境损害后果，最好采取行动（在太晚之前）禁止这项活动。在这种意义上，预防风险原则比预防原则更进一步，因为预防风险原则要求必须采取防备性行动，这意味着不应等到科学证据能确凿地证明某项活动与可能的环境损害间的因果关系时，再采取行动，禁止该项活动。

因此，关于某种不可取的严重环境影响，在有推定的但没有明确的和令人信服的科学证据的所有情况下，这一原则都是重要的。即使没有绝对的证据，预防风险原则要求，暂时性的和提示性的科学数据可以是采取保护环境措施的充分依据[③]。

人们可以注意到，预防风险原则不仅体现在国内环境法律体系和欧盟环境法中，也体现在国际环境法中。在国际环境法中，预防风险原则意味着，即使尚不具备完全的科学确定性，也必须采取内部法律行动，应对有严重威胁的环境问题，如臭氧层耗竭和气候变化[④]。

预防风险原则的法律依据体现在《里约宣言》第 15 个原则，该原则规定“在有严重的或不可逆的环境损害威胁的情况下，缺乏完全的科学确定性不能作为推迟采取防止环境退化的成本合理的措施的理由”。

目前，预防风险原则已被若干国际环境条约所采纳，一个例子是《1992 年波罗的海公约》，该公约规定，“即使排放与所声称的影响间没有因果关系的结

---

① 例如，见 Krämer（1995：80）。

② Jans（2000：35－36）.

③ Jans（2000：33－34）.

④ 例如，见 Sands（1995：208－213）。

论性证据”，“在有理由认为”可能产生危害的情况下，必须采取预防措施[①]。

另一个例子是众所周知的1992年5月9日《气候变化框架公约》（FCCC）的第3（3）条，该条规定：“各方都应采取防备性措施，预见、防止或最小化气候变化的诱因，减弱其不利影响。在有严重的或不可逆的环境损害威胁的情况下，考虑到应对气候变化的政策和措施应当是成本有效的，缺乏完全的科学确定性不能作为推延这些措施的理由，从而确保以可能的最低成本取得全球收益。”

在此，人们可以注意到，成本—收益分析的经济思想和（法律的）预防风险原则联系在一起。显然，预防风险原则的法律解释和经济含义都是很有争议的。预防风险原则常常用于国内环境法的标准制定过程，通常导致制定更加严格的排放标准，来预防某种环境风险，即使其影响是不确定的[②]。

8.5.2 实例

然而，居民们在试图运用预防风险原则，要求采取政策措施来减轻环境损害时，并不总是不成功的。英国的一个众所周知的案例说的是，有些居民认为，电磁场的非离子化辐射会或可能使他们有染上儿童白血病的风险，因此，要求英国贸易和工业部长采取措施，限制非离子化辐射。他们的理由是，如果存在对健康产生严重危害的风险的起码的可能性，部长有责任采取预先防备风险行动。

专家们认为，在电磁场和儿童白血病之间可能有联系，但他们认为需要进一步研究。除非部长必须运用预防风险原则，传统的审查并不质疑部长的决定。英国最高法院审理了此案，研究了《欧共体条约》第130r条（后来的第174条）是否赋予了部长根据《英国电力法案》进行考虑时运用预防风险原则的义务。

英国最高法院认为，《欧共体条约》第130r条提出环境政策的明显意图是把欧共体的环境措施变成实效，欧共体部长理事会需要采取必要的措施实施该政策。所以，英国最高法院裁定，第130r条中的原则没有赋予部长据此采取国内行动的义务。该裁定认为，根据《英国电力法案》，部长可以合法地运用预防风险原则来行使其权力，但预防风险原则并没有赋予这样做的义务。总之，英国最高法院认为，《欧共体条约》第130r条中含有的预防风险原则没有强制

---

① 见Sands（1995：211）。

② 荷兰高级行政法院（Raad van State）院长的裁决中有一个预防风险原则在荷兰环境法中直接应用的例子，1976年3月19日，*Milieu en recht jurisprudentie*（《环境与判例法》），1996年，第243页，有弗舒伦（Verschuuren）的案例注释。

英国部长采取相应的措施[①]。

8.5.3 经济解释

显然，从经济角度来看，预防风险原则也存在争议。经济学家对应该采取预防行动原则（防胜于治）可能没有任何异议，但他们对强制政策制定者（和企业）在关于需要采取的措施有科学不确定性时，将资源投资于防备性措施可能有更多的担心。一种批评显然是，这样的话，该原则将导致过度管制和过度限制人类活动。对风险评估感兴趣的经济学家认为，在没有证据说明预防可以降低环境损害时，强制公民投资于成本高昂的预防措施将导致稀缺资源的浪费[②]。

近来，奥古斯（Ogus）也认为，预防风险原则的严格应用会导致无效率[③]。奥古斯以《1990 年显示屏设备指令》[④]为例，该指令对显示屏在工业和商业中的使用进行管制，除了其他方面，该指令要求雇主们达到与屏幕、桌椅设计以及环境因素等相关的标准。奥古斯认为，虽然人们已经关注和讨论显示屏的使用会潜在地产生健康问题，但没有确凿证据表明有严重影响。为了实现在很大程度上是推测的收益，该指令产生了巨大的成本[⑤]。

预防风险原则的这种严格运用可能确实会产生无效率。预防风险原则的一种新观点[⑥]是转移举证负担，要求想要从事某种活动的人证明其行动不会对环境产生损害。但是，在这种解释中，在无法提供没有因果关联的结论性证据的情况下，潜在的污染者要承受巨大成本。

实质上，预防风险原则解决的是这样的问题，即在潜在的危害具有不确定性时，应当如何制定管制标准。预防风险原则指出，在有不确定性的情况下，如果科学证据说明，缺乏行动可能对环境产生严重的或不可逆的损害，就必须采取管制行动。

8.5.4 欧共体通讯

2000 年 2 月 2 日，欧盟委员会发起了关于预防风险原则的通讯，其目的是确立运用预防风险原则的指导原则，避免不恰当地把预防风险原则用作隐蔽形

---

① 见 ENDS－report 237（Environmental Data Services，1994 年，第 14－21 页）。英国高等法院，1994 年 10 月 3 日，丽吉娜（Regina）诉贸易和工业大臣。

② 维斯库西在各种论著中提出了这一点，见 Viscusi（1983：793，1989：65－107）。

③ Ogus（1995：325－338）.

④ 欧共体理事会 1990 年 5 月 29 日关于使用显示屏设备工作的最低安全与健康要求的《90/270/EEC 指令》，*Official Journal*，L 156，1990 年 6 月 21 日，第 14－18 页。

⑤ Ogus（1995：330）.

⑥ 见 Sands（1995：212）.

式的保护主义。欧盟委员会认为，预防风险原则的运用需要假设科学评估不能以充分的确定性来确定风险，因而，一种基于预防风险原则的方法应该从科学评估开始，识别科学不确定性的程度，这称为风险评估。预防风险原则在第二个阶段——风险管理中起作用，给定关于不确定性的科学信息，决策者必须承担政治责任，决定社会“可接受的”风险水平。

在根据预防风险原则确实需要采取措施时，欧盟委员会认为，除了其他方面，这些措施也应该以行动或不行动的潜在收益和成本的分析为基础。但是，欧盟委员会强调，这不只是经济的成本—收益分析，其范围更加广泛，包括非经济的考虑，诸如各种可行选择的效果及其公众可接受性，另外，这些措施还应该根据科学进步进行定期审查和必要的修正[①]。

8.6 污染者付费原则

8.6.1 渊源

污染者付费原则是环境法最有名的原则之一，也包含在欧共体和国际环境法中。《欧共体条约》原来的第 130r（2）条（后来的第 174（2）条）规定，共同体的环境政策必须以“污染者付费”原则为基础。在 1987 年《单一欧洲法案》对《欧共体条约》进行修订之前，这一原则已经体现在欧共体二级立法中。

但是，法律学者们还指出了这样的事实，即一旦开始将其解释为法律原则，关于谁是污染者、什么是污染、对什么付费等等问题，就会困难重重。此外，在欧共体环境政策的许多情形中，并不是污染者付费，而是整个欧共体的国家援助框架、共同体基金和凝聚力基金，这说明为防止和治理对环境的损害，也需要公共干预[②]。

由此产生的问题是，从法律角度来看，污染者付费原则的实际含义是什么。詹斯（Jans）认为，环境法中的全部标准制定迫使污染者进行各种投资，来遵守法定的标准，因此，标准制定过程有助于确保污染者承担污染的成本，通过规定标准和环境收费，欧共体必须确保污染责任人实际上承担成本[③]。

污染者付费原则在国际环境法也有体现[④]。例如，《里约宣言》第 16 个原

① 欧盟委员会关于预防风险原则的通讯，COM（2000）1，最终版本。

② 见 Krämer（1995：81－82）。

③ 进一步的细节，见 Jans（2000：37－39）。

④ Sands（1995：213－217）.

则规定："考虑到污染者原则上应该承担污染成本的观点，在尊重公众利益和不扭曲国际贸易和投资的基础上，国家权威当局应该努力推动环境成本内部化和经济工具的运用。"

8.6.2 经济解释

人们可能会说，污染者付费原则大概是前面讨论的所有原则中最"经济的"原则。甚至法律学者们也认为，污染者付费原则起初就是经济原则，意思似乎是说，污染清理成本不应由纳税人负担，而应由污染的责任人来承担[①]。

判断该原则是否总是能在规范的层次上运用，当然是一个不同的问题。污染者应该付费的理念——意味着污染者必须承担污染行为的财务后果，与我们在第 1 章中阐述的原则是一致的，让潜在的污染者完全承担其活动的社会成本，在原则上将导致外部性的最优内部化。

显而易见，一种或许最为直接的方式是，通过标准制定过程，强制潜在的污染者投资于清洁生产技术或减排技术，另一种方法是使用收费或税收（见第 2 章 2.3 节）。庇古税的基本思想是，如果污染者被迫支付边际税率等于污染成本的税收，就会为污染者提供减少污染的激励。

另一个问题是，就环境责任而言，污染者付费原则是否意味着，污染者总是必须承担环境损害的财务后果，换句话说，总是应该采用严格责任准则，一些法律学者就是这样解释污染者付费原则，但是，其他学者认为，严格责任制度并非在所有情况下都是有效率的，尤其是在受害者处在控制风险的更好地位时，严格责任制度是没有效率的。

有时候，人们也对污染者付费原则的某些后果提出批评，有些学者会认为，污染者付费原则意味着，潜在的污染者需要在其能力范围内尽一切努力，来避免每一种可能的污染，在这个意义上，污染者确实总是需要付费。但是，在环境经济学中，人们运用成本—收益分析确定应该降低的污染水平，在一些情形中，成本—收益分析的结果是，进一步降低环境损害的措施是无效率的，因此，不要求污染者为额外的污染削减技术付费，即在进一步减少环境损害中，其成本超过收益的技术。由于这个原因，亚当斯（Adams）称污染者付费原则是一个空壳[②]。

确实，简单地规定污染者应当为环境污染的全部后果付费，有时候是过于轻松自在了，因为在许多情况下，这些成本可以通过价格机制转嫁给消费者[③]。

---

① Krämer（1995：81）.

② Adams（1989b：787－789）.

③ 这显然是第 1 章中讨论的科斯定理的一个应用。

在这些情况中，不是污染者付费，而是消费者最终支付因采用污染削减技术而提高了的产品价格，污染者付费原则变成了消费者付费原则[①]。

此外，有许多情形，污染者事实上根本不付费，而是受害者付费，最好的例子当然是，西欧国家目前在减轻东欧工业造成的环境损害中进行的巨额投资。所有这些投资，如在保加利亚进行的核安全投资，很可能是有效率的，但事实上不是污染者，而是受害者付费。

总之，污染者付费原则无疑是一个有用的起点，这个原则当然符合外部性可以通过让污染者承担其活动的全部成本而内部化的观点，但作为法律原则不是很有用。

8.7 一体化原则

8.7.1 法律一体化：法典化

在环境政策中，一体化概念有许多不同的含义[②]。有时候，一体化概念用来指立法或程序的统一或协调，这种类型的一体化通常指的是将各种不同的环境法规汇编到一个文件中。人们可以注意到环境法的演变，起初，环境的若干组分（空气、水、土壤）都在各种单项立法中单独进行保护。在 20 世纪 80 年代，许多法律体系决定将所有这些单项法规汇编在一部“一体化的”环境立法中。一个例子是荷兰的环境管理法案，另一个例子是比利时佛兰德斯大区的环境政策法令，其目标是把全部环境法律进行法典化。

通常，这种法典化或立法统一的目标起码是建立起各种环境许可制的一种类似程序（即使对各种环境组分仍然可能存在不同的许可制度），因此，人们可以注意到，事实上，保护各种环境组分的各个单项环境法规是环境法发展的第一步，下一步是从所谓的部门立法转向一体化立法。明显地，这种“一体化”不必对法律内容规定得太多，更多地是把全部环境法体现在一个法律文件中，根据法律体系的情况，这个法律文件可以是法典或环境政策综合法[③]。

但是，从经济角度看，这种“一体化”具有很大的优势，公民们只需查阅一个法律文件，就可获得立法内容的信息，这显然更加容易，因此，法典化可

① 对污染者付费原则的批评，详见 Adams（1989b：787 – 789）。

② 一个概览，见 Faure（2000：174 – 182）。

③ 例如，1998 年，瑞典出台了一部环境法典。关于德国环境法的法典化，见 Kloepfe（1996：87 – 100）。关于最早的例子之一——《1991 年丹麦环境保护法》，见 Pagh（1996：143 – 153）。

以降低信息成本。此外，由于同样的原因，行政成本也会降低，如果通过法典化提高了环境立法内容的信息质量，还可使之得到更好的遵守。

8.7.2　外部一体化

一体化概念的第二种含义，通常称为外部一体化[①]，这在《欧盟条约》第 6 条（先前的《欧共体条约》第 3c 条）中已有体现，该条规定，为了推动可持续发展，环境保护要求必须纳入共同体其他政策的制定和实施中。这种外部一体化概念的目标是，环境保护不但应该是环境决策者关切的问题，而且应当是其他政策制定和实施的重要考虑。

就欧共体而言，这种一体化原则的目标是欧共体其他政策的完全“绿化”[②]。詹斯（Jans）认为这是“欧共体法律的最重要原则之一”，这种一体化赋予欧共体机构一种义务，在采纳其他政策措施时需要对所有环境相关方面进行综合和公允的评估[③]。同时，他也正确地提到，关于一体化原则的准确含义，仍有许多问题。

国际环境法中也体现了把环境问题纳入其他政策领域的思想。桑兹（Sands）认为把环境考虑纳入到经济和其他发展的承诺是“可持续发展”的一个要素[④]。桑兹正确地指出了这样一种事实，即一体化原则具有重要的法律影响，在设计经济政策或经济开发项目时，要开展例如环境影响评价，收集环境信息。

在国际层面上，一体化问题与发展中国家发起的“发展权”讨论密切相关，因此，发展中国家常常注意在国际条约中加进保护其未来发展可能性的措辞，限制国际环境管制可能制约其发展的程度[⑤]。

8.7.3　一体化污染预防与控制（IPPC）

最后，一体化概念还有第三种含义，在这种具体的含义中，由于外部性的相互转化性，一体化指的是决策一体化。主要体现在有名的欧盟理事会 1996 年 9 月 24 日关于一体化污染预防与控制的《96/61/EC 指令》（《IPPC 指令》）中[⑥]。在第 7 章 7.2 节中，我们简要地讨论了这个一体化概念。《IPPC 指令》中采纳的这个一体化概念，与在可行的情况下预防向大气、水或土壤的排放相关[⑦]。

---

① 关于外部一体化概念的详细讨论，见 Grimeaud（2000：207 – 218）。

② 见 Krämer（1995：82）。

③ 以判例法对其作用进行讨论的例子，见 Jans（2000：17 – 23）。

④ 见 Sands（1995：205）。

⑤ 进一步的细节，见 Sands（1995：205 – 208）。

⑥ *Council of the European Union*，*Official Journal*，L 257，1996 年 10 月 10 日，第 26 – 40 页。

⑦ 关于《IPPC 指令》，也可见前面第 2 章 2.2.4 节。

这种一体化的核心观点是，为防止企业转移排放，需要考虑污染的总成本，从而需要一体化决策，因此，其基本观点是，在一体化决策中，同时考虑对所有环境组分的影响，可以有效率地设定排放限值。《IPPC 指令》的第 7 条提到了实现这种一体化的途径，该条规定，在涉及多个职能部门时，“为确保采用有效果的一体化方法”，各成员应确保许可发放程序的协调。

8.7.4 经济解释

从经济观点看，我们如何理解一体化概念？一体化污染控制概念本身符合这样的经济观点，即法律工具的制定方式应该使环境污染引起的外部性尽可能地内部化。非一体化的污染控制制度的一个典型问题是不考虑排放相互转化的可能性，在实践中，由于污染控制的条块分割，一旦在某一部门中建立了环境管制，人们经常可以看到污染转向其他缺乏控制或管制的部门。

例如，向水体排放的严格控制经常导致安装水净化设备，依次产生污泥，再堆放在地上，环境污染的成本只是变成另一部门的外部性，而没有内部化。但是，外部性的内部化是指某个实体的全部可能的排放形式，也就是要把这些不同的考虑都纳入决策过程中。

防止排放转移实际上已经确定为《IPPC 指令》的核心目标之一。在具体的操作目标中，最初的建议明确地提到，该指令的目标是预防大型装置的污染排放，“从而污染问题得到解决，而不是从环境的一个部分转移到另一个部分。[①]”在该指令发布前的考虑中提到，“分别控制向大气、水体或土地排放的方式本身可能鼓励污染在环境介质间的转移，而不是从整体上保护环境。”

因此，一体化方法的优点是，把所有可能的排放——气体、液体或固体，都纳入一个决策程序，从而排放限值的制定方式使企业没有动机将排放从环境的一个组分转移到另一个组分。显然，这种程序的最终结果是否是有效率的，在很大程度上取决于程序和相关权威机构及其考虑各种可能排放并以确实防止排放转移的方式制定标准的能力和意愿。

第二个优点是，不仅各类排放的限值要以平衡的方式来确定，而且要保证标准的可执行性。《IPPC 指令》第 14 条规定，成员要采取必要措施，确保经营者遵守许可的条件。显然，只有标准制定过程和执行体系都是一体化的，一体化的污染控制制度才能成功。由于《IPPC 指令》的执行和实施由成员来进行，一体化的真正价值取决于成员的方法。

控制污染问题的一体化方法是可取的，既可防止排放转移的风险，也有助

① EU Commission，COM（93）423 最终版本，第 25 页。

于根据成本和收益计算有效率的标准。确实，如果人们接受在排放限值制定中应该运用边际成本等于边际收益检验，那么，标准制定当局就应同时考虑所有的排放，从而能够确定达到目标标准的最优排放标准应当是什么。

污染控制一体化制度也可降低行政成本，从这一方面也可说明这一概念的合理性。对大工厂产生的每一种可能排放都分别发放许可的方法，显然会对相关企业和行政机关产生很高的成本，因此可以预期企业会欢迎一体化的方法。这种方法的优点是，企业在开始其活动前只需向一个窗口柜台提出申请，而不是需要申请三个或更多的许可。《IPPC 指令》的最初建议还力图简化决策过程，原则上，必须在 6 个月内做出许可决定[①]。遗憾的是，在该指令的最终文本中放弃了这个期限规定。

一般而言，对一体化污染控制概念本身几乎没有任何批评。一体化污染控制的目标是预防排放和使对环境整体的排放最小化，这种理念符合经济观点[②]，《IPPC 指令》的解释备忘录中多次强调这一理念；也强调应采用法律手段，引导潜在的污染者首先对排放进行预防[③]。

8.8　环境和人权

我们还应该提到已经发生的关于环境保护对其他人权的作用的有趣讨论。在法律学说里，环境保护的人权论越来越流行[④]，这与清洁环境权是否应当视为人权的问题密切相关，越来越多地，国际环境法认可这种权利。例如，联合国 1972 年《斯德哥尔摩宣言》宣布，人类的天然的和建成的环境“对于人类福祉和享有基本人权，甚至生命权本身都是必不可少的”。但是，在什么情况下环境退化要视为违反个体的人权，尚不明朗[⑤]。

8.8.1　宪法中的环境权

在许多国家的宪法中，清洁环境权也以某种形式规定为基本人权。例如，

① 至少 1993 年 9 月版的《IPPC 指令》建议第 7（2）条就是这种情况，但可惜的是，在 1995 年 6 月的共同立场（common position）中被删除了。

② 该建议的解释备忘录中说，“其基础是污染控制的预防方法”（EU Commission，COM（93）423 最终版本，第 14 页）。

③ 在这方面，我们也可以参考本章前面 8.3 节中关于预防原则的讨论。

④ 关于本领域最新发展的有趣概览，见 Boyle and Anderson（1996）。

⑤ Sands（1995：222）.

《1994 年德国宪法》增加了第 20a 条，规定环境保护为国家原则，强调预防风险原则和所有国家层次对环保目标的环境责任，但没有赋予公民可控告的权利。因此，根据德国法律学说，环境保护不是“基本的环境权利”[①]。

其他国家的宪法也承诺环境保护。例如，《1986 年希腊宪法》在第 24 条中承诺环境保护，再一次，环境保护被规定为国家责任[②]。最后，我们可以提到荷兰的例子，《荷兰宪法》第 21 条规定了环境保护的法律基础，在 1983 年的宪法修正案中采纳，该条规定，政府责任是针对土地复垦和环境保护与改善。再一次，法律学说认为，该条规定了政府责任，实际上不能作为国民对国家提出索赔的法律基础[③]。

8.8.2 《欧洲人权公约》的判例法

现代宪法的所有这些发展符合环境法律学说关于在法律中规定环境人权的要求[④]，宪法或公约里“环境保护权”的表述通常指的是权力机关保护公民免受环境退化影响的责任。但是，通常也认为，这些所谓的“经济和社会权利”没有授予公民们个人可控告的主体权利。

但是，在若干非常有趣的案例中，公民们使用传统的人权——尤其是 1950 年《欧洲人权公约》中规定的权利——提出，某些环境污染情况可以构成政府对这些传统人权的违背。在这方面，该公约的若干条款得到运用，例如《欧洲人权公约》第一议定书的第 1 条，该条保护私有财产。

欧洲人权法院在弗雷丁（Fredin）诉瑞典案中认识到，“在当今社会，环境保护是日益重要的考虑”，并依照第一议定书第 1 条检验了为达到环境目标而对私人财产权进行干预是否得当，认为这种干预并非不适当，意味着环境保护措施事实上能否决私人财产权[⑤]。

另一个问题是，严重的环境污染情形是否可以看做是对《欧洲人权公约》第 8 条的违背，该条规定，除了其他的，“人人都享有尊重其私人和家庭生活、住宅……的权利，公共权威当局不能对该权利的行使进行干涉，除了依照法律和在民主社会里为了国家的经济福利之外……”

居住在英国伦敦希思罗机场附近的居民们声称，过多的噪声迫使他们忍受

① Rody（1996：157）.

② Sioutis（1996：193）.

③ Seerden and Heldeweg（1996：274）.

④ 在这方面，例如弗舒伦的博士论文：Verschuuren（1993）以及 Verschuuren（1995：421－445）。

⑤ 关于本案的讨论，见 Sands（1995：228）。

依照政府管制飞行的空中交通造成的过度干扰，因此违反了第 8 条的规定。欧洲人权法院否决了这种主张，认为需要在个人和整个社会的相互竞争的利益之间达成公正的平衡。欧洲人权法院显然断定，除了其他的，既然政府根据国际标准采取了降低噪声污染的重要措施，因此没有破坏这种公正的平衡。另外，附近的一些居民已因飞机噪声导致的干扰而得到了赔偿[①]。

但是，在 1994 年 12 月洛贝兹－奥斯特拉（Lopez－Ostra）诉西班牙一案中，欧洲人权法院认为，废弃物处理厂造成的污染违反了《欧洲人权公约》第 8 条。专家说明，有毒烟雾排放是不可接受的，居住在废弃物处理厂近处的居民健康受到损害，医生们已经证实洛贝兹－奥斯特拉夫人的女儿的健康已受到严重损害，并建议她搬迁，所以，欧洲人权法院认为废弃物处理厂的污染违反了第 8 条。

该废弃物处理厂所在的镇政府允许该厂建在其土地上，西班牙政府对该厂的建设给予了补贴。欧洲人权法院认为，在本案中，国家没有成功地在该镇的经济福利——拥有废弃物处理厂——和原告有效地享有尊重其住宅和私人与家庭生活的权利之间达成公正的平衡。

本案说明，严重的环境问题可导致违反《欧洲人权公约》第 8 条的问题。本案还说明，在人们认可的可控告的传统人权与一般认为不可控告的社会权利之间，看来区别不大，本案显然导致了人权和社会权利的融合[②]。

8.9　属地原则

属地原则体现在《欧共体条约》第 3 条第 3b 款，该条款规定："在不属于其专属职能的领域，只有并且只要成员不能充分地达到拟议行动的目标，以及由于拟议行动的规模或影响，共同体可以更好地实现这些目标，依据属地原则，共同体才要采取行动。"

属地原则与这样的问题有关，即何种类型的环境立法、规范或标准应该在中央层次以及哪些类型可以交给地方或分权的层次进行管制。这一问题也称为环境联邦主义问题，在上一章中讨论环境联邦主义经济学时已有所涉及[③]，因此，没有必要在本章讨论这个原则。

① 在这方面，比较前面第 1 章 1.4 节中关于首用原则的讨论。

② 关于本案的详尽分析，见 Heringa（1995：196－204）。

③ 关于排放标准的统一或差异化的讨论，见第 2 章。

第9章

环境法在发展中国家的作用

9.1 引语

1992 年联合国环境与发展大会召开和《21 世纪议程》公布之后，我们应该提出这样的问题：法律如何促进可持续发展，尤其是就发展中国家的情形来说，这个问题更为重要，在最后这一章里，我们将重点探讨这个问题。

首先，我们将概述有关环境立法效率的若干基本概念，在这方面，我们将关注环境立法的若干原则，在起草“典型的环境法”时无论如何都应该考虑这些原则，当然我们将特别关注标准制定过程和法律如何促进清洁生产技术以及更加一般的环境健康技术的实施问题（9.2 节）。此外，我们将关注环境法规有效率地执行的一般原则，它们适用于大多数国家（9.3 节）。

在简述了环境法的这些一般法律框架之后，我们将讨论这些基本概念对发展中国家的重要性，因此，最后这一章可以看作是总结全书的主要观点，将这一总结性框架应用于发展中国家的情形（9.4 节）。我们将证明，就发展中国家的环境法和政策制定而言，本书中遵循的法与经济学方法是非常有用的。

当然，由于法律背景和执行情形在许多发展中国家是不同的，不可能得出一般化的结论，作者主要试图指出西欧在环境立法中出现的一些谬误，就环境立法的制定和执行而言，由于大多数发展中国家处于早期阶段，它们可以从西方国家先前所犯的错误中获益。

另外，当然也应该考虑这样的事实，西方国家在环境立法及其实施中出现的许多问题，在发展中国家里可能具有不同的形式。在这方面，会产生一些有趣的问题，例如，西方的环境立法原则本身是否适用于发展中国家，或者它们是否应当适应这些大小完全不同的国家的技术和财务手段。因此，在这种更为一般的阐述中，我们不是专注于某一个发展中国家的情形，而是简要探讨发展中国家在环境立法及其执行中可能需要特别注意的若干问题。

的确，法律规则的运行总是要在特定的文化和法律框架内加以考察。很有可能，在欧洲法律框架内运行完全良好的法律规则，比如说，由于司法系统的结构和组织不同，在拉美或非洲会具有消极后果。所以，我们应该注意各种问题和解决方法，而后，发展中国家的政策制定者和律师们应当判断这些解决方案是否适用于本国的大量环境问题。

9.2 关于环境法目标和新技术的若干基本概念

9.2.1 内部化

正如经济学家们经常指出的，环境损害是一种市场外部性，即对交易双方以外的第三方的不利影响，如果没有任何法律规则的强制，潜在的污染企业在其生产和技术选择的决策过程中不会考虑这种外部影响①。

这一基本见解也清楚地表明了环境法的目标应当是：强制潜在的污染者将环境损害内部化，意味着污染企业在进行技术选择时要考虑环境损害②。因此，正如我们在前面的章节中所阐明的，法律规则在这种内部化的过程中具有重要作用③。

外部性内部化大体上可以通过责任准则或政府管制来实现。在责任准则情形中，法律制度运用以下威慑效应，即如果企业不遵守法律制度要求的应尽谨慎程度，就要为此负责。但是，对于环境损害，责任准则常常起不到威摄作用，这有若干原因。

污染的受害者常常很难证明污染企业的过失，环境污染有时也是广泛分布的（如酸雨问题），以至于没有单个的受害者有动机提起责任诉讼。如果不是个人受到损害，而是生态系统或浮游生物群等受到损害，当然也会产生相同的问题。

除了证明过失的这些困难，经常还产生因果关系问题。如果一条河里的鱼

① 一般的，见第 1 章。

② 本书主要讨论污染外部性。在许多发展中国家，一个起着关键作用的相关环境问题是资源枯竭，尽管本书讨论的许多经济原理也可应用于资源耗竭问题，但没有单独讨论这个问题。

③ 然而，诺贝尔奖获得者罗纳德·科斯已证明，在没有交易成本的情况下，内部化将自动产生（Coase，1960：1-44）。在环境损害的情形中，由于交易成本是非常高的，污染的潜在受害者不能就污染程度和采用的技术与企业进行讨价还价，所以，需要一个法律准则来实现外部性内部化。不过，由于科斯定理说明法律制度应当优先寻求使市场发挥作用的制度，因此，科斯定理仍然是重要的，见第 1 章关于科斯定理的讨论。

死了，在很多情况下，很难准确地证明是哪个企业造成了污染。由于各种污染物的协同作用，也可能不止一个企业应该为死鱼问题负责。

在有潜伏期的情形中，即环境损害（如癌症）常常在污染排放发生多年之后才会出现，因果关系问题就更多了。在这样的情形中，受害人甚至会认为他因“自然的原因”而得病，从而污染企业又一次逃脱了民事责任。

由于所有这些原因，如本书前文所证明的[①]，很多学者认为，尽管责任诉讼在防止环境损害中仍然是有用的，内部化原则应该通过事前的政府管制，规定具体的谨慎标准来实现[②]。

9.2.2　标准的作用

环境标准具十分重要的作用。环境标准在政府管制中规定，并以行政或刑事制裁来执行。制定环境标准有各种法律技术[③]，在大多数情况下都采用排放标准，即规定何种物质以某种有限数量向环境中排放的标准，例如，规定工业废水中杀虫剂的最大允许浓度是 0.1 微克/升的标准是排放标准。

在大多数情况下，排放标准本身并不规定达到这些标准要采用的技术或生产方法，因此，在上面给出的例子中，企业可以选择使用任意类型的水处理设备来达到规定的标准。当然，在有些情况下，也会规定需要采用的技术。另外，在其他情况下，可以利用环境质量或目标标准规定某种环境组分的具体的环境质量标准，如一条小溪的水质[④]。

环境标准也可因制定标准的权威机构不同而有差异。环境标准当然可以在法规、法令或其他类型的政府管制中规定，但由于标准的技术特征，实际中很少是这种情况。在大多数情况下，环境法规只制定总体框架，设立一个行政机构，赋予其制定环境标准的权力。

这个环境行政机构的作用又可采取不同的形式，例如，可以在法令中规定标准，对某一行业的所有企业都有约束力，或者，可以对单个企业发放许可，在许可中规定环境标准，这两种制度还可结合起来使用。

这两种制度都有优点和缺点。由行政机构制定标准的优点是，行政机构有许多技术知识和能力，在单个许可中考虑地方的具体情况。但是，一个缺点是

---

① 见前面的第 4 章 4.1 节。

② 见 Shavell（1984a：357－374），Faure（1994b：39－87）。

③ 关于标准的作用，见第 2 章 2.2 节；如上所述，本章意在作为一个总结并应用于发展中国家。

④ 关于标准制定过程，一般的，见 Ogus（1981：210－225），Richardson，Ogus and Burrows（1982：49－55），Ogus（1994b：23－37）。这个问题也获得了行政律师们的注意，见 Diver（1983：65－109）。

可能会出现标准的不均等和差别，扭曲市场条件。另外，在有些情况下，行政机构被受管制的企业俘获，由于企业的游说，许可条件会过多地反映企业的私人利益，从而不会产生环境损害的完全内部化。[①]

9.2.3 标准制定的原则

从公共利益的角度看，一个重要的问题当然是应当怎样制定有效率的环境标准。显然，新环境技术的可能性对标准高低有重要影响[②]。原则上，标准应该确定在污染削减的边际成本等于环境损害降低的边际收益的水平上[③]。这意味着一项新的、更为昂贵的技术只有在其边际成本低于或等于其额外降低环境损害的边际收益时，才应采纳为法定标准[④]。

当然，由于某些污染物的影响仍有很大的不确定性，实践中常常会产生问题。在这些情况下，关于环境保护和工业生产间适当的权衡关系，常常难以达成共识[⑤]。显然，环境标准会随时间而变化。如果采用更加复杂的环境技术能以较低的边际成本实现更高的污染削减的话，这种新技术就会影响法定标准。当然，如果不是市场上所有人都能获得这种决定法定标准的新技术的话，就会产生问题。因此，技术发展会影响标准，但另一方面，标准制定方式应考虑为技术创新提供激励。

另外，还有这样的问题，环境标准应当是统一的，还是依地区、地方需要、工业行业和公众偏好而有所区别[⑥]。在不同的地区，关于环境质量和工业生产间适当的权衡，居民们可能有不同的偏好[⑦]。在新环境技术是否也应决定发展中国家的法定环境标准的争论中，这是一个重要的问题。对这个问题给予否定回答的原因可能是这样的事实，不仅发展中国家可能不易获得新的环境技术，这些国家对环境保护的重视可能也低于西方国家。

但是，人们可能会反对有区别的标准——对某些地区不是很严，理由是企业可能会搬迁到排放标准不是很严的地区，还会抑制创新，从而导致过时技术的长期使用。不过，如果采用目标标准，人们就不会反对有所区别的标准。目

---

① 前面的第 4 章 4.2 节广泛讨论了俘获和游说风险。

② 关于标准制定的原则，见第 2 章 2.2 节。

③ 关于成本 – 收益分析，见前面的第 2 章 2.1 节。

④ 我们需要假设风险中性。在风险厌恶的情形中，由于可以消除风险厌恶者的风险负效用，环境技术的较高投资或许是有效率的。

⑤ Ogus（1994b：23 – 37）.

⑥ 关于这一问题的讨论，可见第 7 章。

⑦ Ogus（1994b：23 – 37）.

标标准规定某种环境质量标准，但不必强制企业采用一种具体技术。

在环境标准和技术的这一概述中，要提及的最后一点是，法律制度也越来越多地采用上面提到的关于新环境技术的经济成本—收益分析。特别是在英国、佛兰德斯、荷兰和欧盟的立法中，采用了“没有过高成本的最佳可用技术”（BATNEEC）原则，明确地提出，只要不导致“过高的成本”，企业必须使用最佳可用环境技术。我们前面提到，这明确地是指经济的边际成本—边际收益检验[①]。

如第 2 章所阐述的，标准制定过程是环境法和环境政策的重要基石。环境标准的长处是保证达到足够的环境保护，因此，环境质量在很大程度上取决于标准及其执行的质量。另一方面，企业必须遵守这些环境标准，这对它们会有严重的财务影响。因此，这些标准是技术发展和环境保护之间的桥梁，不管这些标准是在法规中，还是在许可中加以规定，环境清洁技术的发展必然反映在法定的环境（排放）标准中。

当然，标准制定过程更多地集中于用来治理生产过程产生废弃物的“管道末端”技术。在很多情况下，显然，通过改变生产技术，首先避免产生废弃物，可以取得更好的结果。通过合理制定标准，可以引导向环境健康技术的这些变化。而且，这些技术的采用常常不仅减少废弃物，也可提高产出的质量和/或数量。所以，认为环境健康技术的采用对企业来说只是一种成本，是错误的。的确，在很多情况下，采用环境健康技术，提高成本有效性的潜力是非常大的。既然采用这些技术对企业常常是有利的，企业常常需要更多的关于这些技术的有益效果的信息，而不只是管制的执行[②]。

9.3　环境法规执行的若干思考

9.3.1　标准的执行

上面我们阐述了环境法的基石——环境标准，这些环境标准大多体现在行政许可中，由此也就明确了标准执行的最重要方面就是保证对环境标准的遵守。在这方面，本书作者迈克尔·福尔尝试简要阐述对保障环境法规有效率和有效果的执行非常重要的若干基本原则。虽然远非完善，作者认为，西欧环境

① Faure and Ruegg（1994：39－60）.

② 第 4 章 4.4 节讨论了自愿方法的运用。

法规的执行实践证明，这些基本原则对保障环境法规的有效性是极为重要的。

9.3.2 可执行的立法

9.3.2.1 明晰性原则

显然，任何执行机制的效果必然取决于需要执行的法规的质量，因此，任何政策执行的起点应该是要确保环境立法本身的质量，这就意味着立法必须清晰、简明、准确，且为相关人员所知晓。环境立法应该避免笼统地禁止所有环境污染，这种宽泛的概念在民事诉讼中可能还是有用的，但由行政或刑事制裁来执行则是完全不得当的。

就刑事制裁而言，联合国 1948 年《巴黎人权宣言》和 1950 年《欧洲人权公约》要求刑事指控必须是准确的，这意味着可能的违法者必须提前就确切地知道他是否会犯罪。一个诸如“污染环境”的宽泛罪名是没有用处的，因为在实践中没有环境立法能够禁止所有污染。

如前所述，环境立法的目标只在于用许可制度控制污染，监督管理允许的污染。泛泛地禁止污染的规定是模糊的，不能明确是否允许何种污染，起码不应用作刑事责任的依据[①]。我们在第 5 章讨论环境罪时证明，许多技术可以用来制裁环境污染，严厉程度高低不等。

9.3.2.2 信息

立法也不应过于复杂，要让其执行对象知晓。人们现在可以注意到，在许多西欧国家，环境部发布各种简报和通知，把新法规的内容告知企业。尽管法律在国家的官方期刊上公布之时，就假定为人人皆知，这当然是不切实际的虚构。立法有效执行的首要条件就是把立法的内容告知公众。在刑事案件中，企业常常以环境立法的复杂特点为理由或借口，但几乎从未被接受，除非是行政机构向企业提供了错误信息。

但是，我们前面已经指出，基于信息战略的自愿方法可以导致企业更好的环境表现[②]，对发展中国家来说无疑也是如此，因为在发展中国家，正式执行的基础框架可能非常薄弱，或者甚至完全缺失。

9.3.2.3 执照和行政机构的作用

在这方面，单个执照或许可中规定排放标准是提供关于哪些污染合法、哪些污染不合法的直接和准确信息的最佳途径。很多大型企业组织具有其工厂的各种环境许可，详细规定了特定物质可以排放的数量，有时候甚至是必须采用

① 苏纳里奥（Sunaryo）也认为，环境罪需要一个明确的界定（Sunaryo，1992：51）。

② 见第 4 章 4.4 节。

何种技术[①]。违反许可条件通常就是一种犯罪，在这种情况下，刑事责任的条件在发给相关企业的执照中规定得非常清楚[②]。

当然，由行政机构制定标准会产生其他问题[③]，特别地，如果刑事责任不是直接在议会的法规或法案中，而是在行政机构制定的标准中规定的，就会产生刑法中所谓的合法性问题。但是，人们一般认为，只要立法者（议会）制定总体框架，并规定在什么情况下由行政机构制定标准，与法律规则就没有冲突。在大多数情况下，也是立法者在法规中规定，违反由行政机构在许可中规定的标准是一种犯罪，以及相应的制裁措施。

9.3.3　司法审查

9.3.3.1　立法的执行

由独立的司法机关执行环境法是极为重要的，原则上，司法机关的任务是执行由立法者制定的环境法规和由行政机关发放的许可。

在大多数环境污染案件的审判中，环境保护和企业的商业利益之间有利益冲突。原则上，司法机关的任务不应是解决这种冲突，立法者在颁布环境保护法时，在一定程度上已决定支持环境保护，已经对这些利益进行了平衡。行政机关在规定许可条件时已进行了同样的平衡，这些条件通常是在仔细地权衡企业利益及其财务和技术可能性与环境及其污染受害人的利益后制定的。这意味着，原则上，如果有清晰和准确的立法，司法机关所要做的全部就是执行立法。这一点是非常重要的，因为在法庭上审理案件时，应当避免再次进行利益平衡。原则上，司法应尊重立法者和行政当局的决定并执行。

9.3.3.2　许可条件的检查

但是，有些法律体系允许法院检查许可条件，例如，审查许可条件是否是根据行政法和行政程序公正原则规定的。但是，这只是有限的司法审查，不允许法官重新检查许可条件内容的是非曲直，这在环境刑事审判中是非常重要的。

我们应该切记，在环境案件中，被起诉的犯罪嫌疑人不是一般意义上的刑事犯，他们大多数是成功的企业家，在社会上有很高的地位，他们的大多数企业都对所在社会的福利作出了很大贡献。在西方国家的环境立法执行中，这似乎也是十分敏感的一点。在环境立法开始执行时，刑事法庭的很多法官似乎都

---

① 虽然我们前面已经指出，原则上，不应采用这些类型的规程或生产标准（见第 2 章 2.2.3 节）。

② 这些是第 5 章 5.7.1 小节中讨论的所谓的抽象危害罪。

③ 前面我们已经提到企业游说导致过于宽松标准的风险。

不愿判决嫌犯有罪。无罪判决的理由常常是，要相关公司遵守环境立法，公司财务状况完全不允许。企业以此为理由或借口认为，如果相关公司要遵守环境立法的话，公司别无选择，只得关闭企业，因此会造成数百人失业。

从严格的法律观点来看，这些无罪判决是错误的。对环境立法的社会经济效应的决定，不应由单个法官在刑事案件中作出，而应由立法者或行政机关作出。但是，在企业、政治或社会压力下，独立的司法机关有执行环境法规的力量是非常重要的。

9.3.4 制裁的组合运用

可以保证环境法规有效执行的另一个特征是民事、行政和刑事制裁的组合运用，这三种执行机制确有其优缺点，所以要组合运用，相互支撑。

9.3.4.1 民事责任

我们在第 4 章 4.1 节中已经说明，特别是由于因果关系、举证和潜伏期等问题，民事责任有若干缺点，因此，原则上，应该由政府管制在事前制定标准。但是，这并不意味着环境责任根本不起任何作用。首先可以提到的是，安全管制可以指导法官们规定应尽谨慎标准。如果管制当局制定了有效率的标准，这些标准可以告诉侵权案件的法官们：在大多数法律体系中，违反管制规范是显然的过错，可以导致侵权责任。民事责任还有一个优点，即环境污染的受害者在民事责任案件中有动机证明管制规范被违反了，使之在某种程度上成为管制的执行者。

当然，为什么管制需要责任诉讼可能性的支持，还有其他理由。管制可能会过时，技术会发生变化，以及不是所有可能的污染情形或者所有污染物都能被管制，因此，造成损害的错误行为应承担侵权责任的可能性可起安全网的作用。应当运用责任准则的另一个理由是，管制的执行依赖于行政和刑事制裁，由于发现概率低等原因，行政和刑事制裁常常没有实现人们所期望的威慑效应。所以，以责任准则做备用是有用的[①]。

9.3.4.2 行政制裁

原则上，管制可通过行政或刑事制裁直接执行，我们在第 5 章 5.5 节中已经论述了这两种公共制裁的选择问题。行政制裁具有易于实施且成本低的优点，但由于《巴黎人权宣言》和《欧洲人权公约》的要求，它们的使用仅限于具有较小影响的制裁，如较低的行政罚款。实证研究也表明，行政当局倾向于将其执行更多地建立在与企业合作的基础上，说服它们遵守法规，而不是靠强

① 关于各种工具的组合运用，见第 4 章 4.3 节。

制。这个执行策略总体上似乎不太有效，因此，需要独立的公诉人和刑事法庭，它们也可以采取更为严厉的制裁，如监禁。

9.3.5　控制和起诉的有效性

为了对遵守环境法规尤其是环境标准进行有效的控制，需要满足若干要求，关于这些要求，可以得出若干明显的结论。行政机关的控制水平和公诉人的起诉都需要技术知识和独立性。通常，公诉人的独立性可以得到很好的保证，他们一般隶属于司法机关，因此被任命为终生任职。行政控制人员可能高度依赖于其要控制的企业，在有些国家，晚餐前后的控制是常见的，包括小礼物。

但是，隶属于行政执行机构的公务员通常具有较好的技术知识。专业化是具有较高技术知识的一个保障，这些公务员通常训练有素和装备良好，能够测量污染量，如工业废水。在司法层次上，常常仍然缺乏专业化，这是一个很严重的问题，因为公诉人员仍然经常认为他们首先需要处理的是“通常的”犯罪如谋杀、偷窃和强奸等，其次才是环境罪。因此，人们可以清楚地注意到，任命专业化的环境公诉人之后，起诉的数量就会上升，因为他们有动机获取有关环境技术和环境立法的大量信息，并严肃对待环境罪。

为解决独立性和技术知识的权衡问题，另一个在实践中证明有效的因素是公诉人和公务员合作，前者具有独立性和必要的司法保护，后者来自环境控制机关，有技术知识。他们的共同努力和行动常常是对环境罪嫌疑人进行成功起诉的一个保障。显然，公诉人员和公务员的培训需要投资，但是，毫无疑问的是，如果没有训练有素和装备良好的官员们去执行的支撑，制定复杂严密的法律框架似乎是没有意义的。

9.3.6　制裁的有效性

制裁应该遏制潜在污染者的错误行为，从而为其遵守环境标准提供激励。如果侦察发现概率为 1，制裁就可以等于造成的损害。但是，如果污染者总能被发现，并对造成损害进行赔偿，那么，原则上，责任准则就足够了。我们已经指出，环境污染的一个特点就是常常难以发现，发现概率通常都小于 1，所以，应当采用加重的制裁，来弥补较低的发现概率。

加重的制裁可以采取货币制裁来实现，如行政或刑事罚款。但是，罚款的问题是，由于发现概率太低，而造成的损害太大，罚款的数额会高于罪犯的个人财富。在这种情况下，会产生判决无法执行的“一纸空文”问题，导致威慑不足[1]，因此，还需要采取非货币制裁。非货币制裁当然可以采取监禁的形式，但在环境法中需要着重考虑的制裁是修复所造成的环境损害。

有些现代环境立法允许法官强制已判决的罪犯修复所造成的损害，如清除堆放的全部垃圾（所谓的恢复原状）。这种非货币制裁不仅非常有效，而且可以直接改善环境质量，这是罚款和监禁所做不到的。所以，人们可以注意到，在西欧现代环境立法中，越来越多地运用这些直接的“环境”制裁[2]。

9.3.7 信息和遵守

上面我们已经提到了信息的重要性，只有企业了解了管制的内容和不遵守的风险——取决于发现概率和受到制裁的程度，才能实现管制的有效执行。但是，更重要的是要向企业解释环境政策，让企业了解采用环境健康技术的内在优势。如果不需要运用刑事制裁等执行措施的威摄作用，就能自动地实现遵守，执行效果当然总是会更好，所以，应该强调通过教育提供充分信息的作用。

9.4 发展中国家的环境立法及其执行

9.4.1 引语

在本章前面的部分，我们已经列出了环境法制定和执行中产生的一般问题，尽管这一鸟瞰式概览远非完整，更多的是对前面各章的总结，我们现在仍可把这些一般原则应用于发展中国家的情形。

当然，对于一般化，我们需要小心谨慎，因为各发展中国家有许多差异，有些国家确实具有复杂严密的环境行动计划，其他国家则刚刚开始开展环境立法。不管怎样，关于发展中国家的环境法执行，我们还是可以提出一些一般性看法，我们将从两种不同的度角来看这个问题。

第一，西欧在环境法制定和执行中出现了一些问题，本章前面已部分地进行了阐述，这些问题可以作为对发展中国家的警示。需要讨论的问题是，发展中国家是否可能出现类似的问题，应该如何预防。

第二，当然应该提出的问题是，在某些方面，发展中国家的情形是否与西欧的情形不同，以至于不能运用同样的原则，必须进行调整。在本章中，我们

---

① 见 Becker（1968：169－217），Shavell（1985b：1232－1262，1986：43－58），Faure and Heine（1991：39－58）。

② 见第 5 章 5.4 节。

不讨论发展中国家的环境状况，有关文献讨论了森林砍伐等问题[①]。

9.4.2 发展中国家环境立法的目标

9.4.2.1 不同国家不同标准

（1）联邦主义理论和发展中国家

在这方面，我们可以提到第 2 章中关于标准制定的讨论，以及上面讨论的立法的可执行性。原则上，正如西方国家的情形，环境标准应从公共利益的角度来制定，并考虑边际成本—边际收益检验。在标准制定过程中，显然应该考虑相关国家已有的环境清洁技术的最新状况。对发展中国家来说，“最佳可用技术”不应从全世界的层面上进行考虑，但给定发展中国家已有的技术，确实可以对标准进行调整，考虑当地情况和偏好看来也是恰当的。

当然应该考虑当地的情况，在这一点上，我们也可以从欧共体所犯错误中吸取教训。在第 7 章关于环境联邦主义的论述中，我们已经讨论过这些错误。长期以来，欧共体委员会的政策是尽可能地统一所有环境标准。很多已经有了广泛的环境立法的国家，如德国、荷兰和丹麦，总是在共同体的指令中争取非常严格的环境标准，例如较为详细地规定不能或只能限量向地表水排放的物质类型。对于葡萄牙和希腊等环境立法不太严格的国家来说，遵守这些环境指令中的要求似乎非常困难，很多成员都因实施不力而被欧洲法院判罚。

但是，由此产生的问题是，在欧盟层面上，广泛的标准统一是否确实是必要和有用的。很有可能，在荷兰、丹麦和德国等人口稠密的地区，对企业的极为严格的标准的确是有效率的，但在希腊和葡萄牙等还有很多未污染资源的国家，或许完全不是这种情况。因此，在欧盟内已经形成标准不应完全统一的见解，欧盟永远不会达到完全的联邦统一，标准完全统一的许多障碍仍将存在。《马斯特里赫特条约》现已接受这一思想，采纳了所谓的属地原则。《欧共体条约》第 5 条第 2 款现在明确规定，“共同体的任何行动都不能超越为实现本条约目标所必需的行动”。在共享职能领域，“只有拟议行动的目标不能由成员充分实现时”，共同体才采取行动。

在这里，本书作者迈克尔·福尔认为，正如我们在第 7 章中所讨论的，欧洲的实例对发展中国家的环境政策显然是一个教训。比利时安特卫普市对工业废水的要求肯定与比如说印度尼西亚的加里曼丹岛不一样，显然，我们需要考虑到，对高度复杂的环境技术进行投资的边际收益在已严重污染的地区如佛兰

① 关于印度尼西亚的日益恶化的环境状态的描述，见 Sunaryo（1992：47 – 52）；关于朝鲜，见 Cho（1993）；关于非洲，特别是肯尼亚，见 Schumann（1991）。

德斯是相对较高的。与安特卫普附近的谢尔德河（Schelde）相比，加里曼丹的清洁大河具有更高的污染物生物降解能力，加里曼丹的污染削减可能只需要不太复杂的技术设备。因此，在加里曼丹要求更为严格的标准，不考虑自然的再生能力，甚至可能是没有效率的[①]。这并不是说，发展中国家应继续采用过时的技术，只是应当考虑当地的情况。当然，在发展中国家的许多过分拥挤的城市，如墨西哥城或开罗，对高度复杂技术的投资很可能超过污染削减的收益。由于当地情况不同，排放标准有所不同，仍能达到同样的环境质量[②]。

显然，在为发展中国家制定环境标准时，也应当提出的问题是，例如，西方国家可以用来达到某种污染削减的清洁技术，发展中国家能否具备，这就提出了西方国家是否愿意提供这些技术的问题。在特定国家，如果根据最佳可用技术制定标准，就需要考虑这个技术可得性问题。所以，盲目照搬包含西方排放标准的西方立法，而发展中国家的企业不能达到这些标准，是没有太大用处的。

在制定环境标准时，不仅要考虑具体地点的情况，还应考虑偏好和优先领域。在发展中国家，如果人们不像西欧一样高度重视环境保护，那么，即使不考虑刚才提到的那些理由，将严厉的西方标准用于发展中国家的企业，也可能是个问题。这种偏好论意味着，人们不仅认可排放标准的差别（仍可导致相似的环境质量），而且认可环境质量的差别，以及不同的目标标准[③]。但是，这个偏好论有一些问题。

第一，可能缺乏环境损害真实成本的信息。直到 20 世纪 70 年代，西欧公众开始认识到环境污染的后果时，在很大程度上也是这种情况，因此，对环境保护缺乏兴趣可能不是消息灵通的偏好选择的结果，而是由于缺乏信息。

第二，对于环境污染，人们应当考虑到不仅当代人会受到损害，还会殃及到后代人。当然，可以认为当代人的偏好是不为后代人担心，但是在一个家长式模型里，管制者可以决定环境标准的制定也应该考虑后代人保护[④]。关于超越国境的污染——几乎所有污染都是这种情况，可以提出一个类似的家长式，甚至生态中心主义的论点。

一个经典的例子是热带雨林的砍伐，这似乎是外部性的典型案例。这一活动的收益明显地有助于当地人口，大部分的负外部效应（温室效应和相关问题）主要是由工业化和西方世界承担。这与第 7 章中提出的论点是一致的——外部

① 记住，在《76/464/EEC 指令》和《IPPC 指令》之前的欧洲讨论中，这也正是英国的立场，见第 7 章 7.7 节。

② 再一次，这也是为欧盟提出的一个建议，见第 7 章 7.节。

③ 如上所述，这是经济学家们采用的论点，见第 7 章 7.4.4.2 小节。

④ 另外，如前所述，可持续发展原则也要求尊重后代人的利益，见第 8 章 8.2 节。

性的越境特点是支持统一标准的有力论点，这显然恰是联合国《气候变化框架公约》和《京都议定书》等“全球”公约的目标。这就提出了一个有意思的问题，即如何给发展中国家提供激励，防止其活动在其国土之外造成该活动的大部分损害[①]。

第三，最后一个反对不同的目标标准的论点是，标准的差别可能引起企业搬迁问题：发展中国家的低标准可能会吸引工业化世界的污染企业。这样，我们就会面临“向底竞赛”的危险，这是第 7 章中阐述的集权化标准制定的理由。

（2）实例：臭氧层耗竭和气候变化

国际环境条约的设计方法在过去十几年里发生了改变，这主要是由于新的更现实的“管理学”方法。作为这一新方法的主要例子，人们常常提到关于臭氧层保护的《维也纳公约》，以及更为重要的是随后根据本公约制定的关于臭氧层耗竭物质的《蒙特利尔议定书》[②]。《维也纳公约》制定于 1985 年，其中没有各国的任何实质性承诺，但提供了一个总体框架，包括在根据本公约建立的主要机构——缔约方大会（COP）上制定议定书的可能性。在《维也纳公约》制定之后仅两年，也就是 1987 年，根据该公约制定了关于臭氧层耗竭物质的《蒙特利尔议定书》。

《维也纳公约》以及更加特别地是其《蒙特利尔议定书》，以其制定迅速、目标具体、有效性以及数量众多且仍在增加的缔约国（到 1997 年 1 月有 163 个国家）而令国际社会感到惊喜。这种有效性的主要原因之一是条约制度的设计。这个制度有若干“现代”特征，使之非常适合在现代国际情景中处理环境问题。很多后来制定的国际环境条约都以维也纳—蒙特利尔制度作为范例，其主要创新点之一恰恰在于其基本规则制度的灵活性[③]。

《维也纳公约》设立了缔约方大会（第 6 条），“定期”开会，实际是每隔 3 到 4 年。《蒙特利尔议定书》在此缔约方大会基础上增加了缔约方会议，缔约方会议现在甚至每年都开会，讨论承诺的实施和可能的改进或采纳新的承诺。会议组织由臭氧秘书处承担，臭氧秘书处是根据《维也纳公约》第 7 条和《蒙特利尔议定书》第 12 条而设立的。缔约方大会的定期召开已证明是十分有用的，可把条约宗旨保持在政治日程上，确保了条约目标和标准的不断更新。

《维也纳公约》选择的框架结构使条约目标和标准的不断更新成为可能，

① 鲍莫尔和奥茨建议对受害国进口的商品征收关税，以降低污染输出国的越境外部性（Baumol and Oates，1975：213－233）。

② 这些文件的内容，见 Sands（1995：259－271）．相关历史，见 Benedick（1991：182－196）。

③ 一些细节，见 Keutsch（1996：113－121）。

尽管这个框架结构并不是新的[①]，但已证明是非常有效的。《维也纳公约》只确定了进一步谈判的框架，《蒙特利尔议定书》——首个也是到至今唯一根据《维也纳公约》制定的议定书——则确定了各国的实际承诺。在缔约方的定期会议上，可以达成定期更新议定书的协议。《蒙特利尔议定书》的问世时间尚短，但已经历了两次调整和修订，分别是 1990 年的伦敦会议和 1992 年的哥本哈根会议。这说明，通过采用具有灵活性的基本规则，事后履约的可能性受到条约设计阶段的事前影响。

《蒙特利尔议定书》也提供了一个例子，说明各国的能力决定其接受条约义务的意愿，直到在刚刚提到的 1990 年伦敦会议上达成了补偿融资协议，印度和中国才愿意成为《蒙特利尔议定书》的缔约方[②]。这又一次表明，资金或技术转让，或者根据各国的不同能力而区别对待，可能是遵守条约义务的先决条件[③]。

根据《蒙特利尔议定书》，国际社会开发了各种工具来弥补这种能力不足的问题，其中之一是设立了多边基金（MPMF）提供金融援助（第 10 条），该基金的执行机构——国际复兴与开发银行（世界银行）、联合国环境规划署（UNEP）和联合国发展规划署（UNDP）起草了由金融支持与援助以及培训的组合构成的“国别规划”和“国别研究”[④]。

另外，《蒙特利尔议定书》在第 10A 条中规定了技术转让，据此缔约国“要采取每一可行的步骤”，确保“最佳可用的、环境上安全的替代品和相关技术迅速转让”，确保这些转让“在公正和最惠条件下进行”。

在《气候变化框架公约》中，根据国家的能力制定有区别的标准的思想起了重要作用。这个公约把缔约国分成三个类别，对每个类别的国家规定不同的义务。例如，附件Ⅰ列出了发达国家和转型国家，要求稳定其排放，附件Ⅱ列出了更加发达的国家，需要额外地向发展中国家提供金融资源，助其履约[⑤]。这种从更为发达的国家向发展中国家的资金转移在各种其他公约中也有体现，如上面提到的《蒙特利尔议定书》提供了一个框架，使金融支持和技术转移成为可能。欧共体利用结构基金工具，促进欧盟内部弱势地区的经济和社会发展。

在气候变化领域中使用的另一个概念——联合实施，也考虑了各国的不同能力。如果一个条约规定了具体义务，如减少排放量，联合实施意味着允许一

---

① 例如，这个框架结构也用在联合国欧洲经济委员会《长距离越境空气污染公约》中。

② Edith Brown Weiss and Harold Jacobson（2000：140），Benedick（1991：182－196）。

③ Chayes and Handler－Chayes（1995：15）。

④ Keutsch（1996：120）。

⑤ 进一步的细节，见 Werksman（1996：85－112），Sands（1995：217－280）。

个国家从另一个可以更便宜地减少排放的国家“购买”减排量[①]。联合实施符合“可交易排放权”的经济概念，考虑了灵活性。联合实施可以导致“排放权”流向工业国家，作为交换，金融援助和技术则流向发展中国家，因而，也可以弥补能力不足问题。金融或技术转让机制等工具都可促进履约，这些引导机制的唯一问题是它们易于产生“道德风险”问题。有些国家确实可能谎报其能力，以便让其他国家支付其履约成本[②]。采用有区别的标准及金融和技术转让的方法为更加综合的违约反应制度奠定了基础。

9.4.2.2　象征性的立法

关于环境标准，不管做出的选择是什么，重要的是要强调，必须进行利益平衡，并由立法者确定优先领域。为了“装饰门面”而在纸上宣布重大的环境保护，但在解决实际问题的执行层面上，却根本不执行或者只对极端的案件进行起诉，似乎没有太大的用处。

在一些发展中国家，人们的确可以看到在纸上规定了卓越保护和严厉制裁的环境保护法案，但是，在实践中，它们是完全不可行的。某国 1982 年环境管理法案规定，凡违反本法案条款者，都将受到严厉制裁。

但是，据本书作者迈克尔・福尔所知，直到现在只有少数几个违反该法规的判决[③]。在有判决的案例中，许可条件没有正式地位，因此违反了合法性原则。另外，实施该法案的管制也是缺失的，原因之一是环境灾害救援与防止机构和环境事务部间的职权冲突。

9.4.2.3　谁制定标准

如果是认真对待环境保护的话，看来最好是有一部确定行政体系的环境保护法。从西方的错误中吸取教训，事先在立法中约束行政机构的斟酌决定权，以及组织一个尽可能理性和开放的标准制定过程，使企业利益集团的游说风险最小化，似乎也是很重要的，第 4 章 4.2 节已对游说的危险及其对标准的质量具有潜在有害影响进行了讨论。促进这一目标的途径之一是把发放环境许可的权力赋予一个科学或技术行政机构（如美国环境保护局），而不是赋予一个政治团体。

9.4.3　司法问题

这里，我们又可以提到上面提到过的问题。在发展中国家中，在太多的情形中，司法的独立性是一个问题。政治提名并非例外，企业集团对政治家以及

① 关于联合实施概念的进一步的细节，见 Yamin（1996：229－242）。

② 进一步的细节，见 Mitchell（1996：20－21）。

③ Hamrat（1990：12－13）报告了关于水污染、废弃物非法运输和受保护物种非法贸易的一些刑事案件。

进而对法官的影响常常是相当大的。

但是，制衡制度对于提高环境许可的质量是至关重要的。在很多发展中国家，司法都依赖于政治家和企业集团，这对于环境法的刑事执行来说，当然是一个问题。正如前面提到的，对西方的独立法官来说，对“白领”社会成员判处环境罪已然成为一个问题，在法官和政治家及企业集团有紧密联系或者仍有腐败行为的国家里，肯定也是如此。

9.4.4 制裁的组合运用

9.4.4.1 环境团体的起诉权

就制裁的组合运用而言，我们可以参照上面提到的一般原则，在发展中国家的环境政策制定中也应当考虑这些基本原则。我们应该补充一下，考虑到在有些发展中国家行政法和刑法执行的弱点，提高民法执行的可能性看来是非常重要的，如给环境团体赋予起诉权。例如，如果环境团体有权起诉，要求发布关闭非法有害活动的禁令，它们就可成为对抗腐败和企业游说团体影响的强大制衡力量①。

看来，在一些拉美国家，如哥伦比亚②，环境团体已经获得了一定程度的成功。该国赋予环境团体起诉权，该权利甚至体现在宪法中③，它们不仅可以要求发布禁令，还可要求赔偿损害。在有些情形中，它们甚至代表地方社区提起诉讼，在这种情况下，它们与地方社区分享赢得的收益。近来，公益保护基金对道化工公司（Dow Chemicals）提出了损害赔偿要求，其损害估计为 200 万美元④。显然，非政府组织（NGO）不仅可以通过发起独立的法律程序而起作用，还可向企业和一般公众提供防止环境损害的最优措施的信息。顺便说一下，不仅非政府组织，每个公民都可以采取公众诉讼行动。诉讼得到的结果是发布禁令和诉讼提出方为国家挽回的损失。另外，作为对其司法行动的报酬，公民原告有获得奖励的权利，这种奖励等于禁令和挽回损失价值的 10%。

在没有个人作为受害方遭受损害，而是例如浮游生物种群遭受生态破坏的情形中，非政府组织的作用尤其重要。在这种情况下，只能由代表公益的公民团体提起责任诉讼。尽管许多欧洲国家起初不愿赋予环境团体起诉权，现在似乎有一种趋势，即在一定限度内赋予公民团体程序权（procedural right），也就

① 见第 4 章 4.2 节，在那里，我们认为，NGO 的起诉权对于对抗游说的影响或许是重要的。

② 巴西和哥斯达黎加也是这种情况。

③ German Sarmiento Palacio（1988：53 – 76）.

④ 哥伦比亚公益保护基金会理事长杰尔曼·萨敏托·帕拉西奥（German Sarmiento Palacio）提供的信息。

是只赋予这些团体要求发布禁令，强制污染者停止污染活动的权利。在这些情况下，它们只能要求发布禁令，而不能要求赔偿。由于在大多数情况下，他们并不遭受个人损失，这样做看起来是合理的。如果他们的确遭受了个人损失，比如说他们在清洗被石油污染的鸟类时付出了成本，有些法院认为，尽管他们是为公益而行动的，污染者要为他们报销这些费用。

作为对企业可能的游说的制衡，赋予环境团体起诉权看来是非常重要的。如果许可条件太弱，或者腐败的检查官不对污染企业提起诉讼，这些独立的环境团体仍然可以为了公众利益而采取行动。关于团体的组织，有一定的条件，比如说它们应是股份制团体，这样，在其行动导致损害时，可以追究其责任。

9.4.4.2 应有的过程要求

对环境污染进行制裁的另一个方面是制裁必须符合《巴黎人权宣言》和《欧洲人权公约》的要求①。对犯罪进行宽泛的定义看来是有问题的，在这方面，必须注意到，苛刻的刑事制裁通常是在特殊情况下产生的，如国内战争，在当时可能是合理的，但是，即使在这些特殊情况结束很久之后，这些制裁措施仍可能延续下来，从而适用于其原本并不针对的普通犯罪。

我们不应忘记，与犯罪严重程度相适应的平衡的制裁制度，对提高制裁的有效性是必要的。

9.4.5 发展中国家环境法执行的有效性

9.4.5.1 缺乏技术知识和资金

一个明显的问题是，纸上宣布的环境保护政策的实际效果常常是很低的，主要是由于缺乏实施已制定的法规的政治意志。事实上，人们经常可以注意到的是，没有提供人力去控制环境法规的遵守，即使有充分的人力，他们通常也缺乏技术知识或仪器。除了少数的例外，人们很少能看到有专门的环境控制机构或者专业的公诉人把其时间专门用于环境事务，这就是环境保护经常仅限于政治声明而缺乏充分执行的典型问题。

此外，起诉案件所需要的专家知识有时候也是缺乏的。在这方面，合格的有经验的侦查人员、训练有素的专业的环境刑事案件起诉人和各领域专家的服务，以及有充足资金支持的合格的实验室，特别是处置企业造成的水和空气污染的实验室，都是非常重要的。

---

① 国际刑法学会第 15 届国际会议（1994 年 9 月，里约热内卢）的报告中有关于发展中国家环境刑法的更加详细的信息，例如，Dotti（1994：815－830），Cabrera and de la Cruz（1994：1101－1104）。

为了提高公诉人的法律专门知识，已经进行了一些尝试，如 30 个印度尼西亚的公诉人在荷兰接受了荷兰环境法的培训。在这之前，印度尼西亚还没有委任专门负责环境法执行的公诉人。

9.4.5.2 腐败问题

一个相关的问题当然是有些环境控制人员、公诉人与应被控制的强大企业的过于紧密的关系，特别是在政府官员腐败已是司空见惯的国家，环境法常常得不到有效执行。[①] 即使公诉人勉强决定对污染企业提起刑事指控，这些企业也常常认为，因为环境控制人员已容忍污染排放很长时间了，企业污染也就有一定的理由或借口，因此，被起诉人认为其行为事实上是合法的，而说起诉是错误的。

腐败问题当然不限于发展中国家，也肯定不限于环境法的执行问题[②]。可以用一些机制来防范政府机关人员和企业间过密关系的可能风险，赋予环境团体起诉权是一种可能性，独立公诉人的有效控制是另一种可选的机制。

9.4.5.3 制裁的威慑作用较低

环境法执行有效性的另一个问题是，人们可以注意到，在有些国家，对环境罪只进行非常轻的制裁，当然不会有必要的威慑作用。在另外一些国家，看起来制裁非常严厉，但如果发现概率很低的话，这些制裁甚至也可能缺乏威摄作用[③]。潜在的刑事犯总是倾向于低估被抓住的概率，如果通过贿赂控制官员或公诉人，他们甚至能够降低被起诉和判决的概率的话，这种现象当然会增多。

所以，不仅在立法中要有可以威摄环境罪的足够严厉的制裁，而且要保证较高的发现和惩处概率。在这方面，我们不应忘记，大多数污染企业都是理性的罪犯，他们会权衡犯罪的预期成本（发现概率×判决率×预期制裁）和期望收益（省略的投资）。在很多情况下，环境清理设备的投资是如此之高，以至于在很大程度上超过环境罪被发现和起诉时被罚款的风险。

9.5 若干初步结论和进一步研究的建议

作为对本书进行的环境法与经济学分析的总结，如果一个国家想采用有效果的环境法规，并保证这些环境法规的有效执行，作者已经列出了需要满足的

---

① 一般的，见 Van den Heuvel（1992：121－136）。

② 关于腐败问题的有力分析和治理建议，见 Rose－Ackerman（1999）。

③ 在这方面，见第 5 章的环境刑法分析。

一些基本要求，从而讨论了在什么条件下法律工具可以促进可持续发展的问题。关于有效果的环境法的前提条件的这些见解，是西欧环境法二十多年经验的积累。在这方面，我们当然不应忘记，在发展中国家经常提出这样的批评：显然，在两个世纪里，西方国家可以牺牲环境，发展其工业，现在倒期望发展中国家在发展其工业时，要全面考虑到环境问题①。在有些国家，比如说尼日利亚，如果还没有基本的资源来保证当代人的生存，却期望其在发展工业时有可能完全考虑环境以保护后代人，当然是不可能的。现在运用于国际协议中的新的“管理学”方法得以部分地解决这个问题，这些协议更多地依赖于“共同但有区别的”责任的观点，而不是期望发展中国家和发达国家有同等程度的环境保护。此外，“联合实施”等灵活工具就是对这些不同发展阶段的解决办法。

我们不应对发展中国家在短期内制定有效的环境法过于乐观，但是，分析一下西方国家在环境法发展过程中遇到的一些问题，看来还是值得的。西方国家的经验清楚地说明，其某些最初立法是无效率的，因此，人们现在可以看到，在许多西欧国家，20 世纪 70 年代初诞生的大部分环境立法目前正在被现代的综合环境法典所取代。在西欧环境法的这种重构中，考虑了先前所犯的所有错误，并尝试制定新的、更有效果的法规。所以，仍处在制定第一部环境法规的早期阶段的国家可以从西方国家的经验中获益，努力避免犯同样的错误。本书作者迈克尔·福尔已经指出了这些错误是什么，以及发展中国家在起草环境法规时应如何考虑这些经验。

当然，应当考虑发展中国家的特殊情况。在发展中国家，盲目地复制西欧的环境立法，当然是无益的，因为不仅发展中国家的法律背景可能是完全不同的，当地的环境状况、公众偏好以及环境标准也是不同的，作者已经提出了在制定环境标准时应当考虑的一些一般原则。

对于把这些一般原则应用到发展中国家的情形，在许多情况下，人们会持有相当悲观的观点。在一些国家，根本没有一个有效果的法律框架可以保证采用和执行有效果的环境法规。此外，腐败问题常常是如此严重，妨碍了对强大的污染企业的斗争。然而，本书作者迈克尔·福尔已经指出了寻找解决方法的若干方向。

一个基本启示是，在起草环境法规时，应该考虑每一个发展中国家的特殊情况。例如，纯然地把荷兰的立法复制到印度尼西亚，似乎是不太有用的。欧

① 见 Findley［1988（1）：92］：“对于其发展努力应当受到各种限制的影响的说法，巴西人表达了愤慨，因为工业化国家在其发展的类似阶段没有受到这些限制的影响。”

盟各成员的经验也告诉我们，环境排放标准不能是统一的，考虑到当地情况，应当有所区别[①]。

另一个基本观点是，作者认为，环境立法应该避免只为装饰门面，而不解决实际问题。对所有类型的的环境污染进行惩罚的十分宽泛的、不能建立有效的许可颁发和标准制定制度的立法，似乎不是很有效果。任何环境立法的先决条件都是构建一个清晰的法律框架，规定在哪个层次上制定环境标准，以及由谁做出环境保护和企业发展间的利益权衡决定。这种决定应该在环境标准制定时做出，而不是在法律执行的层次上。

本书作者迈克尔·福尔一般地考察了法律工具如何促进采用环境健康技术的问题。当然，不应忘记，除了法律工具，可以为一个国家及其企业采用环境健康技术提供许多其他激励。在这方面，人们可以想到世界银行提供的金融激励，它们要求每个新项目在获得融资前首先进行环境影响评价，这样就提供了重要的环境激励[②]。我们一般地指出了自愿遵守策略的重要性，它们可引导企业应用清洁生产技术[③]。在环境法律执行框架较弱或缺失的情形中，这些策略是尤为重要的。

本书作者迈克尔·福尔指出了在发展中国家可能起重要作用的几个可能的问题，但是，各国的情况可能是非常不同的。的确，我们讨论了与环境保护法发展有关的若干一般问题，但是，这些问题在每一个国家起作用的程度显然是不同的。尽管如此，似乎可以得出一些一般结论。第一，环境法的有效性看来常常受到腐败问题的阻碍，并依赖于特定国家的法律制度框架。在这方面，可以得出相关的第二点：尽管行政机关、公诉人和地方法官的独立性都是非常重要的，这种独立性对法院的地方法官来说确实是至关重要的。一些拉美国家的例子表明，在这种情况下，环境法规的某些执行可以通过赋予环境团体起诉权来实现，这些团体可以对企业游说和政府官员腐败形成强大制衡力量。

本书作者迈克尔·福尔没有明确阐述的一点是，西方国家如何根据本章中提出的一些基本原则帮助发展中国家建立环境法律制度的问题。这一点当然有其重要性，在这方面，已经开展了许多行动，如教育和培训以及为发展中国家起草环境法典。有些援助项目是由联合国和其他机构发起的，其他的则是双边项目，例如荷兰司法部为印度尼西亚公诉人组织的环境法执行课程[④]。另外，国际环境协议近来发展的强烈倾向是向发展中国家转移技术，把发展中国家

---

① 关于环境联邦主义，见第 7 章。

② 因此，Benjamin（1993：12）。

③ 见第 4 章 4.4 节。

④ Van Brummen，Brookman and Fangman（1991）.

和发达国家的有区别的义务结合起来，在这一方面，我们可以提到联合实施的理念。

当然，作者只能提出在发展中国家建立环境法执行的法律框架的若干要点，可以说的当然还有更多，如土壤污染的责任——在西欧和北美非常敏感的话题。在本章的篇幅内，作者只能指出若干优先内容。但是，这并不意味着其他各点不需要阐述。作者已经指出了解决问题的一些方向，但需要针对各国进行更多的研究。在本章中只能略微提及，但显然值得进行更加认真考虑的若干论点如下。

——法律框架，特别是关于环境标准的法律框架，对技术创新激励的影响是什么？

——在发展中国家应该采用不同的环境标准吗？发展中国家的标准制定过程如何影响采用新技术的具体动机？

——发展中国家的标准制定过程和一般的环境政策也应该考虑环境污染可能对发展中国家以外的广大地区造成损害吗？

——发展中国家的污染活动对西方国家造成了损害，西方国家的态度应该是什么？

——西方国家应该在发展中国家投资于新技术来防止这些损害吗？如果是这样，会如何影响发展中国家的创新动机？

致　谢

本书源于本人在荷兰马斯特里赫特大学普通法教师项目和乌德勒支大学环境法与经济学硕士项目框架内讲授欧洲法与经济学及环境法与经济学的课程大纲。另外，本人也在瑞典隆德大学国际产业环境经济学院讲授环境法与政策课程，正是这个学院的学者们鼓励我把讲义改编成一本著作。

本人非常感谢学习这些课程的同学们，他们提出了很好的问题，给了我很大的激励，使我能够提高课程的质量。

另外，本人也感谢自己的许多同事，他们和我讨论了本书的各个部分，或者在环境法与经济学领域开展合作，特别是保罗·费恩（Paul Fenn）、戴维·格瑞米奥德（David Grimeaud）、劳斯·汉森（Lars Hansson）、托恩·哈莱夫（Ton Hartlief）、托马斯·林德奎斯特（Thomas Lindhqvist）、安东尼·奥古斯（Anthony Ogus）、耶朗·斯库格（Göran Skogh）和罗杰·范·登·伯格（Roger Van den Bergh）。

本人特别感谢隆德大学国际产业环境经济学院的劳斯·汉森（Lars Hansson），他组织了一次博士生研讨会，为我改进课程提供了有益的投入，他还协调了本书手稿在该学院的出版工作。

本书是本人同瑞典林雪平大学的耶朗·斯库格教授合著并将由爱德华·埃尔加（Edward Elgar）出版的另一部著作《环境政策与法律经济分析导论》[①]的姊妹篇，该书更多地探讨了环境政策与法律的经济方面的问题，而本书具有更多的法律观点。

迈克尔 G. 福尔

荷兰马斯特里赫特－瑞典隆德

2001 年 5 月 6 日

① Michael Faure and Göran Skogh. *The Economic Analysis of Environmental Policy and Law: An Introduction*. Edward Elgar，2003.

缩略语表

ALARA	可合理达到的最低值
BAT	最佳可用技术/技艺
BATNEEC	不需要过高成本的最佳可用技艺/技术
BPEO	最佳实用环境选项
BPM	最佳实用方法
BTM	最佳技艺方法
EC	欧洲共同体（简称欧共体、共同体）
ECHR	欧洲人权法院
EEC	欧洲经济共同体
ELNI	环境法国际网络
EMAS	生态管理与审计体系
EU	欧洲联盟（简称欧盟）
FOCJ	职能重叠竞争管辖
ICHMVG	佛兰德斯大区环境法改革大学间委员会
IPC	一体化污染控制
IPPC	一体化污染预防与控制
NAFTA	北美自由贸易区
USCA	美国法典注解
VLAREM II	佛兰德斯环境法实施命令

中英文词汇对照表

抽象危害 Abstract endangerment
活动水平 Activity level
行政管理成本 Administrative costs
行政法 Administrative law
预付金 Advancement fund
逆向选择 Adverse selection
机构/代理 Agencies
可合理达到的低值 ALARA
替代因果关系 Alternative causation
环境质量标准 Ambient quality standard
最佳可用技术 BAT
不需要过高成本的最佳可用技术 BATNEEC
双方事故 Bilateral accidents
最佳实用方法 BPM
能力 Capacity
限额 Caps
俘获理论 Capture theory
因果分配 Causal apportionment
因果不确定性 Causal uncertainty
因果关系 Causation
集权 Centralisation
责任限方 liability Channelling
民事责任 Civil liability
索赔提出保单 Claims made insurance policy
共同保险 Coinsurance
来接受妨害 Coming to nuisance
共同市场 Common market
赔偿 Compensation

赔偿基金 Compensation funds
竞争 Competition
遵守 Compliance
强制保险 Compulsory insurance
集中 Concentration
具体危害 Concrete endangerment
控制 Control
腐败 Corruption
成本–收益分析 Cost benefit analysis
公约 Covenance
刑法 Criminal law
分权 Decentralisation
可免除的生态责任 Deductible ecological liability
威慑 Deterrence
开发风险 Development risk
应有过程 Due process
欧洲共同体（简称欧共体、共同体）EC
生态审计 ECO–audit
欧洲经济共同体 EEC
效率 Efficiency
生态管理与审计体系 EMAS
排放限值 Emission limit values
排放标准 Emission standards
可执行性 Enforceability
环境合同 Environmental contracts
环境损害估值 Environmental damage valuation
环境责任 Environmental liability
环境质量标准 Environmental quality standards
欧洲联盟（简称欧盟）EU
经验评级 Experience rating
外部性 Externalities
联邦主义 Federalism
首用原则 first use doctrine
搭便车问题 Free rider problem

通用环境基金 General environmental fund
环境损害赔偿绿皮书 Green paper on remedying environmental damage
担保金 Guarantee fund
信息成本 Information costs
破产 Insolvency
工具选择 Instrument choice
可保性 Insurability
保险 Insurance
一体化 Integration
内部化 Internalisation
一体化污染预防与控制 IPPC
连带责任 Joint and several liability
司法审查 Judicial review
司法 Judiciary
潜伏期 Latency
法与经济学 Law and economics
许可/执照 Licences
责任限制 Limitation on liability
游说 Lobbying
损失发生保单 Loss occurrence insurance policy
边际成本 Marginal costs
市场份额责任 Market share liability
监督 Monitoring
道德风险 Moral hazard
过失 Negligence
妨害行为 Nuisance
最优具体性 Optimal specificity
许可 Permits
污染者付费原则 Polluter pays principle
污染 Pollution
污染避难所 Pollution havens
组合 Pooling
预防风险原则 Precautionary principle
偏好 Preferences

源头预防原则 Prevention at source principle
预防成本 Prevention costs
私人利益理论 Private interest theory
因果或然性 Probability of causation
产品责任 Product liability
生产标准 Production standards
产权 Property rights
比例责任 Proportionate liability
起诉 Prosecution
就近原则 Proximity principle
公共选择 Public choice
向底竞赛 Race for the bottom
损害的相互性 reciprocal nature of harm
管制 Regulation
管制遵守 Regulatory compliance
再保险 Reinsurance
寻租 Rent seeking
雇主责任 respondeat superior
恢复基金 Restoration fund
可追溯责任 Retroactive liability
可追溯责任 Retrospective liability
风险细分 Risk differentiation
安全管制 Safety regulation
制裁 Sanctions
土壤污染去除 Soil decontamination
土壤污染 Soil pollution
规程标准 Specification standards
溢出/影响 Spillovers
严格责任 Strict liability
属地原则 Subsidiarity
超级基金 Superfund
目标标准 Target standards
税收 Taxes
侵权追回 tort recovery

废弃物贸易 Trade of waste
可交易许可 Tradable permits
交易成本 Transaction costs
阈值责任 Threshold liability
单方事故 Unilateral accidents
不可保性 Uninsurability
代承责任 vicarious liability
受害者付费原则 Victim pays principle
佛兰德斯环境法实施命令 VLAREM II
自愿工具 Voluntary instruments
废弃物 Waste
环境责任白皮书 White Paper on Environmental Liability

参考文献

[1] Abelson P. *Cost Benefit Analysis and Environmental Problems*. Farnborough, Saxon House, England, 1979.

[2] Abraham K S. "Environmental Liability and the Limits of Insurance". *Columbia Law Review*, vol. 88, 1988.

[3] Ackerman B A, Rose-Ackerman S, Sawyer J and Henderson D. *The Uncertain Search for Environmental Quality*. New York, NY: Free Press, 1974.

[4] Ackerman B A and Stewart R B. "Reforming environmental law: the democratic case for market incentives". *Columbia Journal of Environmental Law*, vol. 13, 1988.

[5] Adams M. "New Activities and the Efficient Liability Rules". In Faure M and Van den Bergh R. *Essays in Law and Economics. Corporations, Accident Prevention and Compensation for Losses*. Maklu, 1989a.

[6] Adams M. "Das Verursacherprinzip als Lehrformule". *Juristenzeitung*, 1989b.

[7] Adams M and Shavell S. "Zür Strafbarkeit des Versuchs". *Goldammer' Archiv für Strafrecht*, 1990.

[8] Adewale O. Senior Research Fellow of the Nigerian Institute of Advanced Legal Studies, University of Lagas, with respect to the situation in Nigeria.

[9] Adler J H. "Rent Seeking Behind the Green Curtain". *Regulation*, 1996.

[10] Akerlof G. "The market for 'lemons': quality, uncertainty and the market mechanism". *Quarterly Journal of Economics*, 1970.

[11] Alvarez-Baron A M. "Spain's Claims-Made Crisis". *International Insurance Law Review*, 1994.

[12] Arlen J. "The potentially perverse effects of corporate criminal liability". *Journal of Legal Studies*, 1994.

[13] Arrow K. *Aspects of the Theory of Risk-Bearing*. Helsinki: Yrjö Jahnssonin Säätiö, 1965.

[14] Ault R W and Ekelund R B. "Rent Seeking In A Static Model of Zoning". *American Real Estate and Urban Economics Association Journal*, vol. 16,

1988.

[15] Backes C and Betlem G (eds.). Integrated Pollution Prevention and Control, The EC Directive from a Comparative Legal and Economic Perspective. 1st ed. The Hague: Kluwer Law International, 1999.

[16] Baily P. "The Creation and Enforcement of Environmental Agreements". *European Environmental Law Review*, 1999.

[17] Ball S and Bell S. *Environmental Law*. London: Blackstone Press Ltd., 1991.

[18] Baumol W J and Oates W E. "The use of standards and prices for protection of the environment". *Swedish Journal of Economics*, vol. 73, 1971.

[19] Baumol W and Oates W. *The Theory of Environmental Policy*. 1st ed. New Jersey: Prentice-Hall, Inc., 1975.

[20] Baumol W J and Oates W E. *Economics, Environmental Policy and the Quality of Life*. Angelwood Cliffs: Prentice Hall, 1979.

[21] Bauw E. Buitencontractuele aansprakelijkheid voor bodemverontreiniging. Kluwer, 1993.

[22] Becker G S. "Irrational behavior and economic theory". *Journal of Political Economy*, 1962.

[23] Becker G S. "Crime and punishment: an economic approach". *Journal of Political Economy*, 1968.

[24] Becker G S. *The Economic Approach to Human Behavior*. Chicago: University of Chicago Press, 1976.

[25] Benedick R. Ozone Diplomacy, New Directions in Safeguarding the Planet. Cambridge: Harvard University Press, 1991.

[26] Benjamin A., Brazilian Environmental Law and Policy Institute (Sao Paulo). "Environmental Protection in less developed countries: the case of Latin America". Paper presented at the Summer Programme in Community Environmental Law and Policy, Louvain, July 1993.

[27] Bergkamp L. "A future environmental liability regime". *European Environmental Law Review*, 1998.

[28] Vlaamse Executieven. Besluit van de Vlaamse Executieven van 5 juli 1989 houdende Oprichting van een Interuniversitaire Commissie tot Herziening van het Milieurecht in het Vlaamse Gewest. *B*S, 25 Augustus 1989.

[29] Betlem G. "It's no use crying over spilt chemicals". *Maastricht Journal of European and Comparative Law*, 1995.

[30] Black H C. *Black's Law Dictionary*. 6th ed. West Publishing Co., 1990.
[31] Bocken H. Het aansprakelijkheidsrecht als sanctie tegen de verstoring van het leefmilieu. Brussel: Bruylant, 1978.
[32] Bocken H. "Van Fout naar Risico". *Tijdschrift voor Privaatrecht*, 1984.
[33] Bocken H. "Alternatives to Liability and liability insurance for the compensation of pollution damages". *Tijdschrift voor Milieuaansprakelijkheid*, 1987.
[34] Bocken H. "Alternatives to Liability and liability insurance for the compensation of pollution damages". *Tijdschrift voor Milieuaansprakelijkheid*, 1988.
[35] Bocken H. "Systèmes Alternatives pour l'Indemnisation des Dommages du à la pollution". *Revue Géneral des Assurances et des Responsabilités*, 1990.
[36] Bocken H. "Deficiencies of the system of liability and liability insurance as a mechanism for the indemnification of environmental damage suffered by individual victims". In Bocken H and Ryckbost D (eds.). *Insurance of Environmental Damage*. Brussels: Story-Scientia, 1991a.
[37] Bocken H. "Complementary Compensation Mechanisms. A General Environmental Damage Fund?". In Bocken H and Ryckbost D (eds.). *Insurance of Environmental Damage*. Brussels: Story-Scientia, 1991b.
[38] Bocken H and Ryckbost D (eds.). *Verzekering van Milieuschade, Insurance of Environmental Damage*. Brussels: Story-Scientia, 1991.
[39] Bocken H and Verbeek P. (eds.). *Voorontwerp decreet milieuhygiène*, Seminarie voor Milieurecht, 1991.
[40] Bocken H. "La réparation des Dommages causées par la Pollution au Droit Belge. La Situation en 1992". *Tijdschrift voor Belgisch Burgerlijk Recht*, 1992.
[41] Bocken H. "L'Assurance Responsabilité Civile pour Dommages causées par la Pollution". In *Les Assurances de l'Entreprise*, Actes du Collogues tenu à l'Université Libres des Bruxelles les 2 et 3 décembre. Brussels: Bruylant, 1993.
[42] Bocken H and De Saegher T. "Aansprakelijkheid en financiële zekerheden na VLAREM II". *Tijdschrift voor Milieurecht*, 1993(2).
[43] Bocken H, Lambrecht W, Boes M, De Nauw A, Faure M and Lavrysen L. "The Flemish Draft Decree on Environmental Policy: An Outline". In Bocken H and Ryckbost D (eds.). *Codification of Environmental Law, Proceedings of the International Conference*. The Hague: Kluwer Law, 1996.
[44] Bocken H and Ryckbost D (eds.). *Codification of Environmental Law. Draft*

Decree on Environmental Policy. London: Kluwer Law International, 1996.

[45] Bocken H. "Rechtstreekse verzekeringen ten behoeve van derden en andere wisseloplossingen voor aansprakelijkheid en aansprakelijkheidsverzekering. Een typologie". In René van Gompel. *Liber Amicorum René van Gompel*. Kluwer, 1998.

[46] Bodewig Th. "Probleme alternativer Kausalität bei Massenschäden". *Archiv für die civilistische Praxis*, 1985.

[47] Bohm P. "An Approach to the Problem of Estimating Demand for Public Goods". *Swedish Journal of Economics*, vol. 73, 1971.

[48] Bohrenstein S. "The Economics of Costly Risk Sorting in Competitive Insurance Markets". *International Review of Law and Economics*, 1989.

[49] Bolt A T and Lensing J A W. Privaatrechtelijke boetes, Preadvies Nederlandse Vereniging voor Rechtsvergelijking. Deventer: Kluwer, 1993.

[50] Bolt A T, Spier J and Haazen O A. *De uitdijende reikwijdte van de aansprakelijkheid uit onrechtmatige daad*. Preadvies Handelingen der Nederlandsche Juristen Vereeniging. Zwolle: W.E.J. Tjeenk Willink, 1996.

[51] Bond V. "The cancer risk attributable to radiation exposure: some practical problems". *Health Physics*, 1981.

[52] Bongaerts J C and Kraemer R A. "Water Pollution Charges in Three Countries. Control through Incentives". *European Environment Review*, vol. 1(4), 1987.

[53] Borch K. "The Utility Concept Applied to the Theory of Insurance". *The Astin Bulletin*, 1961.

[54] Borch K. "Recent Developments in Economic Theory and their Application to Insurance". *The Astin Bulletin*, 1963.

[55] Bouckaert B and De Geest G (eds.). *Bibliography of Law and Economics*. Dordrecht: Kluwer, 1992.

[56] Bouckaert B and De Geest G. *Encylopedia of Law and Economics*: 5 volumes. Cheltenham: Edward Elgar, 2000.

[57] Bowles R. *Law and Economy*. Oxford: Martin Robbertson, 1982.

[58] Boyle A and Anderson M R. *Human rights approaches to environmental protection*. Oxford: Clarendon Press, 1996.

[59] Bradford T. "Cost Benefit Analysis and Demand Curse for Public Goods". *Kyklos*, vol. 23, 1970.

[60] Brans E H P. "Liability for Ecological Damage under the 1992 Protocols to the

Civil Liability Convention and the Fund Convention and the Oil Pollution Act of 1990". *Tijdschrift voor Milieuaansprakelijkheid*, 1994.

[61] Brooks M A and Heijdra B J. "Rent-Seeking and Pollution Taxation: An Extension". *Southern Economic Journal*, 1987.

[62] Brown G and Johnson R. "Pollution Control by Effluent Charges: It Worksin the Federal Republic of Germany, why not in the US?". *Natural Resources Journal*, 1984.

[63] Brown J P. "Toward an Economic theory of liability". *Journal of Legal Studies*, 1973.

[64] Brown J P and Holahan W L. "Taxes and legal rules for the control of externalities when there are strategic responses". *Journal of Legal Studies*, vol. 9, 1980.

[65] Brüggemeier G. "Liability for Water Pollution under German Law: Fault or Strict Liability". In Van Dunné J (ed.). *Transboundary Pollution and Liability: the Case of the River Rhine*. Lelystad: Vermande, 1991.

[66] Buchanan J, Tollison R and Tullock G (eds.). *Toward a theory of the rent seeking society*. University of Michigan Press, 1962.

[67] Buchanan J and Tullock G. *The calculus of consent*. University of Michigan Press, 1962.

[68] Buchanan J and Tullock G. "Polluters' Profits and Political Response: Direct Controls versus Taxes". *American Economic Review*, vol. 65, 1975.

[69] Cabrera R and de la Cruz G. "Pérou. Les crimes contre l'environnement en droit péruvien". *International Review of Penal Law*, 1994.

[70] Calabresi G. "Some Thoughts on Risk Distribution and the Law of Torts". *Yale Law Journal*, 1961.

[71] Calabresi G. *The Costs of Accidents. A Legal and Economic Analysis*. New Haven: Yale University Press, 1970.

[72] Calabresi G and Melamed D. "Property Rules, Liability Rules, and Inalienability: One View of the Cathedral". *Harvard Law Review*, vol. 85, 1972.

[73] Calabresi G. "Optimal Deterrence and Accidents". *Yale Law Journal*, 1975a.

[74] Calabresi G. "Concerning cause and the law of torts". *University of Chicago Law Review*, 1975b.

[75] Casella A and Frey B. "Federalism and clubs. Towards an economic theory of

overlapping political jurisdiction". *European Economic Review*, 1992.
［76］Chao-Duivis M A B. "Vergelding als vergoeding". *Nederlands Juristenblad*, 1990.
［77］Chayes A and Handler-Chayes A. *The New Sovereignty*. Cambridge: Harvard University Press, 1995.
［78］Chelius J R. Liability for Industrial Accidents: a Comparison of Neglignece and Strict Liability System. *Journal of Legal Studies*, Vol. 5(2), 1976.
［79］Cho B S. *Umweltstrafrecht in Korea und Japan*. Freiburg im Breisgau: Max-Planck-Institut für ausländisches und internationales Strafrecht, 1993.
［80］Coase R H. "The Problem of Social Cost". *Journal of Law and Economics*, Vol. 3, 1960.
［81］Cocker A and Richards C. Valuing the Environment, Economic Approaches to Environmental Evaluation. London: Bellhaven Press, 1992.
［82］Coelho Ph R P. "Polluters' Profits and Political Response: Direct Control versus Taxes: Comment". *American Economic Review*, vol. 66, 1976.
［83］Coffee J C. "Corporate crime and punishment. A non-Chicago view of the economics of criminal sanctions". *American Criminal Law Review*, 1980.
［84］Coghlin T G. "Protection and Indemnity Clubs". *Lloyds Maritime and Commercial Law Quarterly*, 1984.
［85］Cohen M. "Commentary". In Eide E and Van den Bergh R (eds.). *Law and Economics of the Environment*. Oslo: Juridisk Forlag, 1996.
［86］Cooter R. "Prices and Sanctions". *Columbia Law Review*, vol. 84, 1984.
［87］Cooter R and Ulen T. *Law and Economics*. 3rd ed. New York: Addison-Wesley Longman, 2000.
［88］Cousy H A. "'Panta Rei': een kort bericht over de wijzigingen van de gewijzigde wetgeving inzake verzekeringen". *Tijdschrift voor Belgisch Handelsrecht*, 1995a.
［89］Cousy H. "Recent developments in environmental insurance". In Abraham F., Deketelaere K. and Stuyck J. (eds.). *Recent economic and legal developments in European environmental policy*, Leuven: Leuven University Press, 1995b.
［90］Cowell J. "Compulsory environmental liability insurance". In Bocken H and Ryckbost D (eds.). *Insurance of environmental damage*. Brussels: Story-Scientia, 1991.
［91］Dales J. *Pollution, Property and Prices: An Essay in Policy*. Toronto: University

of Toronto Press, 1968.

[92] Davidson J. "Voluntary Agreements in the USA". In Van Dunné J (ed.). *Non-Point Source River Pollution: The Case of the River Meuse*. London: Kluwer Law International, 1996.

[93] Davis R K. "Recreation Planning as an Economic Problem". *National Resources Journal*, vol. 3, 1963.

[94] De Boer J. "Risicoaansprakelijkheid voor gevaarlijke stoffen en milieuverontreiniging". *Nederlands Juristenblad*, 1993.

[95] De Grauwe P. "Political Economy of the Choice of Environmental Policy Instruments in the EC". In Abraham F, Deketelaere K and Stuyck J (eds.). *Recent Economic Legal Developments in European Environmental Policy*. Leuven: Leuven University Press, 1995.

[96] Deketelaere K. "De voorstellen van de Interuniversitaire Commissie tot Herziening van het Milieurecht in het Vlaamse Gewest inzake aansprakelijkheid voor milieuschade". In Deketelaere M (ed.). *Recente ontwikkelingen inzake de aansprakelijkheid voor milieuschade*. Brugge: Die Keure, 1993.

[97] Deketelaere K (ed.). Algemene bepalingen Vlaams milieubeleid en bedrijfsinterne milieuzorg. Brugge: Die Keure, 1996a.

[98] Deketelaere K. "Belgium". In Seerden R and Heldeweg M (eds.). Comparative Environmental Law in Europe. An Introduction to Public Environmental Law in the EU Member States. Antwerpen: Maklu, 1996b.

[99] Deketelaere K and Faure M. "Environmental Law in Belgium". In Koeman N (ed.). *Environmental Law in Europe*. The Hague: Kluwer Law International, 1999.

[100] Deketelaere M. "Civielrechtelijke aansprakelijkheid voor milieuschade als instrument van Europees milieubeleid: het "groen boek inzake herstel van milieuschade" van de Commissie van de Europese Gemeenschappen". In Deketelaere M (ed.). *Recente ontwikkelingen inzake de aansprakelijkheid voor milieuschade*. Die Keure, 1993.

[101] Deketelaere M. "Aansprakelijkheid voor historische, nieuwe en gemengde bodemverontreiniging". In Deketelaere K (ed.). *Het decreet betreffende de bodemsanering*. Brugge: Die Keure, 1995.

[102] De Lange A. "Trias Politica in de Polder". *Nederlands Juristenblad*, 1998.

[103] Deprimoz J. "Regime Juridique des Assurances contre les Risques Nucléaires".

Juris Classeur, 1995.

[104] De Putter and Verschuuren J. "Een milieuschadefonds in Nederland?". *Milieu en Recht*, 1995.

[105] De Vries C. "Community action on environmental liability". In Wiggers-Rust L and Deketelaere K (eds.). *Aansprakelijkheid voor milieuschade en financiële zekerheid*. Die Keure-Vermande, 1999.

[106] Dewees D N. "Instrument Choice in Environmental Policy". *Economic Inquiry*, vol. 21, 1983.

[107] Dewees D. "Tort Law and the Deterrence of Environmental Pollution". In Tietenberg T H (ed.). *Innovation in Environmental Policy, Economic and Legal Aspects of Recent Developments in Environmental Enforcement of Liability*. Brookfield: Edward Elgar, 1992a.

[108] Dewees D. "The Comparative Efficacy of Tort Law and Regulation for Environmental Protection". *Geneva Papers on Risk and Insurance*, 1992b.

[109] Dewees D N, Duff D and Trebilcock M J. *Exploring the Domain of Accident Law: Taking the Facts Seriously*. Oxford: Oxford University Press, 1996.

[110] De Witte B and Forder C (eds.). The Common Law of Europe and the Future of Legal Education. Deventer: Kluwer, 1992.

[111] De Witte B. "Carving out a Place for European Union Law in the Legal Universe". Paper presented at the conference Ius Commune in a World Context, Maastricht 15 April 1999.

[112] Diamond P. "Single Activity Accidents". *Journal of Legal Studies*, 1974.

[113] Diver C. "The Optimal Precision of Administrative Rules". *Yale Law Journal*, 1983.

[114] Dommering-Van Rongen L. *Schade Vergoeden door Fondsvorming*. Deventer: Kluwer, 1996.

[115] Domsdorf E P M W. Internationaal Atoomenergierecht, de betrokkenheid van Nederland bij meer dan 100 verdragen. Zwolle: Tjeenk Willink, 1993.

[116] Dotti R. "Brésil. les atteintes à l'environnement. Responsabilité et sanctions pénales". *International Review of Penal Law*, 1994.

[117] Dow J. "The Organisation and Development of International Liability Capacity and National Market Pools, with special reference to new 'nuclear countries'". In OECD. *Nuclear Third Party Liability and Insurance, Münich Symposium, Status and Prospects*. Paris: OECD, 1985.

[118] Downing P B. "A Political Economy Model of Implementing Pollution Laws". *Journal of Environmental Economics and Management*, vol. 8, 1989.

[119] Drupsteen Th G. *Milieurecht*. 2nd ed. Zwolle: Tjeenk Willink, 1991.

[120] Edith Brown Weiss and Harold K Jacobson (eds.). *Engaging Countries: Strengthening Compliance with International Environmental Accords*. The MIT Press, 2000.

[121] Ehrlich I and Posner R. "An Economic Analysis of Legal Rule Making". *Journal of Legal Studies*, 1974.

[122] Ellickson R. "Alternatives to Zoning". *University of Chicago Law Review*, 1973.

[123] Elliott E D, Ackerman B A and Millian J C. "Toward a Theory of Statutory Evolution: the Federalization of Environmental Law". *Journal of Law, Economics & Organization*, vol. 1, 1985.

[124] ELNI – Environmental Law Network International (ed.). Environmental Agreements. The Role and Effect of Environmental Agreements in Environmental Policies. Cameron May, 1998.

[125] Elsen M. "Compensatie of preventie? Punitive Damages". *Rechtshulp*, 1995.

[126] Endres A and Schwarze R. "Allokationswirkungen einer Umwelthaftpflicht-versicherung". *Zeitschrift für Umweltpolitik und Umweltrecht*, 1991.

[127] Endres A and Staiger B. "Ökonomische Aspekte des Umwelthaftungsrecht". In Ahrens M and Simon J (eds.). *Umwelthaftung, Risikosteuerung und Versicherung*. Berlin: Erich Schmidt Verlag, 1996.

[128] Epstein R. "A theory of strict liability". *Journal of Legal Studies*, 1973.

[129] Epstein R. "Nuisance Law: Corrective Justice and its Utalitarian Constraints". *Journal of Legal Studies*, 1979 (49).

[130] Epstein R, Gregory Ch and Kalven H. *Cases and Materials on Torts*, 4th ed. Boston: Little, Brown, 1984.

[131] Epstein R. "Holdouts, Externalities and the Single Owner: one more Salute to Ronald Coase". *Journal of Law and Economics*, vol. 36, 1993.

[132] Estep E. "Radiation injuries and statistics: the need for a new approach to injury litigation". *Michigan Law Review*, 1960.

[133] Esty D. "Revitalizing Environmental Federalism". *Michigan Law Review*, 1996.

[134] Esty D and Geradin D. "Market Access, Competitiveness and Harmonisation:

Environmental Protection in Regional Trade Agreements". *Harvard Environmental Law Review*, 1997.

[135] Esty D and Geradin D. "Environmental Protection and International Competitiveness. A Conceptual Framework". *Journal of World Trade*, 1998.

[136] Esty D. "Economic Integration and the Environment". In Vig N and Axelrod R (eds.). *The Global Environment*, 1999.

[137] EU Commission. Green Paper on remedying environmental damage. COM(93) 47 final, 14 May 1993.

[138] EU Commission. Proposal for a Council Directive on integrated pollution prevention and control. COM(93) 423 final, 14 September 1993.

[139] EU Commission. White Paper on environmental liability. COM(2000) 66 final, 9 February 2000.

[140] EU Commission. Directive 2000/60/EC of the European Parliament and of the Council of 23 October 2000 establishing a framework for Community action in the field of water policy.

[141] Faure M and Van den Bergh R. "Negligence, Strict Liability and Regulation of Safty under Belgian Law: an Introductory Economic Analysis". *Geneva Papers on Risk and Insurance*, 1987.

[142] Faure M and Van den Bergh R. Objectieve aansprakelijkheid, verplichte verzekering en veiligheidsregulering. Antwerp: Maklu, 1989a.

[143] Faure M and Van den Bergh R. "Compulsory Insurance for Professional Liability". *The Geneva Papers on Risk and Insurance*, 1989b.

[144] Faure M and Van den Bergh R. "Liability for Nuclear Accidents in Belgium from an Interest Group Perspective". *International Review of Law and Economics*, vol. 10, 1990.

[145] Faure M. "De gevolgen van de 'administratieve afhankelijkheid' van het milieustrafrecht: een inventarisatie van knelpunten". In Faure M, Oudijk J and Schaffmeister D (eds.). *Zorgen van Heden*. Arnhem: Gouda-Quint, 1991.

[146] Faure M and Heine G. "The Insurance of Fines: The Case of Oil Pollution". *The Geneva Papers on Risk and Insurance*, Vol. 39, 1991.

[147] Faure M G, Oudijk J C and Koopmans I M. "Ökonomische Analyse der Amtsträgerstrafbarkeit. Eine Skizze strafrechtlicher Steuerung von Umwelt-delinquenz". *WISTRA*, Heft 4, 1992.

[148] Faure M and Skogh G. "Compensation for Damages Caused by Nuclear

Accidents: A Convention as Insurance". *The Geneva Papers on Risk and Insurance*, 1992.

[149] Faure M. (G)een schijn van kans. Beschouwingen over het statistisch causaliteitsbewijs bij milieugezondheidsschade, inauguration address Maastricht, November 1993. Antwerpen: Maklu, 1993a.

[150] Faure M. "De verzekering van het nucleaire risico". In Volle Verzekerdheid, Opstellenbundel ter gelegenheid van het afscheid van Prof. Mr. O. van Wassenaer van Catwijck. Zwolle: Tjeenk Willink, 1993b.

[151] Faure M and Van den Bergh R. "Het toelaten van kartels op de Europese verzekeringsmarkt". *Nederlands Juristenblad*, 1993.

[152] Faure M and Oudijk J C. "Die strafgerichtliche Überprüfung von Verwaltungsakten im Umweltrecht. Ein rechtsvergleichender Überblick der Systeme in Deutschland, den Niederlanden und Belgien.". *Juristenzeitung*, 1993.

[153] Faure M. "Eerstingebruikneming in het milieurecht: een rechtseconomische analyse". In Raes K and Willekens H (eds.). *Economische verklaringen van het recht*. The Hague: VUGA, 1994a.

[154] Faure M. "The EC Directive on drinking water: institutional aspects". In Bergman L and Pugh M D (eds.). *Economy & Environment Series, Environmental Toxicology, Economics and Institutions: The Atrazine Case Study*. Kluwer Academic Publishers, 1994b.

[155] Faure M and Ruegg M. "Environmental Standards Setting through General Principles of Environmental Law". In Faure M, Vervaele J and Weale A. *Environmental Standards in the European Union in an Interdisciplinary Framework*. Antwerpen: Maklu, 1994.

[156] Faure M. "*Ius Commune* and transboundary environmental pollution". *Maastricht Journal of European and Comparative Law*, 1995a.

[157] Faure M. "Economic Models of Compensation for Damage Caused by Nuclear Accidents: Some Lessons for the Revision of the Paris and Vienna Conventions". *European Journal of Law and Economics*, vol.21, 1995b.

[158] Faure M. "The Limits to Insurability from a Law and Economics Perspective". *The Geneva Papers on Risk and Insurance*, 1995c.

[159] Faure M and Lefevere J. "Some public interest and private interest aspects of environmental standard setting in the European Community". In Mayes D G

(ed.). *The evolution of rules for a Single European market, II, Rules, Democracy and the Environment*. Brussels: EC, 1995a.

[160] Faure M and Lefevere J. "Protecting Drinking Water Quality against Contamination by Pesticides: an Alternative Regulatory Framework". *Review of European Community and International Environmental Law (RECIEL)*, 1995b.

[161] Faure M and Lefevere J. "Introduction to European environmental law". In Aspden P and European Institute of Maritime and Transport Law. *Shipping law faces Europe: European policy, competition and environment*. Antwerpen: Maklu, 1995c.

[162] Faure M and Hartlief T. "Gevolgen van de uitbreidende werkgever-saansprakelijkheid: beleidsconsequenties voor verzekeraars?". In Faure M G and Hartlief T (eds.). *Verzekering en de Groeiende Aansprakelijkheidslast, een juridisch, gezondheidskundig en economisch onderzoek naar ontwikkelingen met betrekking tot de Aansprakelijkheidslast en de consequenties voor verzekeraars naar aanleiding van de werkgeversaan-sprakelijkheid voor bedrijfsongevallen en beroepsziekten*. Deventer: Kluwer, 1995.

[163] Faure M and Van den Bergh R. "Restrictions of Competition on Insurance Markets and the Applicability of EC Antitrust Law". *Kyklos*, 1995.

[164] Faure M. "Economic aspects of environmental liability: an introduction". *European Review of Private Law*, 1996.

[165] Faure M and Hartlief T. "Towards an expanding enterprise liability in Europe? How to analyze the scope of liability of industrial operators and their insurers". *Maastricht Journal of European and Comparative Law*, 1996a.

[166] Faure M and Hartlief T. "Een Asbestfonds als Alternatief voor de Aansprakelijkheid van de Werkgever?". *Tijdschrift voor Sociaal Recht*, 1996b.

[167] Faure M and Hartlief T. "Remedies to uninsurability". Paper presented at the 1996 Annual Conference of the European Association of Law and Economics, Haifa, Israël 1996c.

[168] Faure M, Koopmans I and Oudijk J. "Imposing criminal liability on government officials under environmental law: a legal and economic analysis". *Loyola of Los Angeles International and Comparative Law Journal*,

vol. 18, 1996.

[169] Faure M and Lefevere J. "The Draft Directive on Integrated Pollution Prevention and Control: an Economic Perspective". *European Environmental Law Review*, 1996.

[170] Faure M. "Harmonisation of Environmental Law and Market Integration: Harmonising for the Wrong Reasons? ". *European Environmental Law Review*, June 1998.

[171] Faure M and Hartlief T. "Remedies for Expanding Liability". *Oxford Journal of Legal Studies*, vol. 18, 1998.

[172] Faure M and Lefevere J. "Integrated Pollution Prevention and Control: an Economic Appraisal". In Backes C and Betlem G (eds.). *Integrated Pollution Prevention and Control, the EC Directive from a Comparative Legal and Economic Perspective.* 1st ed. The Hague: Kluwer Law International, 1999.

[173] Faure M. "The Harmonisation, Codification and Integration of Environmental Law: A Search for Definitions". *European Environmental Law Review*, June 2000.

[174] Field B C. *Environmental Economics: an Introduction*. New York: McGraw-Hill, 1994.

[175] Findley R. "Pollution Control in Brazil". *Ecology Law Quarterly*, 1988(1).

[176] Fischel W A. "Externalities and Zoning". *Public Choice*, vol. 35, 1980.

[177] Fischel W A. The Economics of Zoning Laws: A Property Rights Approach to American Land Use Controls. The John Hopkins University Press, 1985.

[178] Frankel M. The Alkali Inspectorate, the Control of Air Pollution, Social Audit: A Special Report. London: Headly Brothers, 1974.

[179] Freeman H N. *Industrial Pollution Prevention Handbook.* New York: McGraw-Hill, 1995.

[180] Freeman A M. "Economics, Incentives, and Environmental Regulation". In Vig N J and Kraft M E (eds.). *Environmental Policy in the 1990's, Reform or Reaction?*. 3rd ed. Washington, D.C. Press, 1997.

[181] Frey B S. *Umweltökonomie.* 3rd ed. Göttingen: VandenHoeck en Ruprecht, 1992.

[182] Frey B S. "Direct Democracy: Politico-Economic Lessons from Switzerland". *American Economic Review*, 1994.

[183] Frey B S and Eichenberger R. "To harmonise or to compete? That's not the

question". *Journal of Public Economics*, 1996.

[184] Frey B S. "FOCJ: Competitive Governments for Europe". *International Review of Law and Economics*, 1996.

[185] Frey B S. Not Just for the Money. An Economic Theory of Personal Motivation. Cheltenham: Edward Elgar, 1997.

[186] Frey B S. "Morality and rationality in environmental policy". *Journal of Consumer Policy*, vol. 22, 1999.

[187] Friedmann L. *Micro Economic Policy Analysis*. New York: McGraw-Hill, 1984.

[188] Gardner M. "Results of a case-control study of leukaemia and lymphoma among young people near Sellafield nuclear plant in West Cumbria". *British Medical Journal*, 1990.

[189] German Sarmiento Palacio. *Las acciones populares en el derecho privado Columbiano*. Bogota: Banco de la Republica, 1988.

[190] Gilead I. "Tort Law and Internalization: The Gap between Private Loss and Social Cost". *International Review of Law and Economics,* vol. 17, 1997.

[191] https://papers.ssrn.com/sol3/cf_dev/AbsByAuth.cfm?per_id=90820

[192] Gilhuis P. *Milieurecht op weg naar de jaren negentig*. Zwolle: W.E.J. Tjeenk Willink, 1989.

[193] Gilhuis and Verschuuren J. Een Milieuschadefonds in Nederland; een Onderzoek naar de Mogelijkheden. Publicatiereeks Milieubeheer, 1994.

[194] Gilles. "Rule-Based Negligence and the Regulation of Activity Levels". *Journal of Legal Studies*, vol. 22, 1992.

[195] Gimpel-Hinteregger M. *Grundfragen des Umwelthaftung*. Wien: Verlag Manz, 1994.

[196] Gold S. "Causation in toxic torts: burdens of proof, standards of persuasion and statistical evidence". *Yale Law Journal*, 1986.

[197] Gravelle H S E. "Accidents, taxes, liability rules and insurances". *Geneva Papers on Risk and Insurance*, vol. 12, 1987.

[198] Grimeaud D. "The Integration of Environmental Concerns into EC Policies: A Genuine Policy Development?". *European Environmental Law Review*, vol.9 (7), July 2000.

[199] Gunningham N and Grabosky P. *Smart Regulation, Designing Environmental Policy*. Oxford: Clarendon Press, 1998.

[200] Haazen O A and Spier J. "Feitelijke ontwikkelingen en verzekerbaarheid". In Bolt A T and Spier J (eds.). *De uitbreidende reikwijdte van de aansprakelijkheid uit onrechtmatige daad*, advisory-report, Nederlandse Juristen Vereniging. Zwolle: Tjeenk Willink, 1996a.

[201] Haazen O A and Spier J. "Amerikaanse toestanden en de nieuwe aansprakelijk heidsverzekering voor bedrijven en beroepen ". *Nederlands Juristenblad*, 1996b.

[202] Haddock D D and Curran C. "An Economic Theory of Comparative Negligence". *Journal of Legal Studies*, Vol. 14, No. 1, 1985.

[203] Hahn R W and Noll R. "Barriers to Implementing Tradable Air Pollution Permits: Problems of Regulatory Interaction". *Yale Journal on Regulation*, Vol. 1, 1983.

[204] Hahn R W and Hester G L. "Where Did All the Markets Go? An Analysis of EPA's Emissions Trading Programme". *Yale Journal on Regulation*, Vol.6, 1989.

[205] Hahn R W. "A New Approach to the Design of Regulation in the Presence of Multiple Objectives". *Journal of Environmental Economics and Management*, vol. 17, 1989a.

[206] Hahn R W. *A Primer on Environmental Policy Design*. New York: Harwood Academic, 1989b.

[207] Hahn R W. "Economic Prescriptions for Environmental Problems: How the Patient Followed the Doctor's Orders". *Journal of Economic Perspectives*, vol. 3, 1989c.

[208] Hahn R W. "Regulatory Constraints on Environmental Markets". *Journal of Public Economics*, vol. 42, 1990a.

[209] Hahn R W. "The Political Economy of Environmental Regulation: Towards a Unifying Framework". *Public Choice*, vol. 65, 1990b.

[210] Hamrat H. *Indonesian Legislation on the Protection of the Environment*. Lecture given at the office of the Attorney General of the Republic of Indonesia in Jakarta on August 7, unpublished manuscript, 1990.

[211] Hamzah A. *Hukum Pindana Ekonomi*. 2nd ed., 1986.

[212] Hankey S. "Claims Made Policies and Choice of Law in the European Union". *International Insurance Law Review*, 1994.

[213] Hansson I and Skogh G. "Moral hazard and safety regulation". *Geneva*

Papers on Risk and Insurance, vol. 12, 1987.

[214] Harrison D and Rubinfeld D L. "Hedonic House Prices and the Demand for Clean Air". *Journal of Environmental Economics and Management*, vol. 5, 1978.

[215] Hartkamp, Advocaat-Generaal. Conclusie in de zaak Van Ballegooyen c.s./Bayer Nederland c.s.. *Tijdschrift voor Consumentenrecht*, 1992.

[216] Hartlief T and Spier J. "Verzekering en aansprakelijkheid met 'terugwerkende kracht'". *Aansprakelijkheid en Verzekering*, 1994.

[217] Hartlief T and Tjittes R P J L. "Invloed van verzekering op de civiele aansprakelijkheid". *Preadvies voor de Vereniging voor Burgerlijk Recht.* Lelystad: Vermande, 1990.

[218] Hartlief T and Tjittes R P J L. *Verzekering en Aansprakelijkheid.* Deventer: Kluwer, 1994.

[219] Haymarket Media Group Ltd. Environmental Data Services. *ENDS-report* 178, Novemeber 1989.

[220] Haymarket Media Group Ltd. Environmental Data Services. UK High Court, 3 October 1994, Regina versus Secretary of State for trade and industry. *ENDS-report* 237, October 1994.

[221] Hausman J A. *Contingent Valuation: A Critical Assessment.* Amsterdam: North-Holland, 1993.

[222] Heine G. "Die Verwältungsakzessorietät im deutschen Umweltstrafrecht unter berücksichtigung des österreichischen Rechts". *Juristenzeitung*, 1991.

[223] Heringa A W. "Private live and the protection of the environment". European Court of Human Rights, 9 december 1994, Lopez Ostra v. Spain. *Maastricht Journal of European and Comparative Law*, 1995.

[224] Hirshleifer J. "The Expanding Domain of Economics". *American Economic Review*, 1985.

[225] Hoch I and Drake J. "Wages, Climate, and the Quality of Life". *Journal of Environmental Economics and Management*, vol. 1, 1974.

[226] Howarth R B and Norgaard R B. "Environmental valuation under sustainable development". *American Economic Association*, Vol. 82 (2), 1992.

[227] Huber P. "The old-new Division in Risk Regulation". *Virginia Law Review*, vol. 63, 1983.

[228] Hughes D. *Environmental Law.* 2nd ed. Butterworths, 1992.

[229] Hulst E. Grondslagen van Milieuaansprakelijkheid, dissertation, 1993.
[230] Hulst E. "De werkelijkheid rondom een algemeen milieuschadefonds, een commentaar". *Tijdschrift voor Milieuaansprakelijkheid*, 1995.
[231] ICHMVG - Interuniversitaire Commissie tot Herziening van het Milieurecht in het Vlaamse Gewest. *Voorontwerp Decreet Milieubeleid*. Brugge: Die Keure, 1995.
[232] Inman R and Rubinfeld D. "The EMU and Fiscal Policy in the New European Community: An Issue for Economic Federalism". *International Review of Law and Economics*, 1994.
[233] Jaffe A, Portney S and Stavins R. "Environmental Regulation and the Competitiveness of US Manufacturing: What does the Evidence tell us?". *Journal of Economic Literature*, vol. 33, 1995.
[234] Jaffer S M and Kay J A. "The regulation of Shop Opening Hours in the United Kingdom". In Graf von den Schulenburg J M and Skogh G (eds.). *Law and Economics and the Economics of Legal Regulation*. Dordrecht: Nijhoff, 1986.
[235] Jans J H. *European Environmental Law*. 2nd ed. Groningen: European Law Publishing, 2000.
[236] Jescheck H H and Weigend T H. *Lehrbuch des Strafrechts, allemeiner Teil*. Berlin: Duncker & Humblot, 1996.
[237] Jones B. "The identification and remediation of contaminated sites: the United Kingdom's Environment Act 1995". *Tijdschrift voor Milieuaansprakelijkheid*, 1995.
[238] Jost P J. "Limited liability and the requirement to purchase insurance". *International Review of Law and Economics*, 1996.
[239] Kapp W. "Environmental Disruption and Social Costs; a Challenge to Economics". *Kyklos*, vol. 23, 1970.
[240] Katzman M T. "Societal Risk Management through the Insurance Market". In Richard C. Hula (ed.). *Market-based Public Policy*, 1988.
[241] Kaye D. "The limits of the prebonderance of the evidence standard: justifiable naked statistical evidence and multiple causation". *American Bar Foundation Research Journal*, 1982(2).
[242] Keenan D and Rubin Ph. "Shadow Interest Groups and Safety Regulation". *International Review of Law and Economics*, 1988.

［243］ Ketchum L. "Epidemiologictables Lay Groundwork for Future Radiogenic Cancer Claims". *Journal of Nuclear Medicine*, vol. 26, 1985.

［244］ Keutsch A. "Non-Compliance Procedures under the Montreal Protocol". In Cameron J, Werksman J and Roderick P (eds.). *Improving Compliance with International Environmental Law*. London: Earthscan, 1996.

［245］ Kimber C. "A Comparison of Environmental Federalism in the United States and the European Union". *Maryland Law Review*, 1995.

［246］ Kirchgässner G and Pommerehne W. "Tax Harmonisation and Tax Competition in the European Community: Lessons from Switzerland". *Journal of Public Economics*, vol. 60, 1996(3). http://www.econ.kuleuven.be/public/ndaaa08/kirchgassner. pdf.

［247］ Kloepfe M. "On the codificationof German Environmental Law". In Bocken H and Ryckbost D (eds.). *Codification of Environmental Law, Proceedings of the International Conference*. The Hague: Kluwer Law International, 1996.

［248］ Knottenbelt J. *Produktaansprakelijkheid*: dissertation. Erasmus Universiteit Rotterdam, 1990.

［249］ Kolstad Ch D. "Uniformity versus Differentiation in Regulating Externalities". *Journal of Environmental Economics and Management*, vol. 14, 1987.

［250］ Kolstad Ch D, Ulen Th S and Johnson G V. "*Ex Post* Liability for Harm vs. *Ex Ante* Safety Regulation: Substitutes or Compliments?". *American Economic Review*, vol. 80, 1990.

［251］ Köndgen J. "Multiple causation and joint tortfeasors in pollution cases according to German law". In Van Dunné J M (ed.). *Transboundary Pollution and Liability, the Case of the River Rhine*. Lelystad: Vermande, 1991.

［252］ Körber A. "Standards and Taxes in Environmental Law from a Public Choice Perspective". In Bouckaert B and De Geest G (eds.). *Essays in Law and Economics II*. Antwerp: Maklu, 1995.

［253］ Kornhauser L A. "An economic analysis of the choice between enterprise and personal liability for accidents". *California Law Review*, vol. 70, 1982.

［254］ Kornhauser L A and Revesz R L. "De Minimis Settlements under Superfund: An Empirical Study". In Revesz R L and Stewart R B (eds.). *Analyzing Superfund, Economics, Science and Law*. Washington D.C.: Resources for

the Future, 1995.
[255] Kottenhagen-Edzes P A. *Onrechtmatige Daad en Milieu*: diss. Arnhem: Gouda Quint, 1992.
[256] Koziol H. *Österreichisches Haftplichtrecht*: Band I, Allgemeines Teil. 3rd ed. Vienna: Manz, 1997.
[257] Krämer L. "Community and environmental law under the Maastricht Treaty on European Union and the fifth environmental action programme". In Abraham F, Deketelaere K and Stuyck J (eds.). *Recent economic and legal developments in European environmental policies*. Leuven: Leuven University Press, 1995.
[258] Krämer L. *Focus on European environmental law*. 2nd ed. London: Sweet and Maxwell, 1997.
[259] Krutilla J V. "Conservation Reconsidered". *American Economic Review*, vol. 57, 1967.
[260] Krutilla J V and Fisher A. The economics of natural environments: studies in the valuation of commodity and amenity recourses. Revised edition, Washington, Recourses for the future, 1985.
[261] Kunreuther H, Hogarth R and Meszaros J. "Insurer Ambiguity and Market Failure". *Journal of Risk and Uncertainty*, vol. 7, 1993.
[262] Landes W and Posner R. "The Positive Economic Theory of Tort Law". *Georgia Law Review*, vol. 15, 1981.
[263] Landes W and Posner R. "Causation in tort law: an economic approach". *Journal of Legal Studies*, 1983.
[264] Landes W and Posner R. "Tort law as a regulatory regime for catastrophic personal injuries". *Journal of Legal Studies*, 1984.
[265] Landes W and Posner R. *The Economic Structure of Tort Law*. Cambridge: Harvard University Press, 1987.
[266] Lando O. "Die Regeln des Europäischen Vertragsrecht". In Müller-Graff P C (ed.). *Gemeinsames Privatrecht in der Europäischen Gemeinschaft*. Baden-Baden: Nomos Verlag, 1993.
[267] Lang R. "Die neue Umwelt-Haftpflichtversicherung nach dem HUK-Modell". Ahrens M and Simon J (eds.). *Umwelthaftung, Risikosteuerung und Versicherung*. Berlin: Erich Schmidt Verlag, 1996.
[268] Lavrysen L. "Judicial responses in the nineties to Dutch (and German)

shipments of waste to Belgium in the eighties". *Maastricht Journal of European and Comparative Law*, 1995.

[269] Lee D R. "Rent-Seeking and its Implications for Pollution Taxation". *Southern Economic Journal*, 1985.

[270] Lefevere J and Faure M. "Introduction to European Environmental Law". In Kegels T (ed.). *Shipping Law faces Europe: European Policy Competition and Environment*. Antwerp: Maklu, 1995.

[271] Legrand B. "The impossibility of "legal transplants". *Maastricht Journal of European and Comparative Law*, 1997.

[272] Lomas O. "Current Survey: Environment". *Utilities Law Review*, Summer 1990a.

[273] Lomas O. "Current Survey: Environment". *Utilities Law Review*, Autumn 1990b.

[274] Mackaay E. Economics of information and the law. Boston: Kluwer, 1982.

[275] Makdisi J. "Proportional liability: a comprehensive rule to aportion tort damages based on probability". *North Carolina Law Review*, 1989.

[276] Maler K G. "A Note on the Use of Property Values in Estimating Marginal Willingness to Pay for Environmental Quality". *Journal of Environmental Economics and Management*, vol. 4, 1977.

[277] Maloney M T and McCormick R E. "A Positive Theory of Environmental Quality Regulation". *Journal of Law and Economics*, 1982.

[278] Marshall J. "Moral Hazard". *American Economic Review*, 1976.

[279] Markesinis B S. The German Law of Torts, a Comparative Introduction. Clarendon Press, 1994.

[280] Mattei U. "Efficiency in Legal Transplants: an Essay in Comparative Law and Economics". *International Review of Law and Economics*, 1994.

[281] McCormick R and Tollison R. Politicians, Legislation and the economy: an inquiry into the interest group theory of governments. Boston, The Hague, London: Martin Nijhoff Publishing, 1981.

[282] Mendelsohn R. "Regulatory Heterogeneous Emissions". *Journal of Environmental Economics and Management*, 1986.

[283] Menell P S. "The Limitations of Legal Institutions for Addressing Environmental Risks". *Journal of Econonic Perspectives*, vol. 5 (3), 1991.

[284] Merrill T. "Trespass, nuisance and the costs of determining property rights".

Journal of Legal Studies, 1985.
[285] Mettler F and Moseley R. *Medical effects of ionizing radiation*. Orlando: Grune and Stratton, 1985.
[286] Michiels F C M A. *De Wet Milieubeheer*. Zwolle: Tjeenk Willink, 1992.
[287] Mishan E J. "The Post War Literature on Externalities: an Interpretative Essay". *Journal of Economic Literature*, vol. 9, 1971a.
[288] Mishan E J. "Pangloss on Pollution". *Swedish Journal of Economics*, vol. 73, 1971b.
[289] Mishan E J. *Cost-Benefit Analysis: an Informal Introduction*. 2nd ed. George Allen & Unwin, 1974.
[290] Misonne D. "The River Contract of the Upper-Meuse". In ELNI, *Environmental Agreements*. Cameron May, 1998.
[291] Mitchell. "Compliance Theory: an Overview". In James Cameron, Jacob Werksman and Peter Roderick (eds.). *Improving Compliance with International Environmental Law*. London: Earthscan, 1996.
[292] Montgomery D W. "Markets in Licenses and Efficient Pollution Control". *Journal of Economic Theory*, Vol. 5, 1972.
[293] Monti A. "Environmental Risk: A comparative law and economics approach to liability and insurance". *European Review of Private Law*, Vol. 9 (1), 2001.
[294] Moore T P. "The Purpose of Licensing". *Journal of Law and Economics*, 1961.
[295] Müller W. "The role of insurance industry in covering nuclear third party liability risks". In OECD, *Nuclear Third Party Liability and Insurance, Münich Symposium, Status and Prospects*. Paris: OECD, 1985.
[296] Mullis A and Oliphant K. *Torts*. 1st ed. Basingstoke: Macmillan Press Ltd, 1993.
[297] National Institutes of Health. Report on the National Institutes of Health ad hoc Working Group to develop radio-epidemiological tables. NIH Publication nr. 85. Washington, 1985.
[298] Nelson B. Economic Analysis of Transportation Noise Abatement. Cambridge, MA: Ballinger Publishing Company, 1978.
[299] Newman P (ed.). The New Palgrave Dictionary of Economics and the Law, vol. 3. London: Macmillan References Limited, 1998.

［300］ Nieuwenhuis J H. "Blinddoek en balans in het milieurecht. Drie manieren om belangen af te wegen". In Hol A M and Loth M A (eds.). *Dilemma's van aansprakelijkheid*. Zwolle: Tjeenk Willink, 1991.

［301］ Niezen G J. "Aansprakelijkheid voor milieuschade in de Europese Unie". *Ongebonden Recht Bedrijven*. Deventer: Kluwer, 2000.

［302］ Noll R. "The Feasability of Marketable Emissions Permits in the United States". In Stewart R B and Krier J B (eds.). *Environmental Law and Policy: Readings, Materials, and Notes*. 2nd ed. Charlottesville, Virginia: Lexis Law Publishing, 1978.

［303］ Oates, W. *Fiscal Federalism*, New York, Harcourt, 1972.

［304］ Oates W and Baumol W. "The instruments for environmental pollution". Mills E (ed.). *Economic analysis of environmental problems*. New York: Columbia University Press, 1975.

［305］ Oates W. "Book review The Uncertain Search for Environmental Quality". *University of Pennsylvania Law Review*, vol. 124(3), 1976.

［306］ Oates W E and Collinge R A. "Efficciency in Pollution Control in the Short and Long Run: a System of Rental Emission Permits". *Canadian Journal of Economics*, vol. 15(2), 1982.

［307］ Oates W. "The Regulation of Externalities: Efficient Behaviour by Sources and Victims". *Public Finance*, vol. 38(3), 1983.

［308］ Oates W E, Crupnik A J and Van de Verg E. "On Marketable Air Pollution Permits: the Case for a System of Pollution Offsets". *Journal of Environmental Economics and Management*, vol. 10(3), 1983.

［309］ Oates W E and McGartland A M. "Marketable Permits for the Prevention of Environmental Deterioration". *Journal of Environmental Economics and Management*, vol. 12(3), 1985a.

［310］ Oates W E and McGartland A M. "Marketable Pollution Permits and Acid Rain Externalities: a Comment and Some Further Evidence". *Canadian Journal of Economics*, vol. 18(3), 1985b.

［311］ Oates W E. "Market Incentives for Environmental Protection: A Survey of Some Recent Developments". In Peston M and Quandt R (eds.). *Prices, Competition, and Equilibrium*. London: Philip Allen, 1986.

［312］ Oates W E and Schwab R. "Economic Competition among Jurisdiction: Efficiency Enhancing or Distortion Inducing?". *Journal of Public Economics*, vol. 35, 1988.

[313] Oates W, Portney P and McGartland A. "The *Net* Benefits of Incentive-based Regulation: A Case Study of Environmental Standard Setting". *American Economic Review*, vol. 79, 1989.

[314] Oates W E. "Environment and Taxation: the Case of the United States". In OECD. *Environment and Taxation: the Cases of the Netherlands, Sweden and the United States*. Paris: OECD, 1994.

[315] OECD. *Nuclear Third Party Liability and Insurance*, Münich Symposium, Status and Prospects. Paris: OECD, 1985.

[316] OECD. Liability and Compensation for Nuclear Damage, an International Overview. Paris: OECD, 1994.

[317] Ogus A. "Quantitative Rules and Judicial Decision-Making". In Burrows P and Veljanovski C (eds.). *The Economic Approach to Law*. London: Butterworths, 1981.

[318] Ogus A. Regulation: Legal Form and Economic Theory. Oxford: Clarendon Press, 1994a.

[319] Ogus A. "Standard Setting for Environmental Protection: Principles and Processes". In Faure M, Vervaele J and Weale A (eds.). *Environmental Standards in the European Union in an Interdisciplinary Framework*. Antwerp: Maklu, 1994b.

[320] Ogus A. "Quality Control for European Regulation". *Maastricht Journal of European and Comparative Law*, vol. 2, 1995.

[321] Ogus A. "Risk Management and "Rational" Social Regulation". In Baldwin R (ed.). *Law and Uncertainty: Risks and Legal Processes*. London: Kluwer Law International, 1997.

[322] Ogus A. "Regulatory Appraisal: A Neglected Opportunity for Law and Economics". *European Journal of Law and Economics*, Vol. 6, 1998.

[323] Ogus A. "Competition between national legal systems. A contribution to Economic Analysis to Comparative Law". *The International and Comparative Law Quarterly*, 1999.

[324] Olson M. The rise and decline of nations: Economic Growth, Stagflation, and Social Rigidities. Yale University Press, 1982.

[325] Otto H J. General Prävention und externe Verhaltenskontrolle. Wandel von soziologischen zum ökonomischen Paradigma in der nord-amerikanischen

Kriminologie?. Freiburg im Breisgau: Max-Planck-Institut für ausländisches und internationales Strafrecht, 1982.
[326] Pagh P. "The New Danish Act on Strict Liability for Environmental Damage". *Environmental Liability*, 1995.
[327] Pagh P. "Experiences of and Plans for the Codification of Environmental Law in Denmark". In Bocken H and Ryckbost D (eds.). *Codification of Environmental Law, Proceedings of the International Conference*. The Hague: Kluwer Law International, 1996.
[328] Pallemaerts M. "De opkomst van het begrip duurzame ontwikkeling, het internationaal juridisch en politiek discours: een Conceptuele revolutie". *Recht en kritiek*, 1995.
[329] Pâques M. "Effet direct du droit communautaire, interprétation conforme et responsabilité de l'Etat en général et en matière d'environnement". Van Dunné J (ed.). *Non-Point Source River Pollution: The Case of the River Meuse*, 1996.
[330] Paulus A. The Feasibility of Ecological Taxation. Antwerp: Maklu, 1995.
[331] Pauly M. "The Economics of Moral Hazard: Comment". *American Economic Review*, 1968.
[332] Peeters M. *Marktconform Milieurecht? Een Rechtsvergelijkende Studie naar de Verhandelbaarheid van Vervuilingsrechten* (Market Oriented Environmental Law? A Comparative Legal Study into the Tradeability of Pollution Rights). Zwolle: Tjeenk Willink, 1992.
[333] Pelzman S and Tideman T N. "Local v. National Pollution Control: Note". *American Economic Review*, 1972.
[334] Pelzman S. "Toward a more General Theory of Regulation". *Journal of Law and Economics*, vol. 19, 1976.
[335] Pfander J. "Environmental Federalism in Europe, and the United States: A Comparative Assessment of Regulation through the Agency of Member States". In Braden J, Folmer H and Ulen T (eds.). *Environmental Policy with Political and Economic Integration: the European Union and the United States*. Chetlenham, UK: Edward Elgar Publishing Co., 1996.
[336] Pigou A C. *A Study in Public Finance*. London: MacMillan, 1951.
[337] Polborn M. "Mandatory Insurance and the Judgement-Proof Problem". *International Review of Law and Economics*, 1998.

[338] Polinsky A M and Shavell S. "The optimal trade off between the probability and the magnitude of fines". *American Economic Review*, 1979.

[339] Polinsky A M. "Controlling externalities and protecting entitlements: property right, liability rule and the tax-subsidy approaches". *Journal of Legal Studies*, vol. 8, 1979.

[340] Polinsky A M. *Introduction to Law and Economics*. Boston: Little, Brown & Co, 1983.

[341] Polinsky A M and Shavell S. "A note on optimal fines when wealth vary's among individuals". *American economic review*, vol. 81, 1991.

[342] Polinsky A M and Shavell S. "Should employees be subject to fines and imprisonment given the existence of corporate liability?". *International Review of Law and Economics*, vol. 13, 1993.

[343] Pommerehne W W. "Measuring Environmental Benefits: A Comparison of Hedonic Technique and Contingent Valuation". In Bös D, Rose M and Seidl Chr (eds.). *Welfare and Efficiency in Public Economics*. Berlin: Springer, 1988.

[344] Posner R. "Theories of economic regulation". *Bell Journal of economics*, 1974.

[345] Posner R. "Optimal sentences for white collar criminals". *American Criminal Law Review*, 1980.

[346] Posner R. "An economic theory of the criminal law". *Columbia Law Review*, vol. 85, 1985.

[347] Posner R. *Economic Analysis of Law*. 3rd ed. Boston: Little Brown, 1986.

[348] Posner R. *Economic Analysis of Law*. 5th ed. New York: Aspen Law & Business, 1998.

[349] Pratt J. "Risk Aversion in the Small and in the Large". *Econometrica*, 1964.

[350] Priest G. "The Current Insurance Crisis and Modern Tort Law". Yale Law Journal, 1987.

[351] Reitsma S M S. "Nuclear Insurance Pools: History and Development". Paper presented at the OECD Symposium on Nuclear Accidents, Liabilities and Guarantees, Helsinki, Finland, September 1992.

[352] Repetto R. *Trade and Sustainable Development*. UNEP Environment and Trade Series, 1994.

[353] Revesz R. "Rehabilitating Interstate Competition: Rethinking the Race to the

Bottom Rational for Federal Environmental Regulation". *New York University Law Review*, vol. 67, 1992.

[354] Revesz R. "Rehabilitating Interstate Competition: Rethinking the Race to the Bottom Rational for Federal Environmental Regulation". *Land Use & Environment Law Review*, vol. 25, 1995.

[355] Revesz R and Stewart R W (eds.). *Analyzing Superfund, Economics, Science and Law*. Washington: Resources for the Future, 1995.

[356] Revesz R. "Federalism and Interstate Environmental Externalities". *University of Pennsylvania Law Review*, vol. 144, 1996.

[357] Revesz R. *Foundations of Environmental Law and Policy*. New York: Oxford University Press, 1997a.

[358] Revesz R. "Federalism and Environmental Regulation: Lessons for the European Union and the International Community". *Virginia Law Review*, vol. 83, 1997b.

[359] Revesz R. "The Race for the Bottom and Federal Environmental Regulation: A Response to Critics". *Minnesota Law Review*, vol. 82, 1997c.

[360] Revesz R. "Environmental regulation, cost-benefit analysis and the discounting of human lives". *Columbia Law Review*, Vol. 99, 1999.

[361] Revesz R. "Environmental Regulation in Federal Systems". *Yearbook of European Environmental Law*. Oxford University Press, 2000.

[362] Revesz R. "Federalism and Environmental Regulation: A Public Choice Analysis". Harvard Law Review, vol. 115, 2001a.

[363] Revesz R. "Federalism and Regulation: Some Generalisations". In Esty D and Geradin D (eds.). *Regulatory Competition and Economic Integration, Comparative Perspectives*. Oxford: Oxford University Press, 2001b.

[364] Richardson G, Ogus A and Burrows P. *Policy Pollution: A Study of Regulation and Enforcement*. Oxford: Clarendon Press, 1982.

[365] Richardson, B J. "Financial Institutions for Sustainability". *Environmental Liability*, 2000.

[366] Rizzo M and Arnold F. "Causal apportionment in the law of torts: an economic theory". *Columbia Law Review*, 1980.

[367] Rizzo M and Arnold F. "Causal apportionment: reply to the critics". *Journal of Legal Studies*, 1986.

[368] Robinson G. "Probabilistic causation and compensation for tortuous risk".

Journal of Legal Studies, 1985.
[369] Rody M. "Public environmental law in Germany". In Seerden R and Heldeweg M (eds.). Comparative Environmental law in Europe, an introduction to public environmental law in the E.U. Member States. Antwerp: Maklu, 1996.
[370] Rogers W V H. "Liability for environmental pollution in the common law: the Cambridge water case". *Aansprakelijkheid en Verzekering*, 1994.
[371] Rogge J. Les assurances en matière d'environnement, Loose-Leaf, Kluwer, 1997.
[372] Rose-Ackerman S. "Market Models for Water Pollution Control: their Strength and Weaknesses". *Public Policy*, Vol.25, 1977.
[373] Rose-Ackerman S. "Regulation and the Law of Torts". *American Economic Review, Papers and Proceedings*, May, 1991.
[374] Rose-Ackerman S. Re-thinking the Progressive Agenda, the Reform of the American Regulatory State. New York: The Free Press, 1992a.
[375] Rose-Ackerman S. "Environmental Liability Law". In Tietenberg T H (ed.). Innovation in Environmental Policy, Economic and Legal Aspects of Recent Developments in Environmental Enforcement and Liability. Brookfield: Edward Elgar, 1992b.
[376] Rose-Ackerman S. "Public Law versus Private Law in Environmental Regulation: European Union Proposals in the Light of United States Experience". *Review of European Community and International Environmental Law, RECIEL*, vol. 4, 1995a.
[377] Rose-Ackerman S. Controlling Environmental Policy: The Limits of Public Law in Germany and the United States. New Haven, London: Yale University Press, 1995b.
[378] Rose-Ackerman S. "Public Law versus Private Law in Environmental Regulation: European Union Proposals in the Light of United States and German Experiences". In Eide E and Van den Bergh R (eds.). *Law and Economics of the Environment*. Oslo: Juridisk Forlag, 1996.
[379] Rose-Ackerman S. Corruption and Government. Causes, Consequences and Reform. Cambridge University Press, 1999.
[380] Rosenberg D. "The causal connection in mass exposure cases: a "public law" vision of the tort system". *Harvard Law Review*, 1984.

[381] Rus-van der Veld M. "Onrechtmatige daad en vergunning". In Koeman N S J, Ouwerkerk W J and Van Dunné J M (eds.). *Civielrechtelijke aansprakelijkheid voor milieuschade*, Vereniging voor Milieurecht. Zwolle: Tjeenk Willink, 1987-4.

[382] Sands Ph. Principles of International Environmental Law, Frameworks, Standards and Implementation. Manchester: Manchester University Press, 1995.

[383] Schoenbrod D. "Why States, not EPA, should set Pollution Standards". *Regulation*, 1996.

[384] Schultze Ch. *The Public Use of Private Interest*. Washington: The Brookings Institution, 1977.

[385] Schulze W and D'Arge R. "The Coase Proposition, Information Constraints, and Long run Equilibrium". *American Economic Review*, vol. 74, 1974.

[386] Schumann R. Umweltschutz durch Strafrecht in Schwarz Afrika. Ein vergleichende Untersuchung anhand einer Fallstudie für Kenia. Freiburg im Breisgau: Max-Planck-Institut für ausländisches und internationales Strafrecht, 1991.

[387] Schwartz A and Wilde L. "Intervening in markets on the basis of imperfect information: a legal and economic analysis". *University of Pennsylvania Law Review*, 1979.

[388] Schwartz G. "Mixed Theories of Tort Law: Affirming both Deterrence and Corrective Justice". *Texas Law Review*, vol. 75, 1997.

[389] Seerden R and Heldeweg M. "Public environmental law in the Netherlands". In Seerden R and Heldeweg M (eds.). *Comparative environmental law in Europe, an introduction to public environmental law in the E.U. Member States*. Antwerp: Maklu, 1996.

[390] Shavell S. "On Moral Hazard and Insurance". *Quarterly Journal of Economics*, 1979.

[391] Shavell S. "Strict Liability versus Negligence". *Journal of Legal Studies*, 1980a.

[392] Shavell S. "An analysis of causation and the scope of liability in the law of torts". *Journal of Legal Studies*, 1980b.

[393] Shavell S. "Liability for Harm versus Regulation of Safety". *Journal of Legal Studies*, 1984a.

[394] Shavell S. “A Model of the Optimal Use of Liability and Safety Regulation”. *Rand Journal of Economics*, 1984b

[395] Shavell S. “Uncertainty over causation and the determination of civil liability”. *Journal of Law and Economics*, 1985a.

[396] Shavell S. “Criminal law and the optimal use of non-monetary sanctions as a deterrent”. *Columbia law review*, 1985b.

[397] Shavell S. “The judgement proof problem”. *International review of law and economics*, 1986.

[398] Shavell S. *Economic Analysis of Accident Law*. Cambridge: Harvard University Press, 1987.

[399] Shavell S. “Liability and the incentives to obtain information about risk”. *Journal of Legal Studies*, 1992.

[400] Simon J. “Das Umwelthaftungsgesetz”. In Ahrens M and Simon J (eds.). *Umwelthaftung, Risikosteuerung und Versicherung*. Berlin: Erich Schmidt Verlag, 1996.

[401] Sioutis G. “Public environmental law in Greece”. In Seerden R and Heldeweg M (eds.). Comparative environmental law in Europe, an introduction to public environmental law in the E.U. Member States. Antwerp: Maklu, 1996.

[402] Skogh G. “A note on Gary Beckers’ crime and punishment: an economic approach”. *Swedish Journal of economics*, 1973.

[403] Skogh G. “Public insurance and accident prevention”. *International Review of Law and Economics*, 1982.

[404] Skogh G and Stuart Ch. “An economic analysis of crimerates, punishment and the social consequences of crime”. *Public choice*, 1982.

[405] Skogh G. “The Transactions Cost Theory of Insurance: Contracting Impediments and Costs”. *Journal of Risk and Insurance*, 1989a.

[406] Skogh G. “The combination of private and public regulation of safety”. In Faure M and Van den Bergh R (eds.). *Essays in law and economics. Corporations, accident prevention and compensation for losses*. Antwerp: Maklu, 1989b.

[407] Skogh G. “Mandatory Insurance: Transaction Costs Analysis of Insurance”. In Bouckaert B and De Geest G (eds.). *Encyclopedia of Law and Economics*. Cheltenham: Edward Elgar, 2000.

[408] Smets H. "Pour une indemnisation garantie des victimes de pollution accidentelle". In Bocken H and Ryckbost D (eds.). *Insurance of Environmental Damage*. Brussels: Story-Scientia, 1991.

[409] Smets H. "COSCA: A complementary system for compensation of accidental pollution damage". In Wettenstein P (ed.). *Harm to the environment: The right to compensation and the assessment of damage*. Oxford: Clarendon Press, 1997.

[410] Sorrell S. THE MEANING OF BATNEEC: Interpreting excessive costs in UK industrial pollution regulation. Electronic Working Paper Series, Paper No. 61. SPRU - Science & Technology Policy Research, University of Sussex. February 2001.

[411] https://www.researchgate.net/publication/243777327_The_Meaning_of_BATNEEC

[412] Spence M and Zeckhauser R. "Insurance, Information, and Individual Action". *American Economic Review*, 1971.

[413] Spier J. *Sluipende schade*. Deventer: Kluwer, 1990.

[414] Spier J. De maalstroom van het aansprakelijkheidsrecht. Not dated.

[415] http://ectil.org/ectil/getdoc/f0e22ded-fbe0-4851-a823-1a44a331af80/Jaap-Spier.aspx

[416] Spier J and Sterk C H W M. "The draft convention on civil liability for damage resulting from activities dangerous to the environment". *Tijdschrift voor Milieu en Recht*, 1992.

[417] Spier J. "Green book on remedying environmental damage". *Aansprakelijkheid en Verzekering*, 1993.

[418] Spier J and Wansink J H. "Joint and Several Liability of DES Manufacturers: a Dutch Tort Crisis". *International Insurance Law Review*, 1993.

[419] Spier J. "De Novelle inzake art. 47 lid 5 ontwerp inbouwwet bodemsanering". *Aansprakelijkheid en Verzekering*, 1994.

[420] Spier J (ed.). The Limits of Liability, Keeping the Floodgates Shut. The Hague: Kluwer, 1996a.

[421] Spier J. *De uitdijende reikwijdte van het aansprakelijkheidsrecht*. Preadvies Nederlandse Juristenvereniging, Chapter 2, 1996b.

[422] Stavang E. "*Tolerance Limits and Temporal Priority in Environmental civil liability*". Paper presented at the 13th annual conference of the European

Association of Law and Economics, Haifa, Israel, 1996.

[423] Stephan G. "Economic Impact of Emission Standards: a Computational Approach to Waste Water Treatment in Western Europe". In Bös D, Rose M and Seidl Chr (eds.). *Welfare and Efficiency in Public Economics*. Berlin: Springer Verlag, 1988.

[424] Sterk C H W M. Verhoogd gevaar in het aansprakelijkheidsrecht: diss. KUB, Kluwer, 1994.

[425] Stewart R. "Pyramids of Sacrifice? Problems of Federalism in Mandating State Implementation of National Environmental Policy". *Yale Law Journal*, 1979.

[426] Stewart R. "Regulation, Innovation and Administrative Law: a Conceptual Framework". *California Law Review*, 1981.

[427] Stigler G. "The economics of information". *Journal of political economies*, 1961.

[428] Stigler G. "The optimum enforcement of laws". *Journal of Political Economy*, 1970.

[429] Stokey E and Zeckhauser R. *A Primer for Policy Analysis*. New York, Norton, 1978.

[430] Stone C. "The Place of Enterprise Liability in the Control of Corporate Conduct". *Yale Law Journal*, 1980.

[431] Sunaryo Th. "Environmental Problems in Indonesia: A Review". In Strang H and Vernon J (eds.). *International Trends in Crime. East meets West*. Canberra AIC, 1992.

[432] Sunstein C R. "Reinventing the Regulatory State". *The University of Chicago Law Review*, vol. 62, 1995.

[433] Swuste P. "Van Individuele 'Asbestprocessen' naar een Asbestfonds?". *Arbeidsomstandigheden*, 1996.

[434] Taams R and Uithoorn M. "The Dutch Soil Pollution Cases: Shell, Sovay, Duphar and Fasson/Van den Brink". *Environmental Liability*, 1995.

[435] 't Hart A C. "Aspects of Criminal Justice". In Thoolen H (ed.). *Indonesia and the Rule of Law, Twenty Years of 'New Order' Government*. London: Frances Pinter, 1987.

[436] Tiebout C. "A Pure Theory of Local Expenditures". *Journal of Political Economy*, vol. 64, 1956.

[437] Tietenberg Th. *Emissions Trading: an Exercise in Reforming Pollution Policy*. Washington, DC: Resources for the Future, 1985.

[438] Tietenbergh Th. "Economic instruments for environmental regulation". *Oxford Review of Economic Policy*, 1990.

[439] Tolley G S, Graves P H F and Blonquist G C. *Environmental Policy, Elements of Environmental Analysis*, vol. I. Cambridge: Ballinger Publishing Company, 1981.

[440] Trauberman J. "Statutory reform of 'toxic torts'. Relieving legal, scientific and economic burdens on the chemical victim". *Harvard Environmental Law Review*, 1983.

[441] Trebilcock M J. "The Social Insurance-Deterrence Dilemma of Modern North American Tort Law: A Canadian Perspective on the liability Insurance Crisis". *San Diego Law Review*, vol. 24, 1987.

[442] Trebilcock M and Howse R. "Trade Liberalization and Regulatory Diversity, Reconciling Competitive Markets with Competitive Politics". *European Journal of Law and Economics*, 1998.

[443] Tyran J R and Zweifel P. "Environmental risk internalization through capital markets (Ericam): the case of nuclear power". *International Review of Law and Economics*, 1993.

[444] Van A. "Statistisch bewijs van causaal verband". Discussion of High Court of Justice 8 October 1993 (Sellafield Claims). *Tijdschrift voor Milieuaansprakelijkheid*, 1994.

[445] Van A. Onzekerheid over daderschap en causaliteit. Arnhem: Gouda Quint, 1995.

[446] Van Acht R J J. "Onrechtmatige hinder". *Milieu en Recht*, 1993.

[447] Van Brummen H A, Brookman C M and Fangman H. "Environmental Law Enforcement Evaluation of a Course". *Enforcement of Environmental Law*. Jakarta, The Hague, June 1991.

[448] Van Dam C C. Zorgvuldigheidsnorm en aansprakelijkheid. Deventer: Kluwer, 1990.

[449] Van den Bergh R. "Belgian public policy towards the retailing trade". In Graf von den Schulenburg J M and Skogh G (eds.). *Law and Economics and the Economics of Legal Regulation*. Dordrecht: Nijhoff, 1986.

[450] Van den Bergh R and Heremans D. "Recht en Economie". *Tijdschrift voor*

Economie en Management, 1987.

[451] Van den Bergh R. "Le droit civil façe à l'analyse économique du droit". *Revue Internationale de Droit Economique*, 1988.

[452] Van den Bergh R. "Subsidiariteit rechtseconomisch bekeken. Adieu Bruxelles?" Inauguration address, 1994a.

[453] Van den Bergh R. "The Subsidiarity Principle in European Community Law". An English summary of his "Subsidiariteit rechtseconomisch bekeken. Adieu Bruxelles?" *Maastricht Journal of European and Comparative Law*, 1994b.

[454] Van den Bergh R, Faure M and Lefevere J. "The Subsidiarity Principle in European Environmental Law: an Economic Analysis". In Eide E and Van den Bergh R (eds.). *Law and Economics of the Environment*. Oslo: Juridisk Forlag, 1995.

[455] Van den Bergh R. "Subsidiarity as an Economic Demarcation Principle and the Emergence of European Private Law". *Maastricht Journal of European and Comparative Law*, 1998.

[456] Van den Bergh R. "Economics in a Legal Strait-Jacket: The Difficult Reception of Economic Analysis in European Law". Paper presented at the workshop Empirical Research and Legal Realism: Setting the Agenda. Haifa, 6-9 June 1999.

[457] Van den Heuvel G. "Corporate Crimes in East and West: in search of 'collusion". Strang H and Vernon J (eds.). *International Trends in Crime, East meets West*. Canberra AIC, 1992.

[458] Van Dunné J M. "De rechtspraak inzake milieuaansprakelijkheid uit onrechtmatige daad: van schuldbeginsel naar risicobeginsel". *Tijdschrift voor Milieuaansprakelijkheid*, 1988.

[459] Van Dunné J M (ed.). Transboundary Pollution and Liability: The Case of the River Rhine. Lelystad: Vermande, 1991.

[460] Van Dunné J M. "Environmental liability: continental style". *Review of European Community and International Environmental Law*, 1992.

[461] Van Dunné J M (ed.). *Non-Point Source River Pollution: The case of the River Meuse*. London: Kluwer Law International, 1996.

[462] Van Dunné J M. "Een kamikazeactie op De Rotte. De visie van Vranken op de aansprakelijkheid uit art. 1401 BW, in het bijzonder bij bodemvervuiling uit het verleden". *Weekblad voor Privaatrecht Notariaat en Registratie*. Not

dated.

[463] Van Huizen F. "Enkele begrenzingen van de (beroeps)-aansprakelijkheids verzekering". In *Drie treden*, (De Ruyter-bundel). Zwolle: Tjeenk Willink, 1995.

[464] Van Maanen G E. "De civielrechtelijke aansprakelijkheid voor kernongevallen naar Nederlands Recht". In Faure M (ed.). *Aansprakelijkheid voor het Nucleaire Risico*. Antwerp: Maklu, 1993.

[465] Van Schoubroek C and Schoorens G. "De aansprakelijkheidsverzekering: a never ending story". *Tijdschrift voor Belgisch Handelsrecht*, 1995.

[466] Veljanovski C G. "The Economic Theory of Tort Liability toward a Corrective Justice Approach". In Burrows Pen Veljanovski C G (eds.). *The Economic Approach to Law*. London: Butterworths, 1981.

[467] Veljanovski C G. *The New Law and Economics, a Research Review*. Oxford: Centre for Social Legal Studies, 1982.

[468] Verloren van Themaat I W. "Claims made dekking in Europa". *Beursbengel*, 11 April 1994.

[469] Verschuuren J. Het grondrecht op bescherming van het leefmilieu. Zwolle: Tjeenk Willink, 1993.

[470] Verschuuren J. "Naar een codificatie van beginselen van het milieurecht". *Recht en kritiek*, 1995.

[471] Viscusi W K. "Frameworks for Analyzing the Effects of a Risk and Environmental Regulations on Productivity". *American Economic Review*, vol. 73, 1983.

[472] Viscusi W K. "Towards a diminished role for Tort liability: social insurance, government regulation and contemporary risks to health and safety". *Yale Journal on Regulation*, vol. 6, 1989.

[473] Viscusi W K. "The Dimensions of the Product Liability Crisis". *Journal of Legal Studies*, 1991.

[474] Visscher L T and Kerkmeester H O. "Kenbaarheidsvereiste en gewoonte als verweren tegen een aansprakelijkheidsactie: een rechtseconomische benadering". *Tijdschrift voor Milieuaansprakelijkheid*, 1996.

[475] Vogel D. Trading Up: Consumer and Environmental Regulation in the Global Economy. Cambridge: Harvard University Press, 1995.

[476] Vogel D. "Environmental Regulation and Economic Integration". In Esty D

and Geradin D (eds.). *Regulatory Competition and Economic Integration, Comparative Perspectives*. Oxford: Oxford University Press, 2001.

[477] Vranken J B M. "Zorgvuldigheidsnorm en aansprakelijkheid voor bodemverontreiniging uit het verleden". *Weekblad voor Privaatrecht Notariaat en Registratie*. Not dated.

[478] Wagner G. "Die Aufgaben des Haftungsrechts - eine Untersuchung am Beispiel des Umwelthaftungsrechts - Reform". *Juristenzeitung*, 1991a.

[479] Wagner G. "Umwelthaftung und Versicherung". *Versicherungsrecht*, 1991b.

[480] Wagner G. "Die Zukunft der Umwelthaftpflichtversicherung". *Versicherungsrecht*, 1992.

[481] Wagner G. "Versicherungsfragen der Umwelthaftung". In Ahrens M and Simon J (eds.). *Umwelthaftung, Risikosteuerung und Versicherung*. Berlin: Erich Schmidt Verlag, 1996.

[482] Wagner G. "Haftung und Versicherung als Instrumente der Techniksteuerung". *Versicherungsrecht*, 1999.

[483] Wansink J H. De algemene aansprakelijkheidsverzekering, een hernieuwde verzekeringsrechtelijke en verzekeringstechnische beschouwing. 2nd ed. Zwolle: Tjeenk Willink, 1994.

[484] Wansink J H. "De aansprakelijkheidsverzekering en de dekking van 'long tail risico's'". *Aansprakelijkheid en Verzekering*, 1995a.

[485] Wansink J H. "De Belgische wet op de verzekeringsovereenkomst". *Verzekeringsrechtelijke Berichten*, 1995b.

[486] Werksman J. "Designing a Compliance System for the UN Framework Convention on Climate Change". Cameron J, Werksman J and Roderick P (eds.). *Improving Compliance with International Environmental Law*. London: Earthscan, 1996.

[487] Wessels B. "Zorgen om morgen: beheersing van beroepsaansprakelijkheid in discussie". *NJB*, 1995a.

[488] Wessels B. *Risicobeheer bij preadvisering, Preadvies Ne Voa*. Deventer: Law & Practice Publishers, 1995b.

[489] Wheeler N. "The use of criminal statutes to regulate product safety". *Journal of legal studies*, 1984.

[490] Wils W P J. "Subsidiarity and the E.C. Environmental Policy: Taking People's Concerns Seriously". *Journal of Environmental Law*, 1994a.

[491] Wils W P J. "Insurance Risk Classifications in the EC: Regulatory Outlook". *Oxford Journal of Legal Studies*, 1994a.

[492] Wit R et al. Kosten en baten van milieuconvenanten in vergelijking met marktconforme instrumenten. The Hague: Ministerie van Sociale Zaken, 1999.

[493] Wittman D. "First come, first served: an economic analysis of 'coming to nuisance'". *Journal of Legal Studies*, 1980.

[494] Wood C. Planning pollution prevention: A comparison of siting controls over air pollution in Great Britain and the United States. Heinemann Newnes, 1989.

[495] Xing Y and Kolstad Ch. "Do Lax Environmental Regulations attract Foreign Investment?". Working Paper in Economics. Santa Barbara: University of California, Department of Economics, 1995.

[496] Yamin F. "The Use of Joint Implementation to Increase Compliance with the Climate Change Convention". Cameron J, Werksman J and Roderick P (eds.). *Improving Compliance with International Environmental Law*. London: Earthscan, 1996.

[497] Yandle G. "Public Choice at the Intersection of Environmental Law and Economics". *European Journal of Law and Economics*, 1999.

[498] Yohe G. "Polluters' Profits and Political Response: Direct Control versus Taxes: Comment". *American Economic Review*, vol. 66, 1976.

[499] Zweigert K and Kötz H. *Introduction to Comparative Law*. 1st ed. North-Holland publishing Co., 1977.

附录　欧盟条约中环境与可持续发展条款的演变

1.《单一欧洲法案》增补环境条款

1987 年，《单一欧洲法案》将欧洲经济共同体更名为欧洲共同体，第Ⅱ部分第Ⅱ章对《欧洲经济共同体条约》进行了修订，其中第Ⅱ节的“第Ⅵ小节－环境”中的第 25 条规定了《欧洲经济共同体条约》第 3 部分新增“Ⅶ－环境”小节，本小节有唯一条款，即第 130r 条，构成欧共体环境政策目标与原则的一般条款，为共同体的环境行动奠定了明确的法律基础[1]。

第 130r 条第 1 款规定，欧共体环境行动的目标是保持、保护和改善环境质量，保护人类健康，谨慎合理地利用自然资源；第 2 款规定，欧共体环境行动的原则是采取预防行动，优先在源头上治理环境损害，污染者付费原则，环境保护要求是共同体其他政策的构成部分；第 3 款规定，在准备环境行动时，共同体需要考虑可用的科技数据，共同体各地区的环境状况，行动或不行动的潜在成本与收益，共同体整体的社会经济发展和区域均衡发展；第 4 款规定，当第 1 款规定的目标在共同体层面上能够比在各成员层面上更好地实现时，共同体才采取环境行动。在不违反共同体的某些措施时，成员应出资实施其他措施[1]。

2.《马斯特里赫特条约》对环境条款的修订

《马斯特里赫特条约》(《欧盟条约》) 1993 年 11 月 1 日生效，第Ⅰ部分－共同条款之第 B 条规定：“欧盟的宗旨是推动经济和社会的均衡和可持续进步，……”第Ⅱ部分－为建立欧盟对《欧洲经济共同体条约》进行修订的条款，将《欧洲经济共同体条约》更名为《欧共体条约》，第 G 条 B 款对《欧洲经济共同体条约》第一部分－“原则”进行修改，原第 2 条修改为“共同体的任务是……在整个共同体内推动经济活动的和谐与均衡发展，尊重环境的可持续与非通胀的增长，……提高生活水平和生命质量”；原第 3 条修改为“第 3 条 根据第 2 条规定的目标，共同体的活动包括……（k）环境领域的政策”；把第 130r 条第 4 款提升为 3b 款，“只有在拟议行动的目标无法由成员充分地实现，由于拟议行动的规模或影响，可以更好地由共同体来实现时，共同体才采取行动。”[2]。

《马斯特里赫特条约》生效后，关于环境的条款调整为第 XVI 节 – 环境第 130r 条，第 1 款规定：欧共体环境行动的目标是，保持、保护和改善环境质量，保护人类健康，谨慎合理地利用自然资源，在国际层面上推动解决区域或全世界环境问题的措施；第 2 款规定：欧共体环境政策的宗旨是高水平保护，并考虑共同体各地区的情况多样性，其基础是预防风险原则，采取预防行动原则，优先在源头上治理环境损害，污染者付费原则，环境保护要求要纳入共同体其他政策的制定与实施；在适当的情况下，符合环境保护要求的统一的措施应包括一个保障条款，基于非经济的环境理由，经过共同体的检查程序，允许成员采取临时措施；第 3 款的规定与《欧共体条约》第 130r 条第 3 款相同[2]。

3.《阿姆斯特丹条约》对环境条款的修订

《阿姆斯特丹条约》第一部分 – 实体修改之第 1 条对《欧盟条约》进行修订，本条第 2 款把《欧盟条约》第 2 条修改为：“欧盟的宗旨是，根据可持续发展原则，在……保护环境的条件下，促进为了人民的经济和社会进步。”第 2 条对《欧共体条约》进行修订，本条第 2 款将《欧共体条约》第 2 条修改为：“共同体的任务是……在整个共同体内，促进经济活动的和谐、均衡和可持续发展，……可持续和非通胀的增长，……环境质量的高水平保护与改善，提高生活水平和生命质量。”第 4 款将《欧共体条约》第 130r 条第 2 款中的部分内容调入第 3 条，《欧共体条约》第 3 条增加 3c 款：“为了促进可持续发展，环境保护要求须纳入第 3 条中规定的共同体政策和活动的制定与实施中。”第 34 款对《欧共体条约》第 130r 条第 2 款进行了修改（见下面的 174 条）[3]。

《阿姆斯特丹条约》（合订版）第一部分 – 原则 第 3 条把《欧盟条约》第 3（k）条修改为第 3（l）条，“为实现第 2 条规定的目标，共同体的活动包括……（l）环境领域的政策”；第 6 条将原 3c 款单列为一条[4]。《阿姆斯特丹条约》（合订版）第三部分把《欧共体条约》第 130r 条重新编号为第 174 条。第 XIX 节 – 环境（先前的第 XVI 节）第 174 条第 1 款规定，共同体环境政策的目标是，保持、保护和改善环境质量，保护人类健康，谨慎合理地利用自然资源，在国际层面上推动解决区域或全世界环境问题的措施；第 2 款规定，欧共体环境政策的宗旨是高水平保护，并考虑共同体各地区的情况多样性，其基础是预防风险原则，采取预防行动原则，优先在源头上治理环境损害，污染者付费原则；在适当的情况下，符合环境保护要求的统一的措施应包括一个保障条款，基于非经济的环境理由，经过共同体的检查程序，允许成员采取临时措施；第 3 款与先前的第 130r 条第 3 款相同[4]。

4.《里斯本条约》对环境条款的修订

《里斯本条约》(《欧盟运行条约》)对《欧盟条约》和《欧共体条约》进行了修订，于2007年12月13日签署，2009年12月1日批准生效。修订后的《欧盟条约》序言中强调可持续发展的指导意义，“……根据可持续发展原则，并考虑到……环境保护状况，推动为了人民的经济和社会进步”；第I部分－共同条款 第3条（《欧盟条约》原第2条）第3款规定，“……在均衡的经济增长和价格稳定……环境质量的高水平保护与改善的基础上，推进可持续发展”；第5款规定，“在其与更大世界的关系上，欧盟要为和平、安全、地球的可持续发展……做出贡献。”[5]

《里斯本条约》(《欧盟运行条约》)对《欧共体条约》进行了修订，第三部分第XX节－环境 第191条（先前的《欧盟条约》第174条）第1款规定，欧盟环境政策的目标是，保持、保护和改善环境质量，保护人类健康，谨慎合理地利用自然资源，在国际层面上推动解决区域或全世界环境问题的措施，特别是抗击气候变化；第2款规定，欧盟环境政策的宗旨是高水平保护，并考虑欧盟各地区的情况多样性，其基础是预防风险原则，采取预防行动原则，优先在源头上治理环境损害和污染者付费原则；在适当的情况下，符合环境保护要求的统一的措施应包括一个保障条款，基于非经济的环境理由，经过欧盟的检查程序，允许成员采取临时措施；第3款与先前的第130r条第3款相同[6]。

参考文献：

［1］Single European Act. *Official Journal of the European Communities*, L 169, 1987.6.29: p11-12.
https://eur-lex.europa.eu/legal-content/EN/TXT/PDF/?uri=CELEX:11986U/TXT&from=EN

［2］Treaty on European Union (92/C 191/01). *Official Journal of the European Communities*, No C 191, 1992.7.29: p4-6, p28-29.
https://eur-lex.europa.eu/legal-content/EN/TXT/?uri=CELEX:11992M/TXT

［3］Treaty of Amsterdam Amending the Treaty on European Union, the Treaties Establishing the European Communities and Certain Related Acts (97/C 304/01). *Official Journal of the European Communities*, C 340, 1997.11.10: p7, p24-25, p42.
https://eur-lex.europa.eu/legal-content/EN/TXT/?uri=CELEX:11997D/TXT

［4］Consolidated Version of the Treaty Establishing the European Community (97/C 340/03). *Official Journal of the European Communities*, C 340, 1997.11.

10: p181, p183, p254-255.
https://eur-lex.europa.eu/legal-content/EN/TXT/?uri=CELEX:11997E/TXT

[5] Consolidated version of the Treaty on European Union. *Official Journal of the European Union*, C 202, 2016.6.7: p.15, p17.
https://eur-lex.europa.eu/legal-content/EN/TXT/?uri=CELEX:12016M/TXT

[6] Consolidated Version of the Treaty on the Functioning of the European Union. *Official Journal of the European Union*, C 202, 2016.6.7: p132-133.
https://eur-lex.europa.eu/legal-content/EN/TXT/?uri=CELEX:12016E/TXT

后　　记

光阴荏苒，历经十余载，本书的翻译工作终于要完成了，借此机会，稍作总结。

2012 年 11 月 8 日，中国共产党第十八次全国代表大会把生态文明建设纳入中国特色社会主义现代化建设“五位一体”总体布局，提出要加强生态文明制度建设，依靠制度保护生态环境，对环境法制研究提出了更高和更迫切的要求，译者感到需要加快《环境法与经济学》的出版进程。2013 年 2–4 月，译者利用在英国阿伯丁大学商学院访问的机会，再次对译稿进行了全面校订，形成完整的译稿。

2013 年 5 月 13 日，中国政法大学法与经济学研究院举办“法与金融：法规在金融市场中的支撑作用”学术研讨会，本人有幸参会，会议期间，与迈克尔·福尔教授讨论了本书的出版事宜和手稿中的一些疑难之处，由此开始了对译稿细节方面的深入修订。关于环境法与环境经济的一些新的术语，经过长时间的推敲才最终确定下来，如预防风险原则，也可译为审慎原则，但不如前者明确地说明，在重大生态环境问题上，即使存在科学上的不确定性，也要采取行动，防备生态环境风险。

原著手稿距今已有 20 年的跨度，在此期间，欧盟和国际环境法律实践发生了巨大变化，译稿虽然没有跟踪国际环境法的进展，但对原著中涉及的欧盟环境法律文献进行了更新，以“——译者注”的形式加以说明，对于原著中一些法律文献的简称，译文中也尽量以全称进行翻译，便于对此不太熟悉的读者阅读。欧盟条约中环境与可持续发展的条款经历了复杂的演变，译者对此进行了梳理，作为附录，供读者参考。

原著手稿以欧美国家环境法律实践和学术文献为基础，博大精深，可谓迄今为止环境法经济分析的首部集大成者①，不仅文末附有大量参考文献，在文中的引用处还附有详细的脚注。为了方便阅读和节省篇幅，译文对这些文献脚

① 根据迈克尔·福尔教授的看法，英国剑桥大学出版社 2019 年 9 月出版的《环境法与经济学：理论与实践》具有类似的主题，但含有更多的论题（如产权、犯罪等），篇幅也更长一些，是与本书完全不同的著作，本书仍有单独出版的学术参考价值。（Michael G.Faure，Roy A. Partain. *Environmental Law and Economics: Theory and Practice*. Cambridge University Press，online publication date：September 2019.）

注进行了删减，只以“作者名，年份：页码”的形式对应于文末的参考文献。为了更加准确地进行翻译，译者对部分原始文献进行了追踪和更新。对于手稿中的一些细节，作者通过电子邮件给译者提供了说明和指引。

中国共产党第十八次全国代表大会以来，中国环境保护制度与法律密集出台。2015 年 1 月 1 日，新修订通过的《中华人民共和国环境保护法》开始施行。

2017 年 10 月 18 日，中国共产党第十九次全国代表大会把坚持人与自然和谐共生作为新时代坚持和发展中国特色社会主义的方略，加快生态文明体制改革，实行最严格的生态环境保护制度，建设美丽中国，打响污染防治攻坚战和蓝天、碧水、净土保卫战。自 2018 年 1 月 1 日起，《中华人民共和国环境保护税法》开始施行。2018 年 5 月 18 日，习近平总书记在全国生态环境保护大会上强调，用严格制度严密法治保护生态环境，加快制度创新，强化制度执行。

2019 年 6 月 21 日，中国政法大学法与经济学研究院举办“第七届法与经济学国际会议：处在十字路口的法与经济学”，译者专程参加会议，在会议的间隙，再次与迈克尔·福尔教授讨论与确认手稿中一些技术细节，对译文最终定稿起到了“压舱石”的作用。

2019 年 10 月 31 日，中国共产党十九届四中全会审议通过的《中共中央关于坚持和完善中国特色社会主义制度、推进国家治理体系和治理能力现代化若干重大问题的决定》提出，要严明生态环境保护责任制度。2019 年 11 月 26 日，中央全面深化改革委员会第十一次会议审议通过《关于构建现代环境治理体系的指导意见》，指出要建立健全领导责任体系、企业责任体系、监管体系等七个体系。2020 年新年伊始，新冠肺炎（COVID－19）疫情开始大流行，给人类健康和生活以及世界经济带来巨大冲击，凸显生态环境保护和生态文明建设的紧迫性，2020 年 2 月 24 日，中华人民共和国第十三届全国人民代表大会常务委员会第十六次会议通过《关于全面禁止非法野生动物交易、革除滥食野生动物陋习、切实保障人民群众生命健康安全的决定》。自 2020 年 9 月 1 日起，《中华人民共和国资源税法》和《土壤污染防治法》开始实施。

中国生态环境管理法律与制度的这些根本性、开创性和长远性建设，推动了生态环境保护取得历史性、转折性和全局性成就，对环境法与政策的经济分析提出了许多新的研究课题。本书从公平与效率的角度出发，在立法、执法和司法三个层面上，全面阐述了环境法目标、环境标准制定、环境损害侵权责任准则、环境管制、环境罪、环境损害责任保险与赔偿基金、环境法律体制、环境法基本原则的经济学原理与标准，并对发展中国家环境法制定与实施的特殊问题进行了深入剖析。本书的翻译出版有望为环境法与经济学的广泛深入研究奠定坚实学术基础，对建立更加严密的生态环境保护法治体系具有较高参考价值。

对本书的翻译，迈克尔·福尔教授始终十分关心与爱护，通过各种机会给翻译工作进行指导，并提供了许多参考资料。在 2007 年翻译正式开始之初，他曾鼓励译者在原稿的基础上增加一点中国特色，如中国环境立法或情形分析，但由于学术能力和水平所限，单纯进行翻译已感力不从心，加上担心破坏原稿的风格与体例，本人在这方面未能如其所愿。作为其手稿的翻译者，对于他对治学的专注、勤勉与严谨，对后学的信任、宽宏与提携，本人深为敬佩，也倍感责任重大。

在很大程度上，翻译的过程也是一个学习与提高的过程。在本书的翻译过程中，山东大学经济学院张东辉教授、李铁岗教授，山东大学法学院姜作利教授、张式军教授，以及瑞典隆德大学国际工业环境经济学院劳斯·汉森（Lars Hansson）教授以各种方式给予了持续的鼓励和支持；复旦大学法学院、浙江财经学院、中国政法大学法与经济学研究院举办的国际学术研讨会，不仅为译者带来当面向迈克尔·福尔教授请教的便利，也为译者提供了听取专家学者的学术报告，加深对法与经济学理解的宝贵机遇；比利时鲁汶大学王慧博士对译稿最终版本进行了仔细审阅，提出了若干中肯的修改建议；山东大学经济学院、山东大学浩然房地产研究基金提供了慷慨资助，使本书的翻译和出版工作得以顺利进行，在此一并表示诚挚的谢意！

七年来，对外经济贸易大学出版社对本书的翻译和出版始终高度重视与热情关心，社领导和编辑对本书的译稿倾注了大量心血，其专业素养与敬业精神令人感佩！

俗话说，十年磨一剑，学术著作的翻译向来奉近代启蒙思想家严复先生的“信、达、雅”为圭臬，在本书翻译过程中，译者虽在“信、达”方面不遗余力，在“雅”的要求上则难以企及，且因涉及多种学科和多种语言（有时会遇到荷兰语、比利时语、德语、法语或瑞典语），学力所限，谬误之处难免，敬请广大读者不吝指正！

丁言强
山东大学经济学院
2020 年 9 月 17 日